Bäume pflanzen wie die Wolken

Bäume pflanzen wie die Wolken

Gartenidyllen der Goethezeit

Herausgegeben
von
Hilde Fieguth

nymphenburger

Schutzumschlaggestaltung und Foto: Wolf Bachmann
Satz: Jos. C. Huber KG, Dießen
Gesetzt aus der Caslon ITC/Linotronic 300
Druck: Jos. C. Huber KG, Dießen
Binden: R. Oldenbourg, München
Printed in Germany 1986
ISBN 3-485-00518-5

Inhalt

Autoren

In alphabetischer Reihenfolge

Vorwort

Bäume pflanzen wie die Wolken

Gartenidyllen der Goethezeit

In der reizvollen, leider selten gedruckten Rahmenhandlung zu Ludwig Tiecks Märchensammlung »Phantasus« treffen mehrere befreundete Damen und Herren im Landhaus eines Freundes zusammen. Sie führen angeregte Gespräche über die verschiedensten Themen – über Vergangenheit und Geschichte, über Kunst und Kultur, und eigentlich bedauert man, nicht dabei sein zu können, wenn die Freunde bei Tisch sitzen oder »im Freien gesellschaftlich wandeln«. Das tun sie oft in den regelmäßigen, grün überwölbten Laubengängen des alten Gartens, und so kommt auch die Gartenkunst zur Sprache. Einhellig bedauert man, daß viele Gärten in der Art desjenigen, in dem man zu Gast ist, in der letzten Zeit umgestaltet worden sind zu englischen Parkanlagen, die gerade in Mode sind und die angeblich »einem gewissen Sinn für Natur« entgegenkommen. Doch – »wo sind denn in Deutschland die vortrefflichen Gärten im sogenannten Englischen Geschmack, gegen die der gebildete Sinn nicht sehr vieles einzuwenden hätte?« – fragt Ernst und entwickelt daraufhin eine Geschichte der Gartenkunst, bei der er auf das »Bedürfnis, aus welchem unsre Gärten entstanden sind« zurückgeht. Die Urform des Gartens ist demnach der kleine, blumengeschmückte Baum- und Küchengarten des Landmanns. »Diese sind unter den Gärten die wahren Idyllen, die kleinen Naturgedichte«. Die Gärten im französischen Stil folgten der »architektonischen Regel«, um einer angenehmen Geselligkeit »den heitersten Raum« zu gewähren. Auf Grund der gekünstelten Übertreibungen in diesen Gärten entstand dann ein »ächter Natursinn«, der zur Einführung der natürlichen englischen Gärten führte, die jedoch auch bald »in Verwirrung« gerieten. Ausführlich äußern nun die Freunde ihre Meinungen über die Frage der Gartenkunst.

Dieses Thema, das Für und Wider der beiden großen Gartenstile – formaler französischer Garten oder natürlicher englischer Park – wird auch in anderen Romanen dieser Epoche ab etwa 1770 zur Sprache gebracht, seit der Zeit also, zu der der englische Landschaftsgarten auch in Deutschland heimisch geworden ist und den französischen Garten weithin abgelöst hat. »Gartenrevolution« hat man diesen Wechsel sogar genannt.

Schon in den Jahrzehnten davor war gleichsam als Vorbereitung auf diesen neuen Ausdruck des Geschmacks in den Romanen und Idyllen der Aufklärung, bei Geßner, Wieland und Sophie Laroche, bei der Schilderung von Gärten, die natürlicherweise im barocken französischen Stil angelegt waren, das Verlangen nach der wahren Natur in den Vordergrund gestellt worden. Nun wird die Form des Gartens mit seinen unterschiedlichen Erscheinungsbildern zum Thema in vielen literarischen Werken. Englische Parkanlagen werden ausführlich geschildert, und wir finden – wie im Phantasus – Diskussionen um die rechte Gartenform, die in das Romangeschehen eingebettet sind.

So lesen wir z.B. auch schon im »Woldemar« (1779) von Friedrich Heinrich Jacobi, einem empfindsamen Roman in der Werthernachfolge, der trotz seines wenig schönen Titels dringend empfohlen werden kann, eine solche fast theoretische, in Gesprächsform gekleidete Abhandlung. Auf dieses Gespräch beruft sich Ernst im »Phantasus« (1811): »Alles, was ich sagen kann, steht schon im Woldemar viel besser und gründlicher, als Zurechtweisung eines einseitigen und mißverstandenen Hanges zur Natur.«

In den »Elixieren des Teufels« (1814) von E.T.A. Hoffmann finden wir eine ähnlich theoretische Stelle, ein kritisches Gespräch über die englischen Gärten während der Besichtigung eines solchen Parks. Den Höhepunkt in dieser Reihe stellen die »Wahlverwandtschaften« von Goethe (1809) dar; hier bildet die Schaffung einer englischen Parkanlage ja ein wichtiges Handlungsmotiv. Die Tieckschen Romangestalten sowie Jacobis Woldemar hatten ziemlich eindeutig dem regelmäßigen »alten« Garten den Vorzug gegeben. Charlotte in den Wahlverwandtschaften hingegen kann sich – im Gegensatz auch zum Gehülfen – nicht vorstellen, daß man je aus einem Garten, der »einem freien Land ähnlich sieht«, wieder in den »vorigen Zustand zurückkehren« könne.

Der Wechsel des Gartengeschmacks scheint die gebildeten Menschen am Ende des 18. und in den ersten Jahrzehnten des 19. Jahrhunderts interessiert und betroffen zu haben. Außer in literarischen Werken äußern sich auch viele Schriftsteller und Philosophen und natürlich Gartenkünstler theoretisch zu dieser Frage.

Wie sehr in der damaligen Zeit das Anlegen eines neuen Parks zur Selbstverständlichkeit und Mode geworden war, zeigt einerseits auch die Stelle aus einem Brief von Philipp Otto Runge, der im Jahr 1800 schreibt:

»Der Englische Garten (Kronborg in Dänemark) ist, wie sie alle sind, voll krummer Gänge...«

Andererseits ein Brief von Heinrich von Kleist, der im gleichen Jahr eine Gegend im Erzgebirge schildert: »O welch ein herrliches Geschenk des Himmels ist ein schönes Vaterland! Wir sind durch ein einziges Tal gefahren, romantisch schön. Da ist Dorf an Dorf, Garten an Garten, herrlich bewässert, schöne Gruppen von Bäumen an den Ufern, alles wie eine englische Anlage.«

Mit Beginn der Schilderungen von englischen Gärten in der Literatur gibt es auch schon Parodien auf die neumodische Form, die oft ebenfalls in die Romanhandlung eingegliedert sind. Die früheste ist Justus Mösers Satire »Das englische Gärtgen« von 1773; bald folgt Goethes »Triumph der Empfindsamkeit. Eine dramatische Grille« (1777), in der er die Auswüchse der Mode bespottet, wobei sich seine Kritik mischt mit der Kritik am übertrieben ausgestatteten Rokokogarten, von dem in englischen Gärten viele Motive übernommen worden sind. In der selben Zeit hat er selbst mit großer Begeisterung einen Park in Weimar in diesem neuen Stil angelegt; er geriet zwar zu einer großzügigen idealen Anlage, aber ganz auf die bespotteten Inschriften und Staffagebauten wurde auch hier nicht verzichtet.
Die Parodien von Brentano (in »Godwi oder Das steinerne Bild der Mutter. Ein verwilderter Roman«) von 1800 und vor allem von Jean Paul (»Die unsichtbare Loge« 1793, »Flegeljahre« 1804) sind oft mit poetischen Garten- und Gartennaturschilderungen verbunden.
Sogar bei Eichendorff finden wir, in die Handlung von »Ahnung und Gegenwart« (1815) locker eingeflochten, die ausführliche Parodie einer kleinlichen englischen Anlage inmitten einer großartigen Gebirgslandschaft.

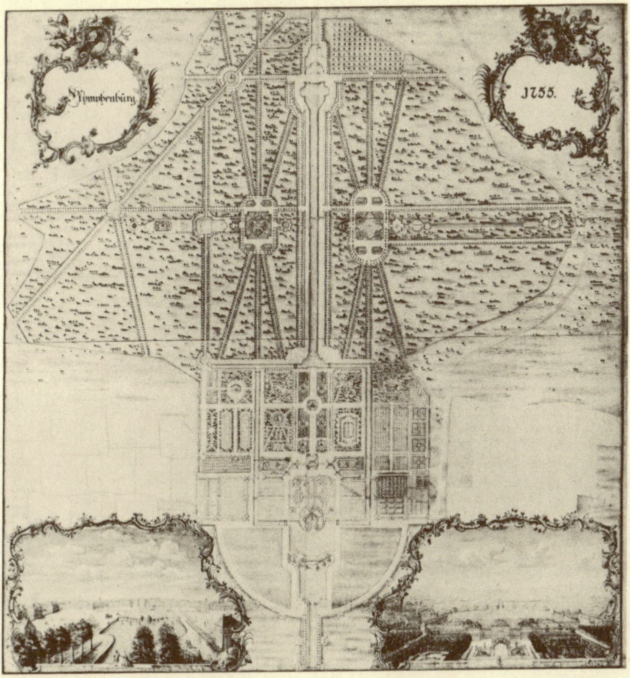

Nymphenburg 1755

Neben den Romanen und Erzählungen, die sich ausdrücklich mit der Frage der Gartenkunst befassen oder eindeutig englische Gärten schildern, finden sich nun in dieser Zeit aber auch viele Schilderungen, die einfache kleine Blumen- und Bauerngärtchen zeigen, jene Tieckschen »Idyllen« und »Naturgedichte«. Und Eichendorff führt uns in die verwunschenen und zauberhaften Schloßgärten, wo die Natur alle Formen der Gartenkunst überwuchert, oder E.T.A. Hoffmann in seine magischen Zaubergärten oder Jean Paul in poetische Park- und Landschaftspanoramen, wo Gärten wie eine Landschaft und Landschaften wie ein Park ununterscheidbar miteinander verwoben sind.

Aber auch die wirklichen Parkanlagen wollen wir betrachten, jene, die Tieck in Deutschland vergeblich gesucht hat. Viele, die mehr oder weniger den Zustand ihrer Entstehungszeit bewahrt haben, laden zu einem Besuch ein. Besonders schön und beispielhaft ist der Landschaftspark Wörlitz (Kreis Halle, in der Nähe von Dessau und Wittenberg).
Hier an diesem Park können wir in der Wirklichkeit die Erscheinungsformen eines englischen Parks ablesen, wie sie in so manchen literarischen Werken geschildert werden. Wörlitz war beispielhaft für die Gartenanlagen dieser Zeit, Wieland nannte es eine »Zierde und den Inbegriff des Jahrhunderts«. Unzählige Reisende, darunter viele Dichter und bedeutende Persönlichkeiten, haben Wörlitz besucht, und nicht wenige haben ihre Eindrücke niedergeschrieben.
Die Entwicklung der Gartenkunst von der Wende um 1770 an, von den empfindsamen, teilweise auch sentimentalen Anlagen, für die Wörlitz als Beispiel dienen kann, bis hin zu den großen »klassischen« Landschaftsparks eines Sckell, Lenné und Pückler soll hier nun gezeigt werden vor allem anhand ihrer Spiegelungen in der zeitgenössischen schönen Literatur.

Dem neuen Gartenverständnis, das sich in Wörlitz und vielen anderen nach seinem Vorbild entstandenen Anlagen ab etwa 1770 ausdrückt, war ganz offensichtlich eine Bewußtseinsänderung in bezug auf die Natur überhaupt vorausgegangen.
Bis dahin war das Ideal über ein Jahrhundert lang, eigentlich sogar seit dem Ausgang des Mittelalters, der formale geometrische Garten im Sinne von Architektur gewesen, ein Ideal, das seinen Gipfel in den repräsentativen, dem Bauwerk (Schloß) zugeordneten, bzw.

es erweiternden Prachtanlagen der Barockzeit fand, allen voran natürlich das Versailles Ludwigs XIV. bzw. LeNôtres. Der Mensch trat als Beherrscher der Natur auf, die durch seine Gestaltung zum Kunstwerk wurde. Aber dann hat man die langen geraden Alleen als ermüdend und langweilig empfunden; schon die Rokokogesellschaft hatte das Bedürfnis nach abwechslungsreicheren, intimeren Gartengestaltungen. Ein Garten war nicht mehr reizvoll, in dem »alles nach einem auf dem Papiere symmetrischen Plane« war, »den man, wenn man im Garten wandelt, nicht übersiehet, und wobey man also nur das Einförmige der Symmetrie, ohne das Wohlgeordnete der Eurythmie empfinden kann« (Friedrich Nicolai). Die wirkliche Natur mit ihren Schönheiten, Überraschungen und Abwechslungen war es, die man nun auf einmal der gestalteten Natur vorzog.

Dieses neue Naturgefühl hatte sich lange angekündigt. Es hatte seinen Ausgang schon im 17. Jahrhundert bei den Philosophen und Dichtern Englands genommen. Die Vorstellungen von Milton, Shaftesbury (übersetzt von Hölty und Voß), Home, Pope und Addison finden sich bei vielen Garten- und Kunsttheoretikern wieder, vor allem in der berühmten »Theorie der Gartenkunst« von C.C.L. Hirschfeld am Ende des 18. Jahrhunderts. Es war weiter ausgeformt worden von den Schweizer und deutschen Dichtern am Anfang und in der Mitte des 18. Jahrhunderts; vor allem v. Haller, Geßner und Hagedorn werden von Hirschfeld zitiert. Seinen Höhepunkt fand es dann im »Zurück zur Natur« Rousseaus. Was die Gärten selbst betrifft, so wurde seine Schilderung von Julies Gärtchen (Julie ou La nouvelle Héloïse), die ihrerseits deutlich von Addison beeinflußt ist, das Vorbild, das man in der Natur nachzuahmen versuchte. »Einige der schönsten Stellen dieses Gartens« zitiert Hirschfeld 1779 im 1. Band seiner »Theorie«.

Auch die politische Entwicklung hatte bei der Entstehung des neuen Naturgefühls eine Rolle gespielt. In der Zeit vor dem Ausbruch der französischen Revolution sah man in der »Vergewaltigung der Natur« ein Symbol für die Unterdrückung der Menschen durch den fürstlichen Absolutismus und für die unwürdige Nachahmung französischer Vorbilder durch die höfische Gesellschaft. Die barocke Schloßanlage zu Nymphenburg etwa nennt 1786, kurz vor ihrer Umgestaltung, der Maler Franz von Kobell einen »garstigen Versaillischen Bankert«, dem jedes »kleine Plätzchen mit etwelchen Bäumen in jedem Dorf von ganz Deutschland« vorzuziehen sei, und in den »Lebensläufen« von Theodor Gottlieb v. Hippel heißt es: »Ich weiß nicht, gnädige Frau! ob ein Amtmann, der dem Feigenbaum Daumen schraubt und ihn torquirt, es mit den Bauern nicht so zu machen Lust hat, als mit dem Feigenbaum?«
Umkehren läßt sich diese Analogie aber nicht: Dem französischen Garten als Ausdruck der Reglementierung wird nicht der englische Garten als Symbol für Freiheit gegenübergestellt, höchstens, wenn überhaupt, die freie wilde Natur.
England, das in politischer, geistiger und ökonomischer Hinsicht fortschrittlicher war als die übrigen europäischen Länder, hatte Frankreich die Rolle als geistiger Vormacht streitig gemacht. Hier waren schon ab etwa 1720 die ersten Landschaftsgärten, um die Jahrhundertmitte von Berichten über chinesische Gärten beeinflußt, entstanden.
Der Engländer Horatio Walpole, dessen 1771 erschie-

nene Schrift »Über die neuere Gartenkunst« 1800 von A.W. Schlegel übersetzt wurde, ärgert sich darüber, daß die »Franzosen neuerdings unsern Styl in Gärten angenommen haben, aber da sie lieber entfernteren Nebenbuhlern verpflichtet sein wollen, so läugnen sie uns das halbe Verdienst oder vielmehr die Originalität der Erfindung ab, indem sie die Entdeckung den Chinesen zuschreiben, und unsern Geschmack in der Gartenkunst le goût Anglo-Chinois nennen«.
Schlegel meint dazu in einer Fußnote, es sei »einem patriotischen Engländer nicht zu verübeln, daß er auf die einzige bildende Kunst, worin seine Landsleute Anspruch machen können, original zu seyn, einen starken Nachdruck legt«.
Diesen neuen Stil hat man zuerst in Frankreich und dann auch in Deutschland übernommen. Auch er beruhte also auf Nachahmung, wie vorher in Deutschland der französische, aber das hat man als nicht so schlimm empfunden oder überhaupt ignoriert.
Die Forderung nach einem nationalen deutschen Garten war aber auch, z.B. bei Hirschfeld, durchaus zu hören. Und Schiller hofft in seiner Besprechung »Über den Garten-Kalender auf das Jahr 1795«, daß sich »ein ganz guter Mittelweg zwischen der Steifigkeit des französischen Gartengeschmacks und der gesetzlosen Freiheit des sogenannten englischen« finden wird.

Eine der ersten in Deutschland entstandenen Anlagen ist also, wie gesagt, Wörlitz.
1761 war Rousseaus »Julie ou La Nouvelle Héloïse« erschienen, 1764 hatte der Dessauer Fürst Leopold Friedrich Franz (der Enkel des »alten Dessauers«) – bald nach dem Ende des Siebenjährigen Krieges – zum

ersten Mal mit den Wörlitzer Anlagen begonnen; ihre endgültige Gestaltung erfuhren sie nach großen Überschwemmungen ab 1770.
Zur gleichen Zeit hat übrigens Friedrich II. in Potsdam das Neue Palais erbauen lassen, diese »Manifestation des preußischen Absolutismus«, diese «Fanfaronade« – Prahlerei –, wie er es selbst genannt hat. Welten liegen zwischen diesem Bau und dem streng klassizistischen, schlichten Wörlitzer Schloß und seinem Park.
Fürst Franz galt als aufgeklärter, gebildeter Herrscher, der für freiheitliche Ideen empfänglich war. Er hat seinen Park auch von Anfang an dem Volk zugänglich gemacht – es gab keinerlei Umzäunung. Bei anderen Gärten dieses Stils, auch in England, hat man viel Phantasie darauf verwendet, die Grenze unsichtbar zu machen, sie als »Aha« oder »Haha« (Fachausdruck!) in einen Graben oder hinter dichtes Gebüsch zu verlegen, da der weite Blick in die freie Natur nicht gestört werden durfte, bzw. die Illusion eines riesigen Gartengeländes erzeugt werden sollte. Die Barockgärten dagegen hatten selbstverständlicherweise nur der höfischen Gesellschaft zur Verfügung gestanden.
Den Wörlitzer Park sollte man eigentlich nicht allein besuchen. Hier braucht man ein mitfühlendes Herz und Gegenüber, wie es der Epoche entspricht – wenn auch nicht unbedingt in dem Sinn wie Herr Carl August Böttiger, der vor rund 200 Jahren den Park besucht hat und dann schrieb: »Man genoß doppelt, denn man genoß mit Hunderten.«
Sympathischer und vielleicht sogar nachvollziehbar ist uns die Stimmung des empfindsamen Reisenden Johann Friedrich Abegg, der 1798 in sein Reisetagebuch schreibt:
»Mit süßer Sehnsucht dachte ich an meine liebe Frau

und wünschte sie an meine Seite, um mit ihr zu genießen. Herr Caspar reichte mir ein Blatt von einer Sammetnelke. Dies, dachte ich, will ich behalten, und es sey mir ein sichtbares Zeichen meiner menschlich-frohen Existenz in dieser Gartengegend und des Andenkens an meine liebe Frau in einem der glücklichsten Momente meines Lebens. Alle, die ich lieb habe, wünschte ich her, und meinen guten Bruder, durch den mir dieses Vergnügen geschafft wurde, glaubte ich herbeizaubern zu müssen.«

Der Park liegt eingebettet in die Auenlandschaft der Elbniederung, in die er mit fließenden Übergängen weitergeht als durch Kunst in hohem Grad gesteigerte »verschönte Natur«. Das entspricht dem selbstbewußten Anspruch, mit dem Hirschfeld seine »Theorie der Gartenkunst« 1785 abschließt:

»Gott schuf die Welt, und der Mensch verschönert sie.«

In diesem Sinn der Verschönerung, der »Kunst der Landesverschönerung« (diesen Begriff prägte der Dichter Matthisson) hat Fürst Franz die gesamte Gegend seiner Herrschaft in ein einziges Gartenreich verwandeln wollen. Außer dem Wörlitzer Park, der sicher der Höhepunkt ist, wurden auch andere vorhandene Schlösser mit einbezogen und umgestaltet, neue Gartenanlagen mit klassizistischen Schlössern entstanden, so das Luisium und das Georgium. Alle Anlagen waren untereinander durch geschlängelte Alleen und Hochwasserdeiche verbunden, wobei die »Hauptstraße des Gartenlandes« für die »Wallfahrt« ins Dessauer Reich über den Schweden- und Vasenwall nach Wörlitz führte. Die Deiche waren mit steinernen Vasen geschmückt, die Wallwachhäuser architektonisch gestaltet, teilweise als Einsiedeleien und Kapellen, aber auch in antikem Stil. Auch die Zweckbauten genügten also ästhetischen sowohl wie empfindsamen Ansprüchen. Durch Obstgärten, durch das Anpflanzen von Wäldern und durch künstliche Wasserläufe und Seen wurde sowohl ökonomischer Nutzen gezogen als auch die Landschaft verschönert. Man befand sich im Dessauer Herrschaftsbereich »in einer schönen, durch Kunst verherrlichten Gegend, in einem wohladministrierten und zugleich äußerlich geschmückten Lande«, wie Goethe in »Dichtung und Wahrheit« feststellte.

Jean Pauls Luftschiffer Gianozzo kann sowohl die gesamte verschönte Naturlandschaft als auch die benachbarten Gartenanlagen meinen, wenn er sich auf den Weg nach Wörlitz macht und sagt: »Mit der Sonne sank ich da in den wechselnden Garten, dessen Aussichten wieder Gärten sind.«

Das neue Naturgefühl findet in Wörlitz zunächst am deutlichsten seinen Ausdruck in der Nachahmung der Rousseauinsel, die sich im Park von Ermenonville, einer der ersten englischen Anlagen in Frankreich, als Grabinsel für Rousseau befindet. Es ist eine runde, von Pappeln umstandene kleine Insel. Franz Hallbaum, der in den zwanziger Jahren unseres Jahrhunderts die erste Monographie über den Landschaftsgarten verfaßt hat, nennt diese Insel einen »ins Vegetabilische übersetzten Monopteros« (nach Sckell ein antiker Rundtempel, »mit keiner Mauer, sondern mit freystehenden durchsichtigen Säulenzwischenweiten versehen«). Wie im Tempel »der Alten« inmitten der Säulen, so steht hier inmitten der Pappeln ein Altar. Auf ihm ruht eine Urne. Die Inschrift auf dem Altarpostament im Wörlitzer Park hat Fürst Franz entworfen. Sie lautet: »Dem Andenken J.J. Rousseaus, Bürgers zu Genf, der die Witzlinge zum gesunden Verstand, die Wollüstigen zum wahren Genuß, die irrende Kunst zur Einfalt der

Natur, die Zweifler zum Trost der Offenbarung, mit männlicher Beredsamkeit zurückwies. Er starb d. II. Jul. MDCCLXXVIII.«
Ironie des Schicksals: Gegenüber dieser Insel liegt heutzutage der große Parkplatz...

Die Ideen von der »Einfalt der Natur«, zu der die Kunst zurückkehren soll, die hinter dem Konzept eines Landschaftsgartens standen und die auch in Wörlitz nachzuvollziehen sind, lassen sich am besten an den zeitgenössischen Theorien ablesen, vor allem an jenem großen Werk des Kieler Philosophieprofessors Christian Cajus Laurenz Hirschfeld, der »Theorie der Gartenkunst«, die in den Jahren 1779–85 in fünf Bänden erschienen ist. Sie hat Anlaß zu großen Hoffnungen gegeben und ist ganz offensichtlich einem Bedürfnis entgegengekommen. Allerdings war es wohl schwer, die Theorien in die Tat umzusetzen, sie galten bald als »zu poetisch«. Auch hat man ihm den Vorwurf gemacht, sich nur an den reichen Teil der Bevölkerung zu wenden und den landwirtschaftlichen Nutzen eines großen Gartens ganz und gar außer acht zu lassen.
Goethe hat Hirschfeld schon auf Grund früherer, weniger umfangreicher Werke, die ab 1767 erschienen waren, gekannt. Er schreibt 1822, zu einer Zeit, in der er längst mit eigenen Parkarbeiten aufgehört hat, daß »die Neigung zu ästhetischen Gartenanlagen überhaupt durch Hirschfeld aufs höchste gesteigert ward«.
Schiller – in der Rezension von 1794 – äußerte sich skeptisch:
»Seit den Hirschfeldischen Schriften über die Gartenkunst ist die Liebhaberei für schöne Kunstgärten in Deutschland immer allgemeiner geworden, aber nicht

sehr zum Vorteil des guten Geschmacks, weil es an festen Prinzipien fehlte und alles der Willkür überlassen blieb.«
Auch von Jean Paul wird Hirschfeld erwähnt, wenn auch nicht in positivem Sinn. Im »Titan« heißt es:
»Lilar ist nicht, wie so viele Fürstengärten, ein herausgerissenes Blatt aus Hirschfeld – ein toter Landschaftsfigurant und Vexier- und Miniaturpark...«
Der Schweizer philosophische Schriftsteller und zeitweilige Arzt Friedrichs II., Johann Georg Zimmermann, hingegen schreibt in seinem Werk »Über die Einsamkeit« 1785:
»Hirschfeld, dieser große Mahler der Natur, dieser sanfte und liebenswürdige Philosoph, der erste Deutsche der uns dieß alles durch seine Gartentheorie itzt lehrte, ward dadurch einer der größten Wohlthäter Deutschlands.«
Und Sophie von Laroche stellt sich auf einem Spaziergang in der Gegend von Heidelberg vor, »wie angenehm es seyn würde, auf diesem oder jenem Platze des Walls, in heitren Tagen, Thomsons Jahrszeiten und Hirschfelds Gartenkunst zu lesen«.
Wieland empfahl sie in einer Anzeige im »Merkur«, denn »sie ist auch mit Empfindung und Wärme geschrieben, und also unterhaltend genug, um zugleich zu ergetzen und zu belehren«.

Auch heutzutage blättert es sich angenehm in den großen, aber handlichen Bänden mit ihren schönen Drucktypen auf kräftigem Papier, mit den schön geprägten Kupferstichen und dem grünseidenen Lesebändchen, wenn wir wohl auch auf die Benützung in dem Lesesaal einer größeren Bibliothek angewiesen sind.

In dieser Theorie werden nun in allen Einzelheiten die Möglichkeiten geschildert, wie ein Stück »schöner ländlicher Natur« so umgeändert werden kann, daß es zu einem Garten wird. Die »Gegenstände« zu dieser Umänderung werden dabei der Natur selbst entnommen, sie werden aber so ausgewählt und zusammengestellt, daß dadurch ihr Eindruck verstärkt wird.
Als Vorbild dazu sollen die Landschaftsmaler gelten. Dieses sei das erste allgemeine Gesetz der Gartenkunst. Als Beispiele für vorbildliche Landschaftsmaler nennt er ausschließlich Maler der Barockzeit, keine zeitgenössischen (Poussin, Berchem, Pieter Breugel, Lucas van Uden usw.).
Umgekehrt herrschte in der Zeit, in der diese malerischen Landschaften entstanden sind, der strengste geometrische Gartenstil. Im Sinne Hirschfelds hatte auch Goethe in »Dichtung und Wahrheit« festgehalten, daß man bei Gartenanlagen »gegenwärtig das Auge des Landschaftsmahlers zu Hülfe nimmt«, während es früher der Architekt war, den man zu Rate zog.
Weiter heißt es bei Hirschfeld:
»Weil aber ein Garten, als ein Werk des Fleißes und des Genies, die Phantasie und die Empfindung stärker bewegen soll, als eine blos natürliche Gegend; so soll der Künstler den Eindruck der Gegenstände der Natur, die er mit Überlegung und Geschmack gesammelt, ausgebildet und mit einander verbunden hat, dadurch zu heben suchen, daß er übereinstimmende Gegenstände der Kunst darunter mische und mit dem Ganzen verknüpfe.
Dies ist das zweyte allgemeine Gesetz der Gartenkunst. Beyde Hauptgesetze entspringen, wie zwey Bäche, aus einer einzigen Quelle, und laufen neben einander fort. Diese Quelle ist der Grundsatz« – und das kann man

wohl als die Quintessenz der gesamten Theorie bezeichnen – »Bewege durch den Garten stark die Einbildungskraft und Empfindung, stärker als eine blos natürlich schöne Gegend bewegen kann.«
Der Garten soll nun je nach der Umgebung, dem Klima und auch nach dem sozialen Stand des Besitzers und je nach dessen individuellen Wünschen über einen bestimmten Charakter bzw. »Empfindung« verfügen. Hirschfeld unterscheidet dabei vier »Hauptempfindungen«, welche durch die Gestaltung des Gartens im Besucher hervorgerufen oder verstärkt werden können. Ein Garten kann also »angenehm, munter, heiter« sein, eine »Empfindung«, der er den Vorzug gibt. Er kann einen »sanft-melancholischen« Charakter haben, einen «romantischen oder bezaubernden« und schließlich einen »feyerlichen, ernsthaften, erhabenen, majestätischen«, oder aber ein Garten verfügt über eine Kombination aller oder einiger Charaktere.
Wodurch solche Empfindungen hervorgerufen werden, wird in allen Einzelheiten poetisch und liebevoll, oft mit Hilfe von Naturgedichten, ausgemalt.
Allen Bänden der Theorie sind Beschreibungen von bereits bestehenden Gärten beigegeben, die teilweise gar nicht von Hirschfeld selbst stammen; im Vorbericht des I. Bandes bittet er nämlich um Zusendung von solchen Beschreibungen und von Kupfern.
Von Wörlitz heißt es:
»Er ist ganz zu der Klasse der angenehmen zu rechnen, reich an Munterkeit und Heiterkeit der Durchsichten.«
Da ein idealer Garten dem Verlangen nach Mannigfaltigkeit und Abwechslung Rechnung trug und deshalb mehrere dieser Charaktere in sich vereinigte, also aus mehreren »Partien« oder »Scenen« bestand, konnte der Besucher beim Durchschreiten alle Empfindun-

gen, deren er fähig war, erleben bzw. »aktivieren«. Voraussetzung allerdings ist »ein Grad von Schärfe und Aufmerksamkeit des äußern Sinnes, eine gewisse Leichtigkeit, die Bilder aufzufangen und sie zur Berührung oder Erschütterung der Phantasie, zur Erzeugung der innern Bewegung fest zu halten« und »eine gewisse Behaglichkeit der Seele an den sanftern Gefühlen der Natur«.

In dieser Formulierung ist der Geist der Hirschfeldschen Theorie besonders schön und deutlich zu spüren.

Neben der ausführlichen Beschreibung des natürlichen Materials für die Gartengestaltung (im Kapitel »Vom Baumwerk« zum Beispiel wird von Art, Größe, Laubwerk – Farbe, Dichte usw., bis hin zur Beschaffenheit der Rinden differenziert) findet sich auch eine Übersicht über die künstlichen, d.h. ausschließlich vom Menschen gestalteten Bestandteile, also Architektur und Plastik, Brücken, Ruhesitze usw. Die Beispiele, die er für Landhäuser, Lustschlösser und Tempel gibt, entsprechen dem Winckelmannschen Ideal von der edlen Einfalt und stillen Größe.

Auch Fürst Franz in Wörlitz huldigt diesem Ideal, bei ihm kommt aber durch das »Gotische Haus« noch das Element der Sehnsucht nach dem Mittelalter und seiner Wiederbelebung hinzu, das sein Vorbild übrigens auch in England hat.

Die Kanalfront des Gotischen Hauses war der Kirche »Maria dell' Orto« in Venedig nachempfunden; die meisten Tempelbauten haben ihre erkennbaren Vorbilder in der Antike.

In den anakreontischen Gärten des Rokoko sowie in vielen empfindsam-sentimentalen Anlagen verbargen sich hinter der Fassade von griechischen Tempeln oder gotischen Kirchenruinen oft Zweckbauten wie Geräteschuppen, Eiskeller, Ställe usw. Daß solche Bauten Stoff für die mannigfaltigsten Parodien boten, liegt nahe; wir sehen es an vielen Beispielen. Bei Jean Paul sind es vor allem gewisse Pyramiden, die einen anderen Zweck erfüllen, und von denen noch die Rede sein wird; im »Triumph der Empfindsamkeit« von Goethe heißt es:

»Und, Salva Venia, jeden Quark
Wickeln wir in eine schöne Schal' ein.
So verstecken wir zum Exempel

Einen Schweinestall hinter einem Tempel« usw.

Und bei Eichendorff in »Ahnung und Gegenwart« lesen wir von einem »geschmackvollen Kuhstall«. Tempel und gotische Dome in Miniaturausgabe werden auch bei der Parkbesichtigung in den »Elixieren des Teufels« von Hoffmann heftig kritisiert.

Als Wohnhäuser dienten diese Bauten nur in seltenen Fällen. Fürst Franz von Dessau wohnte im »Gotischen Haus« mit der Gärtnerstochter. Sein Schloß hatte er der Öffentlichkeit zur Besichtigung zur Verfügung gestellt – dergestalt, daß sich auch seine Frau genötigt sah, auszuziehen. Sie bewohnte dann ein neugotisches Haus neben der Kirche.

Herzog Karl August, der im Sommer ab und zu in dem Borkenhäuschen, dem »Luisenkloster«, übernachtet hatte, ließ sich 1792 im gleichen Park an der Ilm nach Goethes Plänen und nach dem Vorbild des Schlößchens Solitüde im Sieglitzer Park im Dessauer Gartenreich das »Römische Haus« errichten, in dem er zeitweise wohnte. Sicherlich aber war die edle Haltung des Grafen in Karoline von Wolzogens Roman »Agnes von Lilien« nicht allgemein üblich, nämlich das Umändern

und Überlassen von Parkgebäuden an bedürftige Menschen.
Die Stilunsicherheit mancher Parkbesitzer, die sich bei Sinn und Zweck ihrer Parkgebäude zeigt, trat noch weitaus stärker zutage, wo es um das Hauptziel der Gartengestaltung ging, um das »Bewegen der Empfindung«. Ein großer Teil der Parkbesucher und -besitzer hat offenbar nicht über jene »gewisse Behaglichkeit der Seele« verfügt, nicht jeder Besucher ist wohl beim Anblick einer Trauerweide an einem stillen Weiher traurig geworden oder angesichts eines düstern Tannenwäldchens in Melancholie verfallen. Auch war der Symbolgehalt, der durch Monumente, Tempel, Statuen etc. ausgedrückt werden sollte, nicht jedem verständlich, obgleich Hirschfeld, seiner human-bürgerlichen Gesinnung entsprechend, nicht so sehr mythologisch überfrachtete Assoziationen wie im Barockgarten suchte; er bevorzugte Themen, die einen Bezug zum Garten hatten:
»Es gibt gewisse Wirkungen des Landlebens und der Gärten, denen man Tempel widmen kann. Der Tempel der Heiterkeit, der Ruhe, der Vergessenheit der Sorgen...«; für Statuen können »Helden, Gesetzgeber, Erretter und Aufklärer des Vaterlands« ebenso wie Dichter und Landschaftsmaler »eine gute Wirkung geben«.
Jedenfalls hat man sich bei den Versuchen, den Charakter einer Gartengegend eindeutig festzulegen, wohl nicht immer an Hirschfelds Theorie gehalten. Man hat zur Verdeutlichung die unterschiedlichsten Bauwerke aufgestellt: Tempel bzw. Tempelchen, Ruinen, Einsiedeleien, Grotten, selbst Moscheen und chinesische Türme und Teehäuser, meist, wie schon gesagt, im Sinne von Staffagebauten. Teils waren diese Elemente

einfach dem anglo-chinoisen Rokokogarten entnommen, teils entsprachen sie aber auch dem Willen, sich die »Mannigfaltigkeit des Kosmos« anzueignen, wie er z. B. auch in der Zuwendung auf die Literaturen der Welt zum Ausdruck kommt, z. B. in Herders »Stimmen der Völker in Liedern« 1807. (Hallbaum)
Beliebt waren auch die »otaheitischen Hütten«, die nach Kapitän Cooks Weltumsegelungen (1768–71, 1772–74, 1778) populär geworden waren. Vater und Sohn Forster, die Cook auf der zweiten Reise begleitet hatten, waren in Wörlitz und haben dem Fürsten eine Südseesammlung vermacht. Das Leben der Eingeborenen auf den Südseeinseln Tahiti und Othaiti dachte man sich unschuldig-paradiesisch.
Wenn alle diese Bauten nicht ausreichten, um den Gartencharakter zu verdeutlichen, so half man nach mit Gedenksteinen, die entsprechende Inschriften trugen, oder hängte einfach Tafeln mit erklärendem Text auf. Was in der Praxis alles möglich war, zeigt die in Stein gemeißelte Inschrift »Ach wie schön« im Seifersdorfer Tal.
Hirschfeld war das Problem wahrscheinlich bekannt. Er schreibt: »Wenn die Inschriften glücklich erfunden und an ihren Plätzen schicklich angebracht sind, so beweisen sie immer eine gute Wirkung. Sie sind freylich entbehrlich, indem die Eindrücke eines Gartens sehr schwach seyn müßten, wenn sie erst einer solchen Unterstützung bedürftig wären« bzw.: »Ein Gartenkünstler, der überall, wo man ruhen will, zum Lesen auffordert, der jede Bank, jedes Brett mit einer Inschrift bekleckt, ist ebenso unerträglich, als ein dreister Schwätzer, der uns seine Einfälle oder seine Belesenheit unaufhörlich aufdringen will.«
Über mehrere Seiten macht er Vorschläge für Inschrif-

ten; meist handelt es sich dabei um deutsche Naturgedichte.

Bei Jean Paul in den »Flegeljahren« ist von den »weißen Zolltafeln der Empfindung« die Rede, von den »an die Welt wie an Arznei-Gläschen gebundenen Gebrauchzetteln“, welche verordnen, »wie man schöne Natur einzunehmen habe, in welchen Löffeln und Stunden«.

Und Johanna Schopenhauer beobachtete bei ihrem Besuch des Parks in Oliva, wie die zahlreichen Besucher »sich eifrig bemüheten, die ihnen hier dargebotenen Sprüchlein zu studiren, und die sie umgebende Pracht der Natur gänzlich vergaßen«.

Noch in den 1834 erschienenen »Andeutungen über Landschaftsgärtnerei« schreibt Fürst Pückler-Muskau zum Thema Inschriften, die »an gewissen Orten gewisse Gefühle zu haben vorschreiben wollen: Wären sie selbst von Göthe, wie in Weimar – auch diese finden ohnfehlbar in seinen Schriften einen besseren Platz«.

Vor allem auch Grotten und Einsiedeleien, ebenfalls aus den Rokokogärten übernommen, waren beliebte Mittel, um Stimmungswerte zu verdeutlichen oder zu schaffen. Entsprechend oft finden sie sich in literarischen Schilderungen.

Bei Michael von Loen im »Redlichen Mann bei Hofe«, einem frühen empfindsam-didaktischen Aufklärungsroman, überfällt den Grafen in der »holdseligen Einöde« der Geist der Dichtkunst.

Der alte Mönch in Millers »Siegwart. Eine Klostergeschichte«, einem der meistgelesenen Romane in der 2. Hälfte des 18. Jahrhunderts, gibt sich in der Grotte des Klostergartens seinen Gedanken und Erinnerungen hin.

In J. C. Wezels Roman »Herrmann und Ulrike« dagegen wird das Motiv bereits ironisiert:

»Jedermann im ganzen Hause des Grafen, den geheimer Kummer, Vapeurs, Hypochondrie oder schlechte Verdauung quälte, flüchtete an diesen Schutzort der Melancholie...«

Auch in den »Wahlverwandtschaften« wird Charlottes Mooshütte einmal als Einsiedelei in diesem Sinn bezeichnet:

»...nun warf sie sich in den engen Raum der kleinen Einsiedelei und überließ sich ganz einem Schmerz, einer Leidenschaft, einer Verzweiflung, von deren Möglichkeit sie wenig Augenblicke vorher auch nicht die leiseste Ahnung gehabt hatte.«

Goethe hatte 1776, wie er an Auguste Stolberg schreibt, im Lustschloß Belvedere bei Weimar »hinten im Garten eine Einsiedeley« angelegt, »allerley Pläzgen drinn für arme Krancke und bekümmerte Herzen«; auch das 1778 erbaute Borkenhäuschen, genannt Luisenkloster, mit dem die Parkgestaltung in Weimar ihren Anfang nimmt, wird so genannt.

In diesem Sinne hatte auch Hirschfeld bei der Ausmalung des »sanft-melancholischen« Gartencharakters gefragt:

»Wer sollte so wenig Philosoph oder Freund von sich selbst seyn, der nicht in seinem ausgedehnten und heitern Garten eine sanft-melancholische Gegend für sich erbaute?«

Die Einsiedeleien und gar die Einsiedler (ob als lebendige Menschen oder mechanisch bewegliche Holzpuppen) finden häufig Erwähnung in der Literatur und sind ein bevorzugtes Motiv für Parodien. An erster Stelle steht dabei Jean Paul (»Die unsichtbare Loge«), ihm folgen Brentano (»Godwi«) und Eichendorff (»Ahnung und Gegenwart«). Besonders grotesk liest sich in

der Novelle »Der Jahrmarkt« von Tieck das Schicksal des vom Parkbesitzer zu erbärmlichen Bedingungen angestellten Einsiedlers, der vor Langeweile und Hunger zu trinken anfängt und in diesem Zustand die Parkbesucher segnen soll.
Der echte Einsiedler ist aber offenbar nicht nur eine Figur in literarischen Parodien. Noch 1817 berichtet Fürst Pückler-Muskau seiner Frau in einem Brief:
»Eine sehr gute Acquisition habe ich neulich gemacht, nämlich einen Einsiedler für die Einsiedelei, welche ich nicht wie andere im Park, sondern mitten im Walde, mehrere Stunden von jeder menschlichen Wohnung entfernt, anlege. Der Einsiedler ist ein alter Gardist mit einer ungeheuren Nase, 6 Fuß Höhe, und von schrecklichem Ansehen. Laut unserem Kontrakt muß er eine Mönchskutte nebst langem Bart und Strick um den Leib tragen, und darf seine Einsiedelei nur Montags verlassen, um sich im Städtchen Nahrungsmittel für die Woche zu verschaffen. Dafür erhält er freie Wohnung, Holz, Licht und 50 Thaler jährlich. Außerdem alle drei Jahre eine neue K u t t e.«
Ein prachtvolles Exemplar einer Waldbruderpuppe findet sich noch heute (angeblich stammt sie vom Ende des 18. Jahrhunderts) in der Eremitage Arlesheim bei Basel.

Auch Grabstätten und Grabmäler spielen – in wirklichen Parkanlagen wie in der Literatur – eine wichtige Rolle. Hirschfeld hatte Begräbnisplätze im Park »zur Unterhaltung sittlicher Gefühle« empfohlen.
In Wörlitz bezeichnet die »Goldene Urne«, zur Erinnerung an eine im Kindesalter verstorbene Prinzessin errichtet, wahrscheinlich kein wirkliches Grab, sondern ist ein »Grabmotiv«. Ein wirkliches Grab im Park er-

hielt jedoch der Gärtner Schoch. Auf seinem Grabhügel steht die vom Fürsten entworfene Inschrift:
»Schochs Ruheplatz. Seiner Hände Fleiß verschönerte diese Gefilde. Sanft walle dort sein Geist wie hier dieses Gebüsch.«
In dem wunderschönen ostfriesischen Landschaftspark Lütetsburg findet sich eine »Insel der Seligen«, vom »Styx« umgeben und nur mit dem Kahn oder im strengen Winter zu erreichen. Hier wurden die verstorbenen Angehörigen der Fürstenfamilie bei Sonnenaufgang beigesetzt. 1793 beim Tod seiner Frau schrieb Fürst Edzard Mauritz:
»Ich zögerte nicht, die geliebten Reste meiner entschlummerten Freundin dem Tempel der Natur, dem Schoß der mütterlichen Erde zu übergeben. Die Beisetzung wurde zu einer schönen, sanft rührenden, feierlichen Handlung.«
Auch Wilhelm von Humboldt hat noch 1829 mitten im – von Wörlitz angeregten – Tegeler Park, dem Haus gegenüber und von ihm aus zu sehen, eine Familiengrabstätte nach Schinkels Entwurf angelegt.

Ein völlig anderer Geist herrschte dagegen im Park Machern in Sachsen. Hier steht eine der Ahnenverehrung dienende Pyramide, in der der Graf mit seiner Familie und seinen Freunden zu speisen pflegte und Feste feierte. »Hier, wo alles um ihn her an den Tod erinnert, freut er sich mit seinen Freunden, umringt von den Urnen der Väter«, lesen wir in einer zeitgenössischen Parkbeschreibung.
Von hier ist es nicht mehr weit zu den literarischen Parodien – zu dem Teepavillon beispielsweise, den die Gräfin in Brentanos »Godwi« über dem Grab ihres Geliebten errichtet hat. Ihrem Gast Godwi verdirbt das

Bewußtsein, über einem Grab zu sitzen, allerdings den Teegenuß.

Ein oft verwendetes und auch von Hirschfeld wärmstens empfohlenes Motiv, das »sehr glücklich mit den herrlichsten Wirkungen eines heitern Gartens« zusammenstimmt, war die Darstellung des Elysiums, oft verbunden mit dem vorher zu durchschreitenden Tartarus, oder, wie in Wörlitz, mit einem Labyrinth, das überwunden werden muß.

Bei diesem Labyrinth, angelegt auf einer der vielen Inseln inmitten der wasserreichen Parklandschaft, handelt es sich natürlich nicht um ein Labyrinth im formalen geometrischen Stil, wie es z. B. von Mörike im »Maler Nolten« beschrieben wird. In Wörlitz besteht es aus dichtem Gestrüpp, durch das sich mehrere Weglein schlängeln. Ausgangspunkt oder auch Mittelpunkt ist ein freier, von künstlichen Felsen umgebener Platz mit drei Gedenksteinen, in deren Nischen die Büsten von Gellert und Lavater stehen. Die dritte Nische ist – sicher absichtlich – unbesetzt. Die Inschrift unter der Gellert-Büste lautet: »Heil dir, denn du hast mein Leben, die Seele mir gerettet, du!« Gellert galt als Beispiel christlich-tugendhafter, gleichzeitig aufgeklärter Gesinnung; Fürst und Fürstin hatten sich in Leipzig Privatkollegs von ihm lesen lassen. Bei Lavater, der späterhin umstritten war, heißt es: »Daß mein Sinn dem deinen gleiche«.

Der Weg aus dem Gestrüpp führt in einen dunklen, sich an einer Felswand entlangziehenden bewachsenen Gang. Tafelüberschrift: »Wähle, Wanderer, deinen Weg mit Vernunft«, dann, bei einer Weggabelung: »Hier wird die Wahl schwer, aber entscheidend«. Der Gang wird zur völlig dunklen Höhle und endet schließlich an einem Wassergraben vor einer Nische, in der sich eine

Venusstatue befindet (zumindest den Beschreibungen nach; der Sockel war bei meinem Besuch leer). Inschrift, etwas versteckt: »Kehre bald wieder zurück«. Der andere unterirdische Höhlengang bei der Weggabelung geht bald über in einen verwilderten Waldweg und führt gleich danach auf eine freie Wiese, auf einen hellen ovalen Rasenplatz, der von Bäumen und Sträuchern umstanden ist und der – das Elysium darstellt. In einer zeitgenössischen Beschreibung (Rode, 1798) liest sich das so:

»Es ist eine Allegorie des menschlichen Lebens – mit einiger Rücksicht auf das individuelle Leben des Fürsten selbst. Wir werden hier erinnert: Wie ersprießlich es sei, früh, beim Eintritt in das Leben, Bekanntschaften zu machen, welche das Nachdenken über die zu haltende Bahn erwecken; und durch klugen Rat vor verderblichen Verirrungen warnen; und durch ihr Beispiel überzeugen, wie selbst die rauhesten, verworrensten, gefährlichsten Wege, wenn nur Geduld und Klugheit nicht ermüden, am Ende durch eine verborgene, nicht voraus zu ahnende Wendung zum Glücke leiten.«

In dieser Beschreibung ist der Geist der Epoche lebendig und deutlich erkennbar. Was empfinden wohl die heutigen Besucher? Der Kontrast zwischen dem düsteren Höhlenweg und der freien, lichten, grünschimmernden Waldwiese mit dem prächtigen Trompeten- und Tulpenbaum ist noch zu erleben, und das Wissen um die zeitgenössische Beschreibung und um die Absicht vermag auch heute noch den Reiz zu erhöhen.

Wenn unsere Empfindung dabei nicht »bewegt« oder »erhöht« wird, dann geht es uns ähnlich wie Friedrich Schelling, der 1796 Wörlitz gesehen hat und diesen Besuch ausführlich schildert. Er empfindet die Labyrinthanlage als ausgesprochen lächerlich und kann es nicht verstehen, daß in den Reisebeschreibungen so viel Aufhebens darum gemacht wird.

Der Garten soll also nach den zeitgenössischen Theorien für den empfindsamen Besucher zur »Seelenlandschaft« werden. Merkwürdigerweise kann dieselbe Funktion aber auch von formalen Gartenelementen übernommen werden: In dem empfindsamen Roman par excellence, dem »Werther«, ist ausdrücklich von hohen Buchenwänden die Rede, von einem Bosquet, von einer Allee, Elementen also, die zumindest der Bezeichnung nach dem formalen Garten zugehören. Werther fühlt sich durch einen »geheimen sympathetischen Zug« zu einem Plätzchen hingezogen, das »wahrhaftig eines der romantischsten« ist, die »von der Kunst« hervorgebracht wurden. Auch »Woldemar« erfährt empfindsame Emotionen, ausgelöst durch den Vollmond in einem regelmäßigen Garten – eine Allee von »Oranienbäumen«, eine lange Buchenhalle, ein »Canal« werden genannt. Im »Maler Nolten« übernimmt ein Element der »altfranzösischen Gartenkunst«, ein Labyrinth, die Funktion, die sonst einer empfindsamen Staffage zukommt: die Atmosphäre in den dämmrig-kühlen einsamen Gängen, wo Nolten sich nach und nach dem Zentrum nähert, stimmt »vollkommen zu den Gefühlen unsres Freundes«.
Aber vor allem finden sich in den Romanen der Zeit Beispiele für Gefühlslenkung und Stimmungsaktivierung, die durch Motive des typisch englischen Parks ausgelöst werden.
Da ist zunächst einmal die Lebensgeschichte von Jung-Stilling. Er und seine Braut Selma bieten ein besonders eindrucksvolles Beispiel dafür, wie die »gefühlsauslö-

sende Macht von Gartenelementen« genau in der beabsichtigten Weise wirken kann, wie aber andererseits auch nur die Gefühle ausgelöst werden, zu denen das jeweilige Individuum fähig ist.
Stilling und Selma besuchen den schönen, neuen und »vielen Kennern wohlbekannten Garten« des Kaufmanns Schmerz. Die einzelnen Bestandteile des Gartens, einschließlich Einsiedlerpuppe, Faß des Diogenes, Inschriften etc. werden ausführlich und bewundernd geschildert. Der Gefühlsausbruch Stillings erfolgt am Abend, als im gewittrigen Park eine Urne mit vielen Lämpchen erleuchtet ist. Das erweckt in ihm die Erinnerung an seine verstorbene erste Frau. Dazu kommt die »rührende Musik« von »unvergleichlich reinen blasenden Instrumenten«. Das alles macht, daß Stilling »schluchzte und weinte, die Scene war für seine Seele und für sein Herz zu gewaltig, er küßte und umarmte bald Schmerzen, bald seine Selma, und floß für Empfindung über«.
Selma hingegen »fühlte das alles auch, war auch gerührt; aber sie blieb ganz ruhig, ihre Empfindung war kein herabstürzender Felsenstrom, sondern ein ruhig fortrieselnder Bach im Wiesenthal«.
Bei Jean Paul steht nun nicht mehr allein das »reine« Empfinden im Vordergrund, sondern die Komik, die darin besteht, daß zwischen »gefordertem« und wirklichem Empfinden je nach Empfänglichkeit des Besuchers oder sogar des Erbauers durchaus nicht immer eine Einheit bestand. Im »Leben des Quintus Fixlein« löst der Anblick einer pappelumstandenen Insel mit Pyramide, die als Grabmal gedeutet wird, in dem einfachen Mädchen Kordula in Übereinklang mit dem Stimmungswert dieser Parkpartie Trauer und wehmütige Gedanken an die tote Mutter aus:

»Die kunstlose Kordula wußte nicht, welches Druckwerk ihr Herz auseinanderpresse – sie errieth es nicht, daß der mit einer blutigen Morgenröthe überspritzte Himmel und daß die zusammenfließende Grasmükken-Kirchenmusik im Tempel der Natur, daß das ruhige Wiegen und Taumeln der Pappeln und die Regentropfen, die ihr Schwanken gleichsam vergoß, daß alles dieses ihre einsame Seele trüber machte und das öde Herz schwerer und das kalte Auge heisser...« Denn in ihrem Herzen waren »noch keine Leiden gewesen als wahre«, es war noch nicht »von artistischer Empfindsamkeit bis zum Lahm- und Schlaffwerden auf- und zugezogen worden«.

So weit so gut. Das parodistische Element steckt nun aber darin, daß der Erbauer des Gartens offenbar nicht in gleicher Weise für Gefühle ansprechbar war. Die Pyramide hat nämlich höchstwahrscheinlich eine ganz andere als (nur) Grabmalsfunktion, nämlich die gleiche wie die Pyramide in den »Flegeljahren«, die auch auf einem Rousseauschen Begräbnisinselchen steht und die – als Bedürfnisanstalt dient.

Im »Godwi« (Brentano) schildert Römer, den man im Vergleich zu Jung-Stilling oder Kordula sicherlich als einen »intellektuellen« Besucher bezeichnen kann, einen Ausflug in eine Parkanlage; es handelt sich um den englischen Park bei Schloß Wilhelmshöhe in Kassel. Er ist anfangs offensichtlich bereit, den Park auf sich wirken zu lassen und sich seinen Gefühlen hinzugeben, obwohl ihn von Anfang an »die Zusammenstellung aller dieser Verschiedenheiten« stört. Aber immerhin ahnt er beim Anblick eines marmornen Fauns »den schweigenden Geist der Musik«; dieser Eindruck wird allerdings dann gleich zerstört durch den »Körper der Musik«, der ihm »aus den Glöckchen am chinesischen Haus sinnlich entgegengaukelt«. Der »Reiz einer mediceischen Venus, dessen Zauberlicht durch die Schatten kosender Zweige bricht«, erfüllt ihn mit den »Schauern der Kunst und der Natur«, erweckt seine Begierde, die aber am vollen Genuß durch einen davor hängenden Zypressenast gehindert wird. Als sich schließlich in einer Einsiedelei die würdigen alten Philosophen als Holzfiguren, »zur Dauer mit Ölfarbe angestrichen«, entpuppen, nimmt er sich vor, sich »hier keiner Laune mehr zu überlassen, weil das Ganze für Menschen erschaffen ist, die weder froh noch traurig, sondern amüsiert und zerstreut werden sollen«.

Ein Exempel für eine übertriebene und dadurch lächerliche Staffage findet sich auch in unserem »echten« Beispiel Wörlitz; es ist der sog. »Stein«, eine Partie, die eine italienische Landschaft darstellt und auf kleinstem Raum die unterschiedlichsten Elemente vereinigt. Es sind hier versammelt: der Vesuv(!), der Feuer und Rauch speien kann, die Ruine eines Amphitheaters und eines antiken Gymnasiums, Grotten und Felsengänge mit einem Tempel der Nacht, verwandelbar in einen Tempel des Tags, eine Villa Hamilton, deren Vorbild am Golf von Neapel steht, als Kunstgalerie eingerichtet und noch einiges mehr. Die Form der Insel selbst ist der Stiefelspitze Italiens nachgebildet. Dies alles sollte komprimiert die Erinnerungen des Fürsten an einen Italienaufenthalt verkörpern. Gleichzeitig war es wohl auch als pädagogisches Anschauungsmaterial für die Landeskinder gedacht, die keine Möglichkeit hatten, Italien selbst zu sehen.

Merkwürdigerweise wird gerade der »Stein« von den Zeitgenossen positiv bewertet. Novalis z.B. denkt an ein von »Wieland in einem seiner Gedichte erfundenes Feenschloß«. Auch Hirschfeld meint nicht den »Stein«, wenn er in der schon erwähnten Beschreibung von Wörlitz rügt, daß der Garten anfängt, »sich in das Seltsame zu verirren«. Ihm geht es dabei vielmehr um die vielen künstlichen Felsen aus Raseneisenstein, der im übrigen nach der Veröffentlichung dieser Kritik im V. Band der Theorie 1785 nicht mehr verwendet wurde. Und von Goethe gibt es eine Zeichnung gerade auch dieser Partie.

Jahre später hat der Fürst allerdings eingesehen, daß dieser »Stein« ein »verfehltes Werk« ist:

»Man sollte aber doch nicht sich herausnehmen, die Natur in ihren großartigsten und erhabensten Erscheinungen, in ihren Felsen, Schluchten, Thälern und Vulkanen nachahmen zu wollen. Da zieht man allemal den kürzeren, zumal in einer Gegend, wo das Alles nicht hingehört und wie vom Himmel gefallen aussieht. Da ist doch Alles kleinlich und gedrückt und macht keineswegs den Eindruck, den man beabsichtigt (...) Man sollte der Natur in ihren idillischen Bildungen nachahmen und sie sich zum Muster nehmen, wie sie die Wälder mit ihrem stillen Schatten schafft, die Waldränder mit blühenden Gesträuchen ziert, ihre Bäume gruppiert, ihre Flächen in Wiesen, Blumenteppiche verwandelt und ihre Gewässer in Seen, Flüsse und Bäche verteilt.«

Ähnliche Motive wie der »Stein« kommen natürlich auch in den parodistischen Gartenschilderungen vor; besonders grotesk im »Jahrmarkt« von Tieck, wo der Vulkanausbruch gleichzeitig das Signal für den Koch ist, das Essen anzurichten.

Insgesamt läßt sich von Wörlitz vielleicht sagen, daß es – von einem Mann geschaffen, der über Bildung und

Geschmack verfügt und ausgezeichnete Gärtner (Eyserbeck, Schoch, Neumark) und Architekten (Erdmannsdorff) hinzuzog – herausragt aus den vielen Schöpfungen der Zeit, die weniger Landschaftsgärten im Hirschfeldschen Sinne als vielmehr sentimental-empfindsame Anlagen waren. Vergleichbar ist es wahrscheinlich am ehesten der großartigen Goetheschen Parkschöpfung in Weimar.

Wörlitz sollte, um Paul Ortwin Rave zu zitieren, »ein Gleichnis vom menschlichen Dasein« werden, dessen »Inhalt« der Besucher beim Durchwandern oder Durchfahren mit dem Kahn wie eine Szenenfolge erleben konnte:

»Was Herz und Sinn, Geist und Seele eines Menschen erleben mochten, hier sollte es in der freien Natur sein Sinnbild erfahren mit den Mitteln, die Wasser und Erde, Baum und Pflanze, Fels und Grotte, Bildwerk und Bau verstatteten.«

Goethe war im Frühling 1778 in Wörlitz und schrieb in sein Tagebuch:

»Nach Tische im Regen die Tour vom Parck im Regen. Wie das Vorüberschweben eines leisen Traumbilds.«

Und in seinem Brief an Charlotte von Stein schreibt er am 14. Mai 1778:

»Hier ists iezt unendlich schön. Mich hats gestern Abend als wir durch die Seen Canäle und Wäldgen schlichen sehr gerührt wie die Götter dem Fürsten erlaubt haben einen Traum um sich herum zu schaffen. Es ist wenn man so durchzieht wie ein Mährgen das einem vorgetragen wird und hat ganz den Charackter der Elisischen Felder, in der sachtesten Manigfaltigkeit fliest eins ins andre, keine Höhe zieht das Aug und das Verlangen an einen einzigen Punckt, man streicht herum ohne zu fragen wo man ausgegangen ist und hin-

kommt. Das Buschwerck ist in seiner schönsten Jugend, und das ganze hat die reinste Lieblichkeit.«
Dieser Briefauszug wurde 1928, in Naturstein gehauen, auf zwei Tafeln im Nymphaeum, einem Bau am Ufer des großen Sees, der in einen künstlichen Hügel eingefügt ist und eigentlich nur aus einem antiken Portikus besteht, angebracht. Ein schönes »Zitat« der damals geläufigen Inschriften.
Um noch einmal auf das Reisetagebuch von J. F. Abegg zu kommen – er beginnt seine Schilderung von Wörlitz mit einem Satz, der vielleicht auch heute noch manchem der vielen Besucher aus der Seele gesprochen ist: »Ich kann unmöglich alles bemerken, was ich gesehen habe. Indessen wird es nicht verloren seyn, denn ich fühlte alles tief und lebendig.«
Zurück in Weimar hat Goethe im Ilmtal angefangen, sich einen ähnlichen Traum zu verwirklichen:
»Der Park in Dessau... erweckte Lust der Nacheiferung, welche um desto originaler sich hervortun konnte, als die beiden Lokalitäten sich nicht im mindesten ähnelten; eine flache, freie, wasserreiche Gegend hatte mit einer hügelig abwechselnden nichts gemein. Man wußte ihr den eigenen Reiz abzugewinnen; und in Vergleichung beider zu untersuchen, was einer jeden zieme, gab die Freundschaft der beiden Fürsten und die öftern wechselseitigen Besuche Anlaß...«
Als eines der ersten Monumente im Weimarer Park hat er dann auch den »Dessauer Stein« dem Fürsten Franz zu Ehren errichtet.

Neben Goethe haben zu dieser Zeit auch viele andere zu gärtnern begonnen. Die Mittel zum Umgestalten eines großen Gartens oder zu einer Neuanlage hatten aber auch in der Zeit, in der das Bürgertum erstarkte, noch immer in erster Linie die Landesherren und der Adel. Meistens waren es die aufgeklärteren unter den Fürsten, die der neuen Mode folgten wie Fürst Franz von Dessau mit dem ersten großen Park in diesem Stil in Wörlitz, Herzog Karl August in Weimar, der mit Goethe zusammen das Ilmtal in einen Landschaftspark verwandelte, der Kurfürst von Mainz, Friedrich von Erthal, mit dem Park Schönbusch bei Aschaffenburg. Aber auch der streng absolutistische, despotische Herzog Karl Eugen von Württemberg, unter dem Schiller gelitten hat, ließ in Hohenheim der Mode gemäß ein »Englisches Dorf« anlegen mit vielerlei Staffagebauten.

Schiller war davon angetan. In der schon genannten Rezension schrieb er:

»Es ist eine mit Geist beseelte und durch Kunst exaltierte Natur, die nicht bloß den einfachen, sondern selbst den durch Kultur verwöhnten Menschen befriedigt, und, indem sie den erstern zum Denken reizt, den letztern zur Empfindung zurückführt.«

Goethe, der die Anlage 1797 besucht hat, schreibt:

»Nur machen viele kleine Dinge zusammen leider kein großes«, und trotz der Aufmerksamkeit, die er einen ganzen Tag darauf verwendet, bedauert er schließlich, daß der »mit unzähligen Ausgeburten einer unruhigen und kleinlichen Phantasie übersäete Garten, ... selbst im einzelnen, wenig Befriedigendes« gewähre.

In Kassel-Wilhelmshöhe ergänzte Landgraf Friedrich II., der seine hessischen Soldaten auf übelste Weise verkaufte, die barocke Prachtanlage mit einem modernen englischen, »freiheitlich-natürlichen« Park.

Neben diesen großen Anlagen finden sich, wie schon im Rokoko, aber auch immer mehr solche von kleineren

Gutsbesitzern und sogar von reichen Bürgern. Je mehr das Gartenanlegen zur Mode wurde, um so mehr wurden auch Gärten auf kleinem Grundbesitz und mit bescheideneren Mitteln angelegt, bei denen dann das Ideal einer Landschaft im Kleinen ins Kleinliche umschlug. Auch kannten die wenigsten Besitzer die vorbildlichen Gärten in England oder auch nur Wörlitz aus eigener Anschauung. Die Landesherren wie Fürst Franz von Dessau sowie die späteren großen Landschaftsgärtner v. Sckell, Lenné und Fürst Pückler hatten alle Englandreisen unternommen, Fürst Franz in Begleitung seines Architekten und Gärtners. Goethe bildet eine Ausnahme. Man war überwiegend auf Erzählungen, Beschreibungen (die es von fast allen berühmteren Gärten gab), auf Pläne und Kupferstiche angewiesen.

»Laß uns die englischen Parkbeschreibungen mit Kupfern zur Abendunterhaltung vornehmen«, heißt es in den »Wahlverwandtschaften«.

Hirschfeld und vor ihm Sulzer – in seiner »Allgemeinen Theorie der Schönen Künste« 1771/74 – sprechen sich nachdrücklich dafür aus, der Gartenkunst einen Platz innerhalb der Schönen Künste einzuräumen, ja sogar den Primat, und daß sie dann auch an den Universitäten gelehrt werde. Noch aber lag die Gestaltung durchweg in der Hand von Dilettanten. Auch Fürst Franz in Wörlitz und Goethe sowie Herzog Karl August waren als solche anzusehen.

In den Romanen der Zeit finden sich immer wieder Hinweise auf die Erbauer von modernen Gartenanlagen; es sind im übrigen oft Frauen: Charlotte in den »Wahlverwandtschaften« natürlich, die liebevoll tastend im Kleinen beginnt, der aber dann, als es ums »Weite und Große« geht, der Hauptmann zu Hilfe kommt. Die »mit tiefem malerischem Sinn gruppierten Gebüsche und Bäume« in der Parkanlage in den »Elixieren des Teufels« sind ein Werk der »vortrefflichen Fürstin« usw.

Was wirkliche Parkanlagen betrifft, so hat z. B. Tina von Brühl das Seifersdorfer Tal bei Dresden in eine empfindsam-sentimentale Anlage umgewandelt, in der sie die Natur beließ, wie sie war, sie aber an vielen Stellen mit Hilfe von Tafeln, Urnen, Holztempelchen, Altären etc. »benannte«. Schiller gefallen die Abbildungen und Beschreibungen in einem Gartenführer, Goethe hingegen spricht von dem »Seifersdorfer Unwesen« und nennt die Bewohnerin eine »Trude«.

Fürst Pückler-Muskau, der berühmte Parkkünstler, schreibt 1824 in einem Brief an seine Frau:

»... und ich bin begierig auf Deine Ideen, die, ich sage es mit einiger Beschämung, eigentlich grade in der großen landschaftlichen Ansicht die meinigen übertreffen, und vereinigt mit Repton mich erst auf den rechten Weg geleitet haben, und mich darin erhalten«.

Der Ruhm ist dem Fürsten freilich allein geblieben. Von dem Einfluß und der Beteiligung Lucies ist nur manchmal am Rande die Rede in den Biographien und Darstellungen von Pücklers Parkanlagen.

Auch das von Jean Paul im »Siebenkäs« als »artistisches Lust- und Rosen- und Blüthenthal« gerühmte »Fantaisie«, jener »erste Himmel um Baireuth«, ist das Werk der Frau des Herzogs von Württemberg, Elisabeth Friederike Sophie. Bereits in der ersten Hälfte des 18. Jhd. hatte deren Mutter, die Markgräfin Wilhelmine von Baireuth, eine wichtige Rolle gespielt. Mit ihrer Eremitage und dem Felsengarten Sanspareil mit seinem literarischen Programm hat sie entscheidende Elemente des Landschaftsgartens vorweggenommen.

Daß die Lust am Gärtnern, an der »Parkspielerei«, wie Goethe es nannte, so um sich gegriffen hat, lag sicher daran, daß in einem Park in diesem Stil alle Aspekte des Zeitempfindens zum Ausdruck gebracht werden konnten: Empfindsamkeit, Freundschaftskult, Poesie, selbst Freimaurertum und pietistische und freiheitlich-politische Vorstellungen. Vor allem die Zeitströmung der Empfindsamkeit hatte die Begeisterung gefördert: Der Garten wurde zum »Spiegel der Seele«.

Bei fast allen Schlössern und Landsitzen war ein Garten im alten, regelmäßigen Stil vorhanden. Es gab nun unterschiedliche Möglichkeiten, den neuen Geschmack zum Ausdruck zu bringen. So konnte der alte, regelmäßige Garten bestehen bleiben und nur die Randzonen mußten erweitert und umgestaltet werden, wie es z.B. in Schwetzingen 1777 geschah und wie es auch in den »Wahlverwandtschaften« geschildert wird, wo Eduard und der alte Gärtner die regelmäßigen Anlagen am Schloß – den Garten – pflegen, während Charlotte sich mit der Gestaltung ihres Parks auf die umgebende Natur verlegt.
Oder man hat nur die aufwendigen barocken Parterres zu glatten Rasenornamenten vereinfacht und auf den Baumschnitt verzichtet wie anfangs in Nymphenburg. Man hat die Parterres »von ihren kleinlichten Schnirkeln und Laubwerken, mit Bux erkünstelt, befreiet«, so daß sich Natur und Kunst zu einem »wo nicht ganz harmonischen, doch sehr erträglichen Übergang« vereinigen (Sckell) konnten. Denn »es ist besser, die einmal verschnittenen Bäume stehen zu lassen, als sie, wie an einigen Orten geschieht, umzuhauen, um ein Strauchwerk in verfehltem engländischen Geschmacke an die Stelle zu setzen«, schreibt noch 1781 Friedrich Nicolai,

der eigentlich beschnittene Bäume als »verunziert« und »entstellt« empfindet.
Hinsichtlich der Vereinfachung der barocken Ornamente kam die neue Mode dem allgemeinen Zwang zur Sparsamkeit – in der Zeit der Revolutions- und Napoleonischen Kriege – entgegen, wenn auch die Neuanlage eines englischen Parks sicher auch nicht ohne erheblichen Kostenaufwand zu bewerkstelligen war. Die finanziellen Schwierigkeiten eines Fürsten Pückler z. B. liefern ein beredtes Bild.
Manchmal wurden Parks im neuen Stil auch unabhängig und abseits vom Schloß und seinem Garten in einer natürlich schönen Gegend angelegt wie z. B. im Tal der Röder das Seifersdorfer Tal der Familie von Brühl.
In Wörlitz und Weimar hat man die geringen Reste von barocken Anlagen teils vereinfacht in die Gestaltung mit einbezogen, teils nach und nach entfernt.
Darüber hinaus wurden aber auch viele barocke Anlagen einfach zerstört und an ihrer Stelle moderne englische errichtet. Hirschfeld, obwohl Theoretiker und Verfechter der modernen Gartenkunst, führt darüber lebhaft Klage. So eine bevorstehende Umwandlung eines regelmäßigen Gartens in einen landschaftlichen ist der Anlaß für das Gartengespräch in Jacobis »Woldemar«. Auch bei Tieck im »Phantasus« wird eine ähnliche Situation geschildert und besprochen:
»Sprechen Sie weiter! rief Clara lebhaft; schon einige empfindsame Reisende haben unsern muntern Garten als altfränkisch getadelt und meiner Mutter auf vielfache Weise gerathen, einen krummen, und wenn man den nächsten Hügel mit hinein zöge, auch auf- und absteigenden Park mit allen möglichen Effekten, anzulegen, und meine gute Mutter hatte sich schon vor einigen Jahren nicht abgeneigt gezeigt, so daß ich schon für

meine Blumenbeete und für die Wasserkünste, die selbst in der Stille der Nacht fortlachen, gezittert habe.«
Claras Garten bleibt erhalten – er findet in der Gesprächsrunde seine »Sachwalter«.

Die Hirschfeldschen Ideen, die bereits in Ansätzen die klassischen Vorstellungen von Harmonie und Überstimmung von der Empfindung des Menschen mit der Stimmung der Natur umfaßten, sind eigentlich erst gegen Ende des 18. Jahrhunderts und vor allem in den ersten Jahrzehnten des 19. Wirklichkeit geworden, und zwar in den großen Parkschöpfungen von Friedrich Ludwig von Sckell, von Peter Josef Lenné und von Hermann Fürst Pückler-Muskau.
Nun waren keine Dilettanten mehr am Werk, sondern Künstler. Nun sind die Parkschöpfungen auch nicht mehr mit dem Namen der Auftraggeber, sondern mit denen der wirklichen künstlerischen Erbauer verbunden. Auch für die Parkgebäude, die die kleinlichen Staffagebauten ablösen, sucht man sich künstlerisch bedeutende Architekten.
»Verschönerung der Natur« ist das erklärte Ziel der Gestaltung; auf alle empfindsamen Verdeutlichungen wird nun verzichtet. Sckell fordert eine ideale Darstellung der Natur, wie sie auch bei den Landschaftsmalern in Erscheinung tritt. »Die Landschaftsmaler bieten also die prästabilierten Bilder des Idealen und des Heroischen, die der Landschaftsgärtner im Räumlichen realisiert« (Hallbaum). Vorbilder sind dabei nach wie vor die großen Landschaftsmaler des Hochbarock: Claude Lorrain und Poussin für heiter-anmutige Schilderungen, Ruisdael und Salvatore Rosa für romantisch-erhabene Natur. In der Hallbaumschen Monographie

finden sich zwei Abbildungen nebeneinander: ein Gemälde mit flachem Wasserfall von Ruisdael und daneben eine Fotografie des Wasserfalls im Englischen Garten München. Die Gartenpartie ist zum »begehbaren«, sozusagen dreidimensionalen Bild geworden.
Sckell, der erste unter den »klassischen« Landschaftsgärtnern, beginnt seine »Beiträge zur bildenden Gartenkunst für angehende Gartenkünstler und Gartenliebhaber« (1818), in denen er die Erfahrungen seines vierzigjährigen Schaffens niederlegt, und in denen er sich wiederholt auf Hirschfeld beruft, mit folgender Feststellung:
»Die Natur ist es, die den neuern Gärten zum Muster dient; ihre so mannigfaltigen, unzähligen Bilder, die die schöne Erde zieren, schmücken nun auch unsere Gärten, aber ohne daß sie den allergeringsten Zwang einer ängstlichen Nachahmung fordern. Diese Bilder der Natur stellet nun die Kunst, im Einklange mit ihr, in mehreren zusammengesetzten Landschaften, in den Gärten auf, die eine mit Geschmack verbundene Haltung in ein Ganzes vereint. Dieses Ganze, bereichert im Zusammenflusse vieler ausländischer Blumen, und geziert mit den Werken der alten und neuern Baukunst, erhebet sich dann zu einem Garten, wo die Natur in ihrem festlichen Gewande erscheint, in welchem sie, außer diesen Grenzen, nicht mehr gesehen wird.«
Nachdem er u. a. schon 1777 die Randzone des Schwetzinger Barockgartens landschaftlich gestaltet hat, wird er 1789 vom pfalzbayerischen Kurfürsten Karl Theodor zur Planung des Englischen Gartens in München hinzugezogen, der ersten von vornherein für die Öffentlichkeit geplanten Anlage. Für Sckell dienen die Volksgärten »den Menschen zur Bewegung, zum Genuße der

freien und gesunden Lebensluft und zum traulichen und gesellig Umgang und Annäherung aller Stände«.

Es liest sich richtig rührend, wie er »für das Bedürfnis aller Stände und jeden Alters« Sorge trägt. Nicht nur, daß er »für Greise, Wiedergenesende und die zarte Jugend« geschützte und sonnige Wege mit vielen Ruhebänken fordert, während für die »kraftvolle, wirkende Menschenklasse« weite Wege angelegt werden sollen, auf denen sie ihre Stärke üben kann etc., er geht sogar auf die unterschiedlichen Seelenzustände der Besucher ein: die heiteren Charaktere sollen ebenso wie die schwermütigen Gartenstellen finden, bei denen »ihre Stimmung im Einklang mit der Natur« sein kann.
Das »festliche Gewand« der Natur zeigt sich im Englischen Garten in München in der ruhigen großflächigen Anlage, die zwischen weiten Rasen- und Wasserflächen und sorgfältig geplanten malerischen Pflanzungen und Solitärbäumen abwechselt. Vor allem der »Mut zur Leere« der großen Wiesenflächen zeichnet nach Hallbaum Sckells reifes Schaffen aus.

Aber auch in diesem klassischen Landschaftspark finden sich vereinzelt noch Anklänge an den empfindsamen Stil, so z.B. in der Figur des »Harmlos«, die am Eingang des Parks steht und mit einer Geste des rechten Arms zu seinem Besuch einlädt. Auf dem Sockel steht eine Inschrift, die auch einer kleinen sentimentalen Anlage entstammen könnte:
»Harmlos wandelt hier, dann kehret neu gestärkt zu jeder Pflicht zurück.«
Im reichen und vielseitigen Schaffen Sckells nimmt außerdem die Umgestaltung der barocken Nymphenburger Gartenanlage im ersten Jahrzehnt des 19. Jahr-

hunderts einen wichtigen und interessanten Platz ein. Im 1785 erschienenen V. Band seiner Theorie hatte Hirschfeld geschrieben:

»Der vormals berühmte Garten zu Nymphenburg enthält nichts als Alleen, Hecken, Kabinette, eine Menge Springbrunnen, vergoldete Statuen, Vasen usw. Der Kenner findet hier nichts, das ihn unterhalten könnte, und eilt weiter.«

Sckell betont die »alte symmetrische Gartenkunst« positiver:

»Wenn sich der Fall ereignet, daß ein alter regulärer Garten in eine natürliche Anlage, in einen fürstlichen Prunk- oder Volksgarten verwandelt werden soll, so muß der Gartenkünstler, dem ein solcher Auftrag anvertraut worden ist, vordersamst wohl überlegen, ob nicht vielleicht einige im großen Styl der alten Kunst gezeichnete gute Formen mit ihren ehrwürdigen Alleen ohne Nachtheil der neuen Anlage erhalten werden können?«

Darüber hinaus bestand sein Auftraggeber, Kurfürst Max IV. Joseph (ab 1806 König) bei der landschaftlichen Umgestaltung auf der Beibehaltung aller Gebäude und des repräsentativen barocken zentralen Achsensystems. Sckell mußte also – und das lag ja sicher in seinem Sinn – eine Synthese finden, die sowohl den »aufgeklärt-humanen« Gesinnungen als auch dem »Bedürfnis nach königlicher Repräsentation« seines Auftraggebers entsprach (v. Buttlar).

Neben der Vereinfachung der barocken Zierate bestand die grundsätzliche Änderung der Anlage darin, daß er die beiden barocken, von der Hauptachse mit dem Kanal, die also erhalten blieb, symmetrisch nach rechts und links abgehenden Diagonalalleen in landschaftliche Wiesentäler verwandelt hat.

Beim Vergleich der beiden Pläne von Nymphenburg, dem der barocken Anlage 1775 und dem aus der Zeit nach der Umgestaltung, drängt sich die Frage nach der künstlerischen Beurteilung auf. Aber kann man überhaupt werten? Ist mit der Idee des englischen Gartens, mit dem Vertauschen »der mathematischen Bestimmtheit gegen eine künstliche Zufälligkeit«, wirklich »die große Form – in der letzten Folge die Kunst selbst« aufgegeben worden, wie es der Kunsthistoriker Wilhelm Pinder in den zwanziger Jahren formulierte?

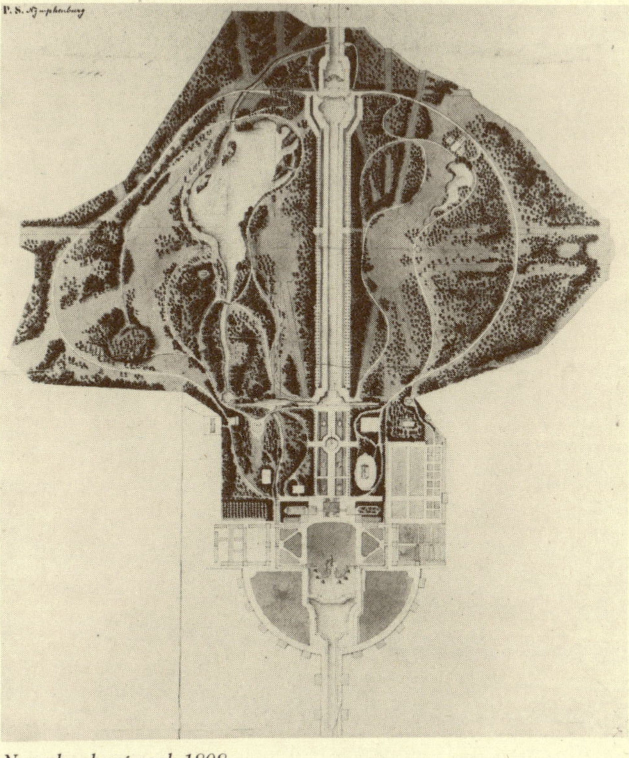

Nymphenburg nach 1808

Diese Frage hat ja auch die Zeitgenossen immer wieder bewegt. Eine Antwort, die beiden Kunstformen gerecht werden will, kann man aus Tiecks »Phantasus« herauslesen, der zur Erklärung der Gartenkunstformen den Vergleich zum strengen Barockdrama Calderons einerseits und zu den Lustspielen von Shakespeare andererseits zieht. Dem Shakespeareschen Lustspiel entspricht der englische Park, der »Regel und Richtschnur« eines Calderonschen der künstliche »südliche« Garten.

Die Parallele zur Literatur wird fortgespielt in Tiecks »Vittoria Accorombona«. Beim Besuch des Gartens der Villa d'Este lehnt Vittoria die Künstlichkeiten und Seltsamkeiten dieses Gartens, vor allem die wie Vogel- und Menschenstimmen tönenden Wasserspiele, ab und sehnt sich nach der »freien Landschaft«, während der Fremde (später stellt sich heraus, daß es Torquato Tasso war) diese Künstlichkeiten verteidigt, indem er sie mit einer »recht künstlichen Kanzone« oder Sestine vergleicht. Den Vergleich zwischen der regelmäßigen Gartenkunst und den französischen Tragödien bzw. der »bunten und wilden Regellosigkeit in den Parks der Engländer und in ihrem Shakespeare« hatte auch schon Schiller gezogen, ohne der einen oder anderen Form dabei den Vorzug zu geben.

Justus Möser hingegen, der 1773 jene anmutige Satire »Das englische Gärtgen« verfaßt hatte, gibt 1781 in seiner Gegenschrift zu Friedrichs II. »De la littérature allemande« eindeutig dem englischen Garten, den auch er mit Shakespeare vergleicht, den Vorzug. Im englischen Garten und bei Shakespeare gebe es die »unendlichen Mannigfaltigkeiten, wie in Gottes Schöpfung durcheinander vermischt«.

Heinrich Heine denkt beim Tuileriengarten, jenem

»Meisterstück von LeNôtre, das eben durch sein großartiges Ensemble so sehr imponiert«, an eine Racinesche Tragödie. Er ist empört über die Verunstaltung durch Louis Philippe, der in den dreißiger Jahren auf dem Tuileriengelände ein privates Blumengärtchen (»eitel Dummheit und Blumen«) anlegen ließ:
»Es ist gerade, als wollte man einige Szenen aus einer Racineschen Tragödie ausschneiden. Englische Gärten und romantische Dramen mag man immerhin ohne Schaden, oft sogar mit Vorteil verkürzen; Racines poetische Gärten aber mit ihren süblim langweiligen Einheiten, pathetischen Marmorgestalten, gemessenen Abgängen und sonstig strengem Zuschnitt, ebensowenig wie LeNôtres grüne Tragödie...«
In die Zeit, in der die großflächigen Parkanlagen von Sckell entstehen mit ihrer »Abklärung des Stils zu monumentaler Ruhe und klassischer Harmonie« (Hallbaum, v. Buttlar), fallen in der deutschen Literatur die großen klassischen und romantischen Werke, Romane von Jean Paul, Tieck, Novalis, E.T.A. Hoffmann, Eichendorff und Goethe. Caspar David Friedrich malt seine symbolhaltigen Landschaftsbilder, Beethoven komponiert seine Symphonien und Schubert viele seiner Lieder. Gleichzeitig ist es die Epoche der französischen Revolution, Napoleons, der Befreiungskriege und der Restauration.
Die Parkgestaltung in den »Wahlverwandtschaften«, die über die empfindsame Gegend um Charlottes Mooshütte hinausreicht, entspricht vielleicht in etwa der »klassischen« Sckellschen Parkauffassung. Auch die Gartenkunst des Grafen in Arnims »Gräfin Dolores«, die durch das »geniale Benutzen des zufällig Gegebenen ...große landschaftliche Wirkungen« hervorbringt und die vor allem ausländische Bäume und

Sträucher bevorzugt, läßt an Sckells »Beiträge« und auch bereits an Pücklers Parkgestaltung denken, ebenso wie der Park »Sieghartshof«, in dem sich zeitweise das Geschehen der Biographie des Kapellmeisters Johannes Kreisler in Hoffmanns »Kater Murr« abspielt – trotz der unterschiedlichen Stellungnahmen, die sich im Roman selbst zu diesem Park finden:
»... man wandelt in einem Garten, der mir in solch großem Stil angelegt scheint, daß selbst ein LeNôtre darüber erstaunen müßte...«, und kurz darauf heißt es dann, der Park »ist nichts als eine etwas kleinliche Partie in dem großen Park, den die Natur anlegte«.
Im Vergleich zu dem Vorkommen von kleineren englischen empfindsamen Anlagen in der schönen Literatur sind das nicht viele Beispiele. Die empfindsam-sentimentalen Anlagen scheinen die Dichter jedenfalls eher inspiriert zu haben als die klassischen, vollkommenen Verwirklichungen der Idee von der »verschönten Natur«.

Eine Generation nach Sckell beginnt, vor allem in Preußen, die Zeit der Wirksamkeit von Peter Josef Lenné.
Der Tiergarten in Berlin, den er in einen landschaftlichen Volkspark umgestaltet hat, findet sich in vielen literarischen Beschreibungen. Er hatte auch vorher schon der Bevölkerung offengestanden.
Hirschfelds Beschreibung klingt abschreckend, obwohl sie so sicherlich nicht gemeint ist:
»An schönen Sommernachmittagen, besonders an Sonntagen und Feyertagen, pflegen sich hier einige tausend Spazierende zu Fuß, zu Pferde und im Wagen zu versammeln, und alsdann wird oft durch die Musik der in Berlin in Garnison liegenden Regimenter, die in

die Gebüsche vertheilt sind, das Vergnügen der Menge erhöht.«

Eine Bestätigung dieser Schilderung findet sich in den Romanen »Sebaldus Nothanker« von Friedrich Nicolai und in »Herrmann und Ulrike« von Wezel, wo die beiden Liebenden dem Trubel in den geregelten Promenaden entfliehen, sich aber in der anschließenden Wildnis verirren; hier kommt es dann zum »Fall ihrer Unschuld«, dem sie Jahre später in ihrem sentimentalen Park ein Grab mit der Aufschrift »Sie starb« widmen.
Vor allem aber hat Lenné maßgeblich an einem Projekt mitgewirkt, an dem der preußische König Friedrich Wilhelm IV. ebenso beteiligt war wie der Baumeister, Maler und Universalkünstler Karl Friedrich Schinkel: an dem Plan zur »Verschönerung der Insel Potsdam«. Der gesamte Landschaftsgürtel um Berlin und Potsdam mit seinen Schlössern und Gärten – einschließlich der Gärten um Sanssouci – sollte darin eingeschlossen sein, ebenso wie die ästhetische und ökonomische Verbesserung ganzer Dörfer und Gemarkungen. Erklärtes Vorbild dabei war das Dessauer Gartenreich. In noch größerem Maßstab als dort ist nun die Landschaft um Berlin, die uns heute als völlig natürlich und selbstverständlich erscheint, eigentlich erst entstanden.
Fast fünfzig Jahre nach Hirschfelds »Theorie der Gartenkunst« und kurz nach Sckells »Beiträgen zur bildenden Gartenkunst« schreibt ab 1826 Fürst Hermann Pückler-Muskau seine »Andeutungen über Landschaftsgärtnerei« (1834 erschienen), ein Werk, von dem er überzeugt ist, daß es trotz seines geringen Umfangs »sehr großen Nutzen stiften wird und wesentlich beitragen werde, den reicheren Theil der Nation zu mehr Geschmack und Schönheitssinn zu erwecken,

als sie bisher zeigten«. Die gleiche Hoffnung hatte übrigens auch Hirschfeld geäußert.
Schon 1845 notiert Pückler nach der Besichtigung einiger Gartenanlagen bei Eisenach befriedigt in seinem Tagebuch:
»Nochmals fand ich hier wiederum einen Muskauer Gärtner, und es that mir wirklich recht wohl von dem Besitzer zu hören, wie alle diese hier seit noch nicht vielen Jahren entstandenen Naturverschönerungen ganz allein, wie er sagte, dem Impuls zu verdanken seien, den mein Gartenwerk, verbunden mit dem in Muskau gegebenen Modell, nicht nur hier, sondern in ganz Deutschland, hervorgerufen habe.«
Er ist der erste von den großen Gartenkünstlern, der auf eigenem Grund und Boden tätig wird, der also nicht mehr von Auftraggebern abhängig ist. Er war übrigens als Kind in Wörlitz gewesen und soll da beschlossen haben: »Ich will Gärtner werden! Das scheint mir Handwerk und Kunst, das Schönste auf Erden!« Auch die Lektüre der »Wahlverwandtschaften« soll ihn in diesem Sinn beeinflußt haben.
Diesen Entschluß, Gärtner zu werden, hat er in die Tat umgesetzt, derart, daß er über seiner »Parkomanie«, wenn auch vielleicht nicht ausschließlich wegen ihr, Bankrott gemacht hat und sein Gut Muskau mit dem fast vollendeten Park 1845 verkaufen mußte.
Auch ihm geht es um »veredelte, idealisirte Natur«, um »Landschaftsmalerei mit dem Material der Natur selbst«, das heißt, aus dem »Ganzen der landschaftlichen Natur« soll ein »concentrirtes Bild, eine solche Natur im Kleinen als poetisches Ideal« geschaffen werden.
Darüber hinaus legt er Wert auf eine »Grundidee«, die bei seinem Park darin bestand, in dessen Gestaltung

ein Abbild, ein »sinniges Bild des Lebens« seiner Familie und seiner Vorfahren darzustellen. Dazu hat auch er sein gesamtes Herrschaftsgebiet einschließlich der Dörfer und der Stadt Muskau in seine Parkgestaltung einbezogen.

Das war mit »unsäglichen Schwierigkeiten« verbunden: Einen großen Teil an Land mußte er erst aufkaufen, ebenso Häuser, die ihn störten, ein See wurde zugeschüttet, andere angelegt, ein Arm der Neiße umgeleitet usw. Das Ziel der eigentlichen Gestaltung des Parks galt als erreicht, wenn – nachdem kein Fuß des Geländes unberührt geblieben war – man glauben konnte, »alles, was man sieht, müsse so und nicht anders seyn, und sey auch von jeher nicht viel anders gewesen«!

In der Verwirklichung seiner Idee sieht Pückler seinen Beruf, der genauso viel Anspruch auf Dankbarkeit des Staates habe wie die Schreibtischarbeit eines bezahlten Beamten. Denn abgesehen davon, daß er für viele der unerträglich armen Landbewohner durch seine Parkarbeiten und Fabriken Arbeitsplätze geschaffen habe, sie außerdem in den neuen Produktionsstätten und »einigen Colonien ländlicher Häuser« unentgeltlich wohnen lasse, ist er der Überzeugung, auf dem »Feld der verschönernden Verbesserung« für die ihm untergebenen Bewohner nützlich zu sein, indem er sie dadurch »civilisire, ihren Wohlstand vermehre und sie dadurch zugleich für die Landeslasten contribuabler« erhalten könne.

Die Sorge für seine Untertanen als Motiv für seine Parkanlagen nimmt man ihm wohl nicht ganz ab. Überzeugender klingt sein Appell an die »Ultra-Liberalen« und reich gewordenen Bürger, die möglicherweise seine Ideen belächeln könnten: »Euer ist jetzt das Geld und

die Macht – lasst dem armen ausdienten Adel seine Poesie, das Einzige, was ihm übrig bleibt.«
Auch die folgende Einschätzung seiner Parkspielerei ist sympathischer, obwohl ihm sicherlich sein eigenes ästhetisches Vergnügen wichtiger war als das seiner Untertanen. Er schreibt aus England an seine Frau:
»Er bringt Dir einen großen Gartenplan von mir, auf dem ich vor dem Zubettegehen noch eine Stunde in meiner Schlafstube ausgestreckt lag, ehe ich damit fertig wurde, wie Napoleon auf seinen Karten und Weltplänen. E r zeichnete aber mit seinen rothen Nadeln Blut, i c h nur Wasser und Wiesen, er Festungswerke, ich Lusthäuser, er endlich Soldaten, ich nur Bäume. Vor Gott mag es am Ende einerlei seyn, wie seine Kinder spielen, ob mit Kanonenkugeln oder Nüssen, aber für die Menschen ist es ein bedeutender Unterschied, und größer offenbar der, nach ihrem eigenen Urtheil, welcher sie zu Tausenden todtschießen läßt, als der, welcher blos für ihr Vergnügen sorgt.«
Mühe und Geld hat Pückler bei seinen Parkanlagen nicht gescheut – »Komme ich in den Himmel«, schrieb er einmal, dann habe er das »nach Zoroasters Aussage« durch seine »unermesslichen Pflanzungen besser verdient als durch 100.000 Gebete ...«
Er hat sich von dem zeitgenössischen akademischen Landschaftsmaler Wilhelm Schirmer im voraus die idealen Veduten seines Parks malen lassen, nach denen er sich dann bei seinen Pflanzungen richtete. Auch für die vorgesehenen Bauwerke, einen »Tempel der Beharrlichkeit« z.B., existieren Pläne von Schinkel; sie sind aber nie ausgeführt worden.
In den »Andeutungen« finden sich viele praktische Anweisungen, sogar »Tricks«, wie man es anstellen kann, daß die »idealisirte Natur wie von selbst so erwachsen

scheinen könne, und nicht die Gewalt verrathe, die ihr angethan ward«.
So schildert er auch seine Erfahrungen beim Verpflanzen völlig erwachsener, hoher Bäume. Einige Tricks dabei soll er sich in England hohe Bestechungsgelder haben kosten lassen. Daß bei dem Transport ausgewachsener Bäume so manche Fassade und allerhand Fenster und Dächer zu Bruch gegangen sind – einmal soll sogar ein Stadttor extra abgedeckt worden sein –, erwähnt er in den »Andeutungen« allerdings nicht. Dagegen soll er einmal gesagt haben:
»Als ich die schönsten der Lausitz-Eichen mir, aus Schlesien, Sachsen Eschen, Buchen geholt, gruppierte ich sie nach den Wolken. Das ist mein ganzes einziges Geheimnis.«
Pückler unterscheidet im Gegensatz zu Hirschfeld zwischen Garten und Park. Als drittes Element führt er noch den »Pleasureground« hinzu, die Verbindung zwischen dem Blumengarten direkt am Haus und dem Park. Der Garten sei »eine ausgedehntere Wohnung« und somit »Gegenstand der Kunst allein«, ein reich verzierter, bunter, geschmückter Blumengarten also.
Bei den genauen Schilderungen der Muskauschen Blumenbeete in Form von Fächern, Blüten, Füllhörnern, Pfauenfedern, verbunden mit Ruhesitzen, Eisendrahtgestellen für rankende Pflanzen, Laternen etc. fällt es übrigens etwas schwer, an Pücklers Geschmackssicherheit zu glauben. Solche Beete kann man heute im schön gepflegten Park von Babelsberg besser bewundern als in Muskau selbst.
An diesen Garten schließt sich dann der Pleasureground an, der auch künstliche und künstlerische Gestaltung erkennen läßt, aber bereits weniger als beim Garten am Haus. Auf seinem Gebiet sind weitere Gär-

ten, z.B. Gemüsegärten, die Treibhäuser, Orangerien etc. angelegt. Er ist durch einen hübschen Zaun vom eigentlichen Park getrennt, damit die kostbaren Anlagen vor dem auf den Parkwiesen weidenden Vieh geschützt sind und der Kontrast zwischen freier Natur und künstlicher Zierde hervorgerufen wird. Erst der daran anschließende Park soll nun ganz den »Charakter der freyen Natur und Landschaft haben, die Hand des Menschen also wenig darin sichtbar seyn, und sich nur durch wohlunterhaltene Wege und zweckmässig vertheilte Gebäude bemerklich machen«; er soll nun also »eine zusammengezogene idealisirte Natur« vorstellen.

Das entspricht auch genau den Vorstellungen, die Tieck im »Phantasus« äußert.

Der größte Teil der riesigen Muskauer Parkanlage liegt heutzutage auf polnischem Gebiet jenseits der Neiße, wo sie im Eichendorffschen Sinne prächtig verwildert. Als Pücklers Mittel erschöpft waren und er Muskau verkaufen mußte, fing er 1845 im Alter von 60 Jahren auf seinem Gut Branitz nicht weit von Muskau noch einmal von vorn an, »denn es ist nun einmal meine Bestimmung, Oasen in Sandwüsten anzulegen, der ich nicht entrinnen kann«.

Wieder also hat er eine unfruchtbare, hier noch dazu reizlose Gegend in einen grünen »wohl gruppirten und gezeichneten« Park verwandelt, in dem die »Harmonie seiner Massen von Bäumen, Rasen und Wasserflächen« mit den »gefälligen Linien von Wegen und Ufern« auf vollendete Weise sichtbar und fühlbar ist. Hier hat er sich inmitten eines Sees inselartig als Grabstätte einen »antiken Tumulus, eine viereckige Erdpyramide« erbauen lassen – »allerdings ein kühnes, nun aber glücklich vollendetes Unternehmen« – in der er 1871 beigesetzt wurde. Als ich zum ersten Mal vor ihr stand, war es Herbst, und die niedrigen Sträucher, mit denen sie teilweise bewachsen ist, leuchteten brennend rot im Abendlicht und spiegelten sich auf der ruhigen dunkelgrünen Wasserfläche. Das war ein merkwürdiger Eindruck, in dem sich Staunen, Ernst und Heiterkeit mischten.

Eine Gartenschilderung in der Literatur zu finden, die sich eindeutig auf einen der großartigen Parks von Lenné oder Pückler beziehen könnte, ist mir nicht gelungen. Als Tieck und Hoffmann sich in den Romanen »Phantasus« (1811) und »Elixiere des Teufels« (1814) mit dem Landschaftsgarten auseinandersetzen, stehen Lenné und Pückler mit ihren großen Schöpfungen noch am Anfang.

So stellt Tieck – trotz Sckell in Süddeutschland und trotz Wörlitz, das er gekannt hat – seine Frage nach den »vortrefflichen Gärten im sogenannten Englischen Stil in Deutschland“ vielleicht zu Recht. Auch Weimar, das er 1793 besucht hatte, scheint ihn damals nicht beeindruckt zu haben. Noch 1836 wird es in der Novelle »Die Sommerreise« im Vergleich zu einer begeisterten Schilderung des Barockgartens in Werneck nur kurz behandelt. Ferdinand schreibt: »In Weimar war mir der Park, Göthe's Haus, alle Umgebung heilig. Im Garten, der allenthalben so lieblich und edel die dort dürftige Natur verschönert und verdeckt, muß man bei jedem Schritt unsers Dichters gedenken.«

In der Zeit, in der Lenné und Pückler ihre weiträumigen großartigen Parks schaffen, schildert Eichendorff vor allem seine formalen Schloßgärten, in denen die Natur ihr »Recht« wieder holt, indem sie verwildernd und bunt darüber hinwegzieht und die Grenze zwischen Garten und unermeßlicher Ferne verwischt, oder in denen die »buchsbaumene Kindlichkeit« gepflegt wird. E.T.A. Hoffmann führt seine Helden durch prächtige Zaubergärten in architektonischem Stil, aus denen »balsamische Düfte« strömen und über die hinweg die seltsamen Klänge von Wasserorgeln und Äolsharfen schweben. Hoffmann und Achim von Arnim sowie Bettina schildern schlichte schöne Blumen- und Nutzgärtlein. Von solchen Gärtlein, den »wahren Idyllen, den kleinen Naturgedichten«, ist ja auch in den Gartengesprächen im »Phantasus« die Rede.

In der Stadt wird um diese Zeit der Biedermeiergarten, ähnlich dem bürgerlichen Rokokogärtlein, gepflegt. Man zieht sich zurück in die gemütliche »Häuslichkeit« des Gartens und erhebt keinen Anspruch auf Nachahmung oder Idealisierung der Natur. Einen solchen behäbigen Garten legt sich auch Goethe während und nach seiner ambitionierten Weimarer Parkgestaltung hinter dem Haus am Frauenplan in Weimar an. Dieser Einstellung zum Garten entspricht vielleicht auch jenes bekannte, 1790 an Herder geschickte Epigramm aus Venedig:

»Weit und schön ist die Welt, doch o wie dank' ich dem Himmel, daß ein Gärtchen, beschränkt, zierlich, mir eigen gehört. Bringt mich wieder nach Hause! Was hat ein Gärtner zu reisen? Ehre bringt's ihm und Glück, wenn er sein Gärtchen besorgt!«

Immer wieder zieht es ihn aber auch hinaus in seinen Garten an der Ilm, in seine »Garteneinsamkeit«, von der im Briefwechsel mit Schiller oft die Rede ist.

1824 erinnert er sich wehmütig an die Jahre seines intensiven Gartenlebens in diesem Park:

»Heute war ich nach langer Zeit wieder in meinem Parkgarten; gerne würde ich öfter dort verweilen, wenn es nur nicht zu viel Apprehension gäbe. Die alten

selbstgepflanzten Bäume, die alten Erinnerungen machen mir aber ganz unheimliche Eindrücke...«
Im Jahr darauf, also wenige Jahre nach Sckells »Beiträgen« und etwa zum gleichen Zeitpunkt, zu dem Pückler seine »Andeutungen« schreibt, äußert er sich Varnhagen von Ense gegenüber:

»Parkanlagen, einst – besonders durch Hirschfelds allgemein verbreitetes Buch – in ganz Deutschland eifrigstes Bestreben, seien völlig aus der Mode. Man höre und lese nirgends mehr, daß jemand noch krumme Wege anlege, Tränenweiden pflanze, bald würde man die vorhandenen Prachtgärten wieder zu Kartoffeläckern umreißen.«

Stattdessen schildert er die Vorzüge des alten Gartens:

»Die geräumigen Laubdächer, Berceaux, Quinconces, lassen doch eine zahlreiche Gesellschaft sich anständig entwickeln und vereinen, während man in unsern englischen Anlagen, die ich naturspäßige nennen möchte, allerwärts an einander stößt, sich hemmt oder verliert.«

Tatsächlich wurden parallel zu den englischen Gartenanlagen eines Sckell, Lenné und Pückler nach wie vor in dilettierender Weise vereinzelt auch noch regelmäßige »altmodische« Gärten angelegt bzw. haben Lenné und Pückler die Gärten in unmittelbarer Nähe des Schlosses bewußt regelmäßig gestaltet. Gelegentlich wird auch in literarischen Werken einer alten Anlage nachgetrauert, etwa vom Apotheker in »Hermann und Dorothea« (1796) oder im »Jahrmarkt« von Tieck (1832), wo die naive Pfarrfrau vor allem das innerhalb eines Landschaftsgartens als Staffage-Programm gedachte Barockgärtlein bewundert. Auch Eichendorffs Bemerkung über Schwetzingen 1807: »gantz nach al-

tem Geschmack, aber sehr schön« paßt in diesen Zusammenhang.
Zur gleichen Zeit – in der ersten Häfte des 19. Jahrhunderts – gibt es aber auch eine völlig andere Möglichkeit, Gärten zu sehen. Der politisch aktive, dem jungen Deutschland zugehörige Theodor Mundt schreibt 1835 in seinem Roman »Madonna. Unterhaltungen mit einer Heiligen«:
»... und wenn ich auf die schönen Gegenden polemisire, so geschieht es wahrhaftig meistens nur aus dem Mangel an Zeit. Da wollten mich die guten Freunde in W. den ganzen Vormittag umherführen, um mir die herrlichen Gärten in der Umgebung zu zeigen. Ein ganzer Vormittag! Man denke, ein ganzer Vormittag! Und was ist ein Garten? Gewissermaßen nur ein Toilettenstück der Natur! Ich trieb mich also lieber auf der Straße umher, sah die Wachtparade aufziehn und beschaute mir die vielen deutschen Gesichter der umstehenden Menschen, eines nach dem anderen. (...)
In Summa, ich hatte etwas erlebt, daß ich in der Stadt geblieben war. Unterdeß hatten meine Freunde für mich den Kuckuck angerufen, und nannten mich einen radicalen Stadtphilister, als sie wiederkamen. Und ich schüttelte ihnen als eben so vielen liebenswürdigen Naturphilistern derb die Hände.«
Heinrich Laube hingegen, auch dem Jungen Deutschland zugehörig und vom Deutschen Bund mit Publikationsverbot belegt, konnte auf Pücklers Betreiben die ihm zugedachten zweieinhalb Jahre Festungshaft auf dem Muskauschen Gut verbringen. Er schreibt 1837 an den Hausherrn:
»Ich habe den ganzen Sommer Ihr größtes ästhetisches Werk, ihren Park gekostet und mich an allen großen und kleinen Gedanken desselben erquickt.«

Pückler hatte wenige Jahre vor seinem Tod an einen Freund geschrieben:
»Aber darin haben Sie wahrscheinlich recht, daß der Natur unsere Civilisation, besonders die jetzige industrielle, schauderhaft zuwider sein mag.« – Wie sehr sich diese Mutmaßung bewahrheiten würde, hat man sich damals sicherlich nicht vorstellen können.

Branitz. Grabmal von Fürst Pückler-Muskau

Ein Menschenalter davor, im Jahr 1800, war bereits in Wörlitz der »Warnungsaltar« aufgestellt worden mit der Inschrift: »Wanderer achte Natur und Kunst und schone ihrer Werke.«
Genauso aktuell mutet uns Tieck an, wenn er im »Phantasus« Klage darüber führt, daß so viele Werke altdeutscher Baukunst »gänzlich verfallen, die mit geringen Kosten als Denkmale unsern Nachkommen könnten erhalten werden«. In diesem Zusammenhang kommt er dann auf die Gärten zu sprechen, die einer Mode zuliebe zerstört werden. Für uns heute sind freilich auch die englischen Gärten als Naturdenkmä-

ler und Ausdruck früheren Zeitempfindens erhaltenswert.

Obwohl und weil ein Landschaftspark im Gegensatz zu den Gemälden, die ihm zum Vorbild gedient haben mögen, sein Erscheinungsbild ständig ändert und eigentlich nie einen endgültigen Zustand erreichen kann, bedarf er ebenso der Pflege und der Restaurierungsmaßnahmen wie andere alte Kunstwerke – von der Gefährdung der Natur durch unsere heutige »industrielle Civilisation« ganz abgesehen. Wir können nur hoffen, daß uns und unseren Nachkommen die kleinen Bauerngärten, die »Naturgedichte«, ebenso erhalten bleiben wie die großen Kunstgärten im französischen Stil, in denen Tieck »ein helles Miniaturbild aus beschriebenen Pergamentblättern alter Vorzeit« sah, und die englischen, die für den Fürsten Pückler eine »Bildergallerie« bzw. ein »gutes Buch« bedeuteten, das »ebensoviel neue Gedanken und Gefühle erweckt, als es ausspricht«.

Vielleicht verhilft uns auch die Kenntnis von der Absicht, die hinter vielen der alten Parkanlagen steht, dazu, unsere Freude an Parkspaziergängen über den »normalen« Naturgenuß hinaus zu erhöhen. Und vielleicht regen die Textausschnitte dazu an, nicht nur die unterschiedlichen Auffassungen von der Gartenkunst zu betrachten, sondern auch den verschiedenen Schicksalen der Gartenerbauer und -spaziergänger nachzugehen, dem des Fräuleins von Sternheim z. B. oder dem der Agnes von Lilien. Es muß ja nicht unbedingt das des Mönches Siegwart sein.

I.
»Gespitzter Taxus – verwilderter Hain«

Die Frage der Gartenkunst –
gekünstelte Natur im architektonischen
alten Barockgarten oder künstliche Wildnis
im modernen englischen Park –
im Spiegel der schönen Literatur

Johann Michael von Loen

Der redliche Mann am Hofe (1742)

Die angenehme Frühlings-Zeit eröfnete sich damals mit sehr lieblichen Tagen. Des Grafens Zimmer stiessen auf ein kleines Lust-Gehölze, worinnen die Nachtigallen und andere Vögel sich auf die anmuthigste Weise hören liessen. Er war kaum erwacht, so lockte ihn dieses liebliche Spiel der Natur an das Fenster. Er begleitete solches mit seinen Gedanken, und gieng endlich selbst hinunter in den Garten.

Er kam, als er eine Weile darin fortgegangen war, in einen mit jungen Buchen dicht bewachsenen Hayn; er fand hier verschiedene Gras-Bänke, die einen runden Behälter umzogen, aus dessen Mitte das Wasser sich beständig in die Höhe trieb: nechst dabey stund ein erhabenes mit Moos und Gras bedecktes Gemäuer, über welches ein kleiner Bach mit einem sanften Rauschen, durch verschiedene Abfälle sich in den Behälter ausstürzte. Man sah darin als in einem klaren Spiegel, die daherum stehende Gebüsch und Bäume, nach dem Leben abgeschildert. Die Kunst hatte hier mit Hand angeleget; nicht zwar, wie sie sonsten pfleget, die Natur zu zwingen, sondern nur ihre Annehmlichkeiten desto mehr ins Auge zu setzen.

Der Graf betrachtete diese holdselige Einöde mit Entzücken: der Geist der Dicht-Kunst, welcher in diesen Haynen wohnet, überfiel ihn: alle seine Gedanken flossen von sich selbst in leichte Reimen: er nahm seine Schreibtafel, und hatte kaum einige Worte nieder geschrieben, so zeigte sich die Prinzeßin vor ihm: sie war von der Fräulein von Thurris begleitet. Der Graf, als er ihrer gewahr wurde, sprang hurtig von seiner Stelle auf, und bezeigte der Prinzeßin seine Ehrerbietung, indem er aber seine Schreibtafel einstecken wolte, lies er solche ins Gras fallen.

Salomon Gessner

Der Wunsch (1756)

Hinten am Hause sey mein geraumer Garten, wo einfæltige Kunst den angenehmen Phantasien der Natur mit gehorsamer Hylfe beysteht, nicht aufryhrisch sie zum dienstbaren Stoff sich machet, in groteske Bilder sie zu schaffen. Wænde von Nuss-Strauch umzæunen ihn, und in jeder Eke steht eine gryne Hytte von wilden Rosinen; dahin wyrd' ich oft den Stralen der Sonn' entweichen, oder sehen, wie der braune Gærtner die Beeten umgræbt, um schmakhafte Garten-Gewæchse zu sæen; oft wyrd' ich die Schaufel aus der Hand ihm nehmen, durch seinen Fleiss zur Arbeit gelokt, um selbst umzugraben, indess dass er neben mir styhnde, der wenigern Kræfte læchelnd; oder ich hylf ihm die flatternden Gewæchse an Stæben aufbinden, oder der Rosen-Stauden warten, und der zerstreuten Nelken und Lilien.

Denn was entzyket mehr, als die schœne Natur, wenn sie in harmonischer Unordnung ihre unendlich mannigfaltigen Schœnheiten verwindet? Zu kyhner Mensch! Was unterwindest du dich, die Natur durch weither nachahmende Kynste zu schmyken? Baue Labyrinthe von grynen Wænden, und lass den gespizten Taxus in abgemessener Weite empor stehn; die Gænge seyn reiner Sand, dass kein Gestræuchgen den wandelnden Fusstritt verwirre; mir gefællt die lændliche Wiese und der verwilderte Hain; ihre Mannigfaltigkeit und Verwirrung hat die Natur nach geheimern Regeln der Harmonie und der Schœnheit geordnet, die unsere Seele voll sanften Entzykens empfindt.

Salomon Gessner

Menalkas und Æschines (1762)

Æschines, der Jæger, sprach izt: Du schœner Hirt! du hast mein Leben gerettet, wie soll ich dich belohnen; komm mit mir in die Stadt, dort wohnet man nicht in strœhernen Hytten; Pallæste von Marmor steigen dort hoch an die Wolken, und hohe Sæulen stehen um sie her; du sollst bey mir wohnen, und aus Gold trinken, und die kœstlichen Speisen aus silbernen Schysseln essen.

Menalkas sprach: Was soll ich in der Stadt? Ich wohne sicher in meiner niedern Hytte, sie schyzt mich vor Regen und rauhen Winden; und stehen nicht Sæulen umher, so stehen doch fruchtbare Bæume und Reben umher; dann hol ich aus der nahen Quelle klares Wasser im irdenen Krug; auch hab ich syssen Most; und dann ess ich, was mir die Bæume und meine Herde geben; und hab ich nicht Silber und Gold, so streu ich wol-riechende Blumen auf den Tisch.

Æschines. Komm mit mir, Hirt! dort hat man auch Bæume und Blumen; dort hat sie die Kunst in gerade Gænge gepflanzet, und in schœn geordnete Beeten gesammelt; dort hat man auch Quellen; Mænner und Nymphen von Marmor giessen sie in grosse marmorne Beken.

Menalkas. Schœner ist der ungekynstelte schattichte Hain mit seinen gekrymmeten Gængen; schœner sind die Wiesen mit tausendfæltigen Blumen geschmykt; ich hab auch Blumen um die Hytte gepflanzet, Majoran und Lilien und Rosen; und ô wie schœn sind die Quellen, wenn sie aus Klippen sprudeln, oder aus dem Gebysche von Hygeln fallen, und dann durch blumichte Wiesen sich schlængeln! Nein, ich geh nicht in die Stadt.

ÆSCHINES. Dort wirst du Mædchens sehen im seidenen Gewand, von der Sonne unbeschædigt, weiss wie Milch, mit Gold und kœstlichen Perlen geschmykt; und die schœnen Gesænge kynstlicher Saiten-Spieler entzyken da dein Ohr.

MENALKAS. Mein braunes Mædchen ist schœn; du solltest sie sehen, wenn sie mit frischen Rosen und einem bunten Kranz sich schmykt; und ô wie froh sind wir, wenn wir bey einer rauschenden Quelle im schattichten Busch sizen! sie singt dañ; ô wie schœn singt sie! und ich begleite ihren Gesang mit der Flœte; unser Gesang tœnt dann weit umher, und die Echo singen uns nach; oder wir behorchen den schœnen Gesang der Vœgel, die von den Wipfeln der Bæume und aus den Gebyschen singen. Oder singen eure Saiten-Spieler besser, als die Nachtigall oder die liebliche Grasmyke? Nein, nein ich geh nicht mit dir in die Stadt.

Christoph Martin Wieland

Geschichte des Agathon (1766)

Die Wohnung des Hippias war auf der mittäglichen Seite von Gärten umgeben, in deren weitläufigem Bezirk die Kunst und der Reichtum alle ihre Kräfte aufgewandt hatten, die einfältige Natur mit ihren eignen und mit fremden Schönheiten zu überladen. Gefilde voll Blumen, die aus allen Teilen der Erde gesammelt, jeden Monat zum Frühling eines andern Clima machten, Lauben von allerlei wohlriechenden Stauden, Lust-Gänge von Citronen-Bäumen, Öl-Bäumen und Cedern, in deren Länge der schärfste Blick sich verlor, Haine von allen Arten der fruchtbaren Bäume, und Irrgänge von Myrthen und Lorbeer-Hecken, mit Rosen von allen Farben durchwunden, wo tausend marmorne Najaden, die sich zu regen und zu atmen schienen, kleine murmelnde Bäche zwischen die Blumen hingossen, oder mit mutwilligem Plätschern in spiegelhellen Brunnen spielten, oder unter überhangenden Schatten von ihren Spielen auszuruhen schienen. Alles dieses machte die Gärten des Hippias den bezauberten Gegenden ähnlich, diesen Spielen einer dichterischen und malerischen Phantasie, die man erstaunt ist, außerhalb seiner Einbildung zu sehen. Hier war es, wo Agathon seine angenehmsten Stunden zubrachte; hier fand er die Heiterkeit der Seele wieder, die er dem angenehmsten Taumel der Sinne unendlich weit vorzog; hier konnt' er sich mit sich selbst besprechen; hier war er von Gegenständen umgeben, die sich zu seiner Gemüts-Beschaffenheit schickten, obgleich die seltsame Denk-Art, wodurch er die Erwartung des Hippias so sehr betrog, auch hier nicht ermangelte, sein Vergnügen durch den Gedanken zu vermindern, daß alle diese Gegenstände weit schöner wären, wenn sich die Kunst nicht angemaßet hätte, die Natur ihrer Freiheit und rührenden Einfältigkeit zu berauben.

Sophie von La Roche

Geschichte des Fräuleins von Sternheim (1771)

Der ländliche Frieden, die Ruhe, die edle Einfalt, welche mein einsames S*** bewohnen, wären meinem armen Kopf und Herzen so erquickend, als Hofleuten der Anblick einer freyen Gegend ist, wenn sie lange in Kunstgärten herumgeirrt, und ihr Auge durch Betrachtungen der gesuchten und gezwungenen Schönheiten ermüdet haben. Wie gerne stellen sie ihre durch zerstoßnen Marmor ermattete Füße auf ein mit Mooß bewachsnes Stück Erde, und sehen sich in dem unbegränzten schönen Gemische von Feld, Waldungen, Bächen und Wiesen um, wo die Natur ihre besten Gaben in reizender Unordnung verbreitet! Bey vielen beobachtete ich in dieser Gelegenheit die Stärke der reinen ersten Empfindungen der Natur. So gar ihr Gang und ihre Gebehrden wurden freyer und ungezwungener, als sie in den sogenannten Lustgärten waren.

Friedrich Heinrich Jacobi

Woldemar (1779)

Wir haben schon ein paarmal von Dorenburgs und Biederthals Landgütern gehört. Auf dem von Dorenburg hatte das Gebäude mitten einen grossen achteckigen Saal, der mit drei Seiten in den Garten vorsprang und den Haupteingang dazu machte: sechs Tritte von Marmor an den vorspringenden Seiten, dann eine Terrasse mit Oranienbäumen besezt, die sich längst den beiden Flügeln hinzog: so gings hinab. Unten verbreitete sich ein grosses Parterr, mit einem Springbrunnen, und Sizen und Gängen von Bindwerk, das die feinsten Gewächse durchflochten, – Flor an Flor auf Beeten von grünen Gewölben beschattet; – aus grossen Körben von Latten ein Wald von Blumengewächsen, – lieblich beschirmte Amphitheater von Aurikeln und Nelken, – prächtige Stauden, – Rasenausschnitte, – und von allerhand fremdem Gehölz die niedlichsten Arten. Es war ein entzückender Plaz, wunderbar angelegt, um das Auge zu öfnen, und ihm von dem hohen Buschwerk und den Alleen des Gartens den rechten Abstand zu geben. – Nun solte dieses herliche Stück ausgerottet werden. – Woldemar, da er an einem schönen Herbsttage mit seinen Freunden draussen war, erfuhr es, durch einen Zufall, vom Gärtner, und lief hastig zu Dorenburg, um ihn darüber zur Rede zu stellen. Dorenburg gestand herzhaft die Wahrheit: ja, das sei sein Wille; er wolle nachher bei der Kollation, die seine Frau in den Wald habe bringen lassen, seine Gründe angeben.

Die Gesellschaft machte sich auf. Es war nur eine halbe Stunde Wegs. Man wandelte einen grossen fruchtbaren Hügel hinan; dann gings unmerklich hinab; – und nun ein sanftes weites Thal, von den mannigfaltigen Eingängen in den Wald auf das herrlichste gebildet: – Wie ein Vorhof, lag an der einen Seite ein grüner Plaz mit zerstreuten himmelhohen Eichen, der bald so, bald anders, die schauenden Blicke verschlang; für jede Eiche ein kleiner Hügel oder ein kleines Thal, und die Hügel und Thäler allmählich in einander laufend und auf und ab; dazwischen kurzstämmige, dicht und hochhinauf gekrönte Buchen, – hier einzeln, dort in Haufen und engen Reihen; – Eschen, Pappeln und Weiden; – und um und um ein Zauber von tausendfältigem Licht und tausendfältigem Dunkel. Schwebend in diesem Zauber, kleine Heerden von Kühen und Lämmern, und eine Schaar dahlender Knaben und Mädchen. Nahe bei in dickem Gebüsch zwischen erhabenen Ulmenwänden, die lustigen Häuserchen, wohinein dies alles gehörte, mit ihren Gärten und Aeckern...

– Woldemar hatte oft ganze Tage hier zugebracht. Besonders war Eine Stelle, dicht an einem der Eingänge in den Wald, von so schauervoller Majestät, daß seine Sinne kaum den Eindruck davon auszuhalten vermogten. – Sie kamen an diese Stelle, und Dorenburg hub an: Lieber Woldemar, ich bitte, laß dir doch jezt einmal mein schönes Parterre einfallen, mit dem feinen Bindwerk und den Körben von Latten, und den Rasenschnirkeln, und den allerhand Blümchen und Bäumchen; und sag mir – sag mir hier einmal: es sei schön! Ich bin gewiß, der Gedanke davon muß dir widrig und ekelhaft sein!

Woldemar stutzte, antwortete aber den Augenblick und gab Dorenburg Recht. Nur fügte er hinzu: Dorenburgs

»Große Eiche« in Muskau

Ulmenalleen, seine schönsten Linden, Platanüsse, Liviodender; sein gesamtes Baum- Busch- und Gartenwerk, sei ihm in diesem Augenblick nicht minder ekelhaft als das Parterr: »ist dir nun beständig so«, fuhr er fort, »wie mir in diesem Augenblick: so muß ich dir rathen, daß du ganz und gar deinen Garten abschaffest.

– Lieber Bruder Dorenburg, das läßt sich nicht in Mauren ziehen oder mit Zäunen einschliessen, was uns hier so mächtig ergreift. Die fünf Eichen dort alleine, mit ihrem erhabenen Gewölbe, würden deinen halben Garten zu nichte schatten. Und überhaupt, auf solch einem Plaze, was wär' es? Dergleichen Szene will die offene weite Welt zum Gerüst. Ich kenne nichts armseligers als die nachgemachte, in tausend Fesseln sich windende freie Natur. Gewiß weiß der gar nicht was er will, der so etwas auf die Welt sezt. Wo Nachahmung ist, da muß sich Kunst zeigen, schaffende Menschenhand; da muß wenigstens von Einer Seite gethan sein, was kunstlose Natur nicht vermag; denn was kunstlose Natur ganz und allein vermag, daran wird alle Nachahmung zu Schanden. In meinem Garten will ich daher scharf unter der Scheere gehaltene Hecken und Bogen; gerad gezogene und regelmäßig geschnittene Bäume; Gebüsche, wo möglich von lauter ausländischen Arten, und so geordnet, daß Eine Pflanze sich vor der andern auszeichne; Blumen, Oranienbäume, Bindwerk – und was mehr! – Kurz, mein Garten soll ein Garten sein, und das in hohem Grade; er soll mir an Zierde und Anmut ersezen, was er an Fülle und Majestät nicht haben kan, und gewiß dann am wenigsten hätte, wenn er in abgeschmackter Zwergsgestalt den Riesen agiren wolte. – – Die freien Naturalisten, wenn ich zu befehlen hätte, solten mir einmal ihrem System in seinem Umfange nachleben. Anfangs wolte ich sie mir mit Kleinigkeiten plagen; sie kriegten mir z.B. keine Pfirsich, keine Aprikose, nicht einmal Kirschen, Aepfel und Birnen zu kosten; aber Holzäpfel und wilde Kastanien so viel ihnen beliebte. Ich würde ihnen vorstellen, wie so ganz ausser aller Natur hiesigen Landes ein Pfirsichbaum sei. Wie weit hergeholt! Wie erkünstelt! Stamm und Aeste zersägt und zerschnitten; alle Glieder verränkt, in hundert Banden – wie ein armer Sünder – wie ein Schächer am Kreuz! – Ein Schandfleck der Erde, die abscheulichste Naturschänderei! – – Kirsch- Birn- und Apfelbäume nicht viel weniger, wenn schon nicht an Mauer und Latten gezogen; denn was muß nicht dennoch an ihnen alles geschehen, wenn sie gute Früchte und in Menge bringen sollen!

Henriette, die an Woldemars Eifer genugsam merkte, daß er mehr als das Parterr im Sinn hatte, wolte ihm Gelegenheit verschaffen, sein Herz noch besser auszuschütten, und machte ihm daher den Einwurf: – Aber – er habe ja vormals Biederthalen und Dorenburgen den

Aufwand, den sie in ihren Gärten gemacht, verwiesen, und sie fast über jede Anlage zu derselben Verschönerung zum Besten gehabt; und nun sprăch' er wieder so! Woldemar antwortete: damals sei von Puppensachen die Rede gewesen für vornehme Kinder, von Aufwand zum Staat, nicht von Aufwand zu eigner Lust, nicht von Gartenbau.

Mit Erlaubniß! fiel Karoline ein, Sie haben sehr allgemein allen Aufwand zu so genanter Vermehrung des Lebensgenusses getadelt; Sie haben unaufhörlich zu beweisen gesucht, daß es mit dergleichen Vermehrungen leeres Blendwerk sei, bei deren Erhaschung nichts gewonnen, wol aber beträchtlich verloren zu werden pflege.

Ganz recht, erwiederte Woldemar. Wenn Sie keinen Garten hätten, und Sie fragten mich, ob Sie viel an Glückseligkeit gewönnen, wenn Sie einen anschaften; so antwortete ich Ihnen wahrscheinlich: »Ich weiß nicht!« Haben Sie aber einen Garten, und Sie fragen mich: wie er am besten sei, schön oder häßlich; oder gar: ob Sie ihn schön lassen, oder häßlich machen sollen; so werde ich mich, ohne alles Bedenken, für das Schöne erklären.

Nein, sagte Dorenburg, wer so albern fragen könnte, dem solltest du rathen: häßlich! – Ich weiß nicht wie du heute sprichst! Das weiß ich aber, daß ehmals deine ernstliche Meinung war: je näher der Natur, je einfältiger, je beschränkter Menschen lebten, je glücklicher wären sie. – Mit welchem Entzücken priesest du nicht die Sitten der Patriarchen, die Sitten der Homerischen Helden? Hingegen mit welcher Verachtung, mit welchem Grimm –

Stille, stille, rief Woldemar; du wirfst mir da alles durcheinander!

Christian Felix Weisse

Der englische Garten (1781)

Hinaus, hinaus auf Feld und Flur!
Sie kömmt die Mutter aller Freude,
Sie kömmt die lächelnde Natur
In ihrem bunten Frühlingskleide!
Die Sonne leuchtet ihrem Schritt
Im Glanze vor; wohin sie ziehet,
Ist Harmonie, und alles blühet
Was ihr holdsel'ger Fuß betritt.

Weg Künsteley! weg eitle Pracht,
Die sie in Flitterzierrath kleidet,
Die sanfte Hügel eben macht,
Nach Linien den Wald durchschneidet;
Den Wasserfall in Röhren drängt,
Durch Drachen in die Lüfte speyet,
Das weiche Moos mit Sand bestreuet,
Und Bäum' in Pyramiden zwängt;

Der Landschaft schöne Schwelgerey
Verwüstet, um, durch lange Hecken
Mich jagend, ewig Einerley
Dem müden Auge zu entdecken;
Den hellen See mit Marmor schanzt,
Und Grottenwerk statt edler Haine,
Statt Ros' und Lilje Glas und Steine,
Statt Lauben bunte Gitter pflanzt.

Nein, nein; ich will in Thal und Wald,
Auf Hügeln und beblühmten Auen
Sie in der freyesten Gestalt,
In ihrer wilden Anmuth schauen:
Die Kunst soll ihr blos dienstbar seyn,
Sie mancher ungelegnen Bürde
Entreißen, und mehr Reiz und Würde
Ihr durch Geschmack und Witz verleihn.

Den Reichthum, den ihr jene beut,
Soll sie zum höchsten Vortheil nützen;
Durch tausend Mannichfaltigkeit
Gefühl und Phantasie erhitzen;
Nicht ihre Form verändern, nicht
Sie niederdrücken, nein, erheben;
Nicht martern, tödten; nein, beleben,
Ersetzen, wo es ihr gebricht.

Sie soll mich durch das Labyrinth
der blüthenvollen Bäume führen,
Und mich, stets mit mir gleich gesinnt,
Durch Scenen von Empfindung rühren;
Jetzt, wann mein Herz von Freuden glüht,
Mich zum besonnten Hügel leiten,
Wo meinen Blick von allen Seiten
Ein Reiz um andern zu sich zieht:

Bald zum Gesträuch, das sich gemach
Hinab ins Thal vom Hügel senket,
Bald zu der Wiese, wo ein Bach,
Sich schlängelnd, Weid' und Erle tränket;
Wo eine kleine Welle weilt,
Ein nah Vergißmeinnicht zu küssen;
Bald zu den majestätschen Flüssen,
Wo Mast auf Mast vorüber eilt. –

Jetzt, wenn mein Geist das Licht der Welt
Mit seinen bunten Scenen scheuet,
In süßer Schwermuth sich gefällt,
Und sich der ernsten Stille freuet;
Dann öffne mir der tiefe Wald
Mit Felsenhöhlen, finstern Gängen,
Bey Philomelens Klaggesängen,
Den traurig süßen Aufenthalt! – –

So stimmt die gütige Natur
Sich stets zum Tone meiner Seele,
Wenn ich mit Kunstgeschmack sie nur
Verbinde, ordne, richte, wähle.
Will ich ihr Grazie verleihn,
So muß ich sie von ihr entlehnen,
Und sie der Kunst in ihren Scenen
So Führerin, als Muster seyn.

Johann Wolfgang Goethe

Hermann und Dorothea (1796)

So war mein Garten auch in der ganzen Gegend berühmt, und
Jeder Reisende stand und sah durch die rothen Stacketen
Nach den Bettlern von Stein, und nach den farbigen Zwergen.
Wem ich den Kaffee dann gar in dem herrlichen Grottenwerk reichte,
Das nun freilich verstaubt und halb verfallen mir dasteht,
Der erfreute sich hoch des farbig schimmernden Lichtes
Schöngeordneter Muscheln; und mit geblendetem Auge
Schaute der Kenner selbst den Bleiglanz und die Korallen.
Eben so ward in dem Saale die Mahlerei auch bewundert,
Wo die geputzten Herren und Damen im Garten spazieren
Und mit spitzigen Fingern die Blumen reichen und halten.
Ja, wer sähe das jetzt nur noch an! Ich gehe verdrießlich
Kaum mehr hinaus; denn alles soll anders sein und geschmackvoll,
Wie sie's heissen, und weiß die Latten und hölzernen Bänke.

Alles ist einfach und glatt; nicht Schnitzwerk oder Vergoldung
Will man mehr, und es kostet das fremde Holz nun am meisten.
Nun, ich wär' es zufrieden, mir auch was Neues zu schaffen;
Auch zu gehn mit der Zeit, und oft zu verändern den Hausrath;
Aber es fürchtet sich jeder, auch nur zu rücken das Kleinste,
Denn wer vermöchte wohl jetzt die Arbeitsleute zu zahlen?

Johann Wolfgang Goethe

Die Wahlverwandtschaften (1809)

Zu solchen Betrachtungen ward unser Gehülfe aufgefordert, als er an einem der schönen Tage, an welchen der scheidende Winter den Frühling zu lügen pflegt, durch den großen alten Schloßgarten gegangen war und die hohen Lindenalleen, die regelmäßigen Anlagen, die sich von Eduards Vater herschrieben, bewundert hatte. Sie waren vortrefflich gediehen, in dem Sinne desjenigen, der sie pflanzte, und nun, da sie erst anerkannt und genossen werden sollten, sprach niemand mehr von ihnen; man besuchte sie kaum und hatte Liebhaberei und Aufwand gegen eine andere Seite hin in's Freie und Weite gerichtet. (...)
Niemand glaubt sich in einem Garten behaglich, der nicht einem freien Lande ähnlich sieht; an Kunst, an Zwang soll nichts erinnern, wir wollen völlig frei und unbedingt Athem schöpfen. Haben Sie wohl einen Begriff, mein Freund, daß man aus diesem in einen andern, in den vorigen Zustand zurückkehren könne?
Warum nicht? versetzte der Gehülfe: jeder Zustand hat seine Beschwerlichkeit, der beschränkte sowohl als der losgebundene. Der letztere setzt Überfluß voraus und führt zur Verschwendung. Lassen Sie uns bei Ihrem Beispiel bleiben, das auffallend genug ist. Sobald der Mangel eintritt, sogleich ist die Selbstbeschränkung wiedergegeben. Menschen, die ihren Grund und Boden zu nutzen genöthigt sind, führen schon wieder Mauern um ihre Gärten auf, damit sie ihrer Erzeug-

nisse sicher seien. Daraus entsteht nach und nach eine neue Ansicht der Dinge. Das Nützliche erhält wieder die Oberhand, und selbst der Vielbesitzende meint zuletzt auch das alles nützen zu müssen. Glauben Sie mir: es ist möglich, daß Ihr Sohn die sämmtlichen Parkanlagen vernachlässigt und sich wieder hinter die ernsten Mauern und unter die hohen Linden seines Großvaters zurückzieht.

Charlotte war im Stillen erfreut, sich einen Sohn verkündigt zu hören, und verzieh dem Gehülfen deßhalb die etwas unfreundliche Prophezeiung, wie es dereinst ihrem lieben schönen Park ergehen könne.

Ludwig Tieck

Phantasus (1812)

Jezt zeigte sich die übrige Gesellschaft. Manfred führte seine Schwiegermutter, Friedrich, welcher verweinte Augen hatte, die schöne Rosalie, Anton bot seinen Arm der freundlichen Clara, und Wilibald gesellte sich zu Augusten, indem er dem lächelnden Theodor einen triumphirenden Blick zuwarf. Man wandelte in den breiten Gängen, welche oben gegen den eindringenden Sonnenstrahl gewölbt und dicht verflochten waren, in heitern Gesprächen auf und nieder, und Lothar sagte nach einiger Zeit: wir sprachen eben von den Ruinen altdeutscher Baukunst, und bedauerten, daß viele Schlösser und Kirchen gänzlich verfallen, die mit geringen Kosten als Denkmale unsern Nachkommen könnten erhalten werden; aber indem ich den Schatten dieser Gänge genieße, erinnere ich mich der seltsamen Verirrung, daß man jezt vorsätzlich auch viele Gärten zerstört, die in dem sogenannten französischen Geschmack angelegt sind, um eine unerfreuliche Verwirrung von Bäumen und Gesträuchen an die Stelle zu setzen, die man nach dem Modeausdrucke Park benamt, und so bloß einer todten Formel fröhnt, indem man sich im Wahn befindet, etwas Schönes zu erschaffen.

Du erinnerst mich, sagte Ernst, an die Eremitage bei Baireuth und manchen andern Garten; wenn diese Einsiedelei auch manche aufgemauerte Kindereien zeigt, so war sie doch in ihrer alten Gestalt höchst er-

freulich; ich verwunderte mich nicht wenig, sie vor einigen Jahren ganz verwildert wieder zu finden.
Es fehlt unsrer Zeit, sagte Friedrich, so sehr sie die Natur sucht, eben der Sinn für Natur, denn nicht allein diese regelmäßigen Gärten, die dem jetzigen Geschmacke zuwider sind, bekehrt man zum Romantischen, sondern auch wahrhaft romantische Wildnisse werden verfolgt, und zur Regel und Verfassung der neuen Gartenkunst erzogen. So war ehemals nur die große wundervolle Heidelberger Ruine eine so grüne, frische, poetische und wilde Einsamkeit, die so schön mit den verfallenen Thürmen, den großen Höfen, und der herrlichen Natur umher in Harmonie stand, daß sie auf das Gemüth eben so wie ein vollendetes Gedicht aus dem Mittelalter wirkte; ich war so entzückt über diesen einzigen Fleck unsrer deutschen Erde, daß das grünende Bild seit Jahren meiner Phantasie vorschwebte, aber vor einiger Zeit fand ich auch hier eine Art von Park wieder, der zwar dem Wandelnden manchen schönen Platz und manche schöne Aussicht gönnt, der auf bequemen Pfaden zu Stellen führt, die man vormals nur mit Gefahr erklettern konnte, der selbst erlaubt, Erfrischungen an anmuthigen Räumen ruhig und sicher zu genießen; doch wiegen alle diese Vortheile nicht die großartige und einzige Schönheit auf, die hier aus der besten Absicht ist zerstört worden.
Hier wurde das Gespräch unterbrochen, indem der Bediente meldete, daß angerichtet sei.

*

O welch liebliches Licht, rief Rosalie aus, breitet sich jezt nach dem sanften Regen über unsern Garten! So ist wohl dem zu Muthe, der aus einem schweren Traum am heitern Morgen erwacht.
Ich werde nie, sagte Ernst, den lieblichen Eindruck

vergessen, den mir dieser Garten mit seiner Umgebung machte, als ich ihn zuerst von der Höhe jenes Berges entdeckte. Du hattest mir dort, in der Waldschenke, mein Freund Manfred, nur im allgemeinen von dieser Gegend erzählt, und ich stellte mir ziemlich unbestimmt eine Sammlung grüner Gebüsche vor, die man so häufig jezt Garten nennt; wie erstaunte ich, als wir den rauhen Berg nun erstiegen hatten, und unter mir die grünen Thäler mit ihren blitzenden Bächen lagen, so wie die zusammenschlagenden Blätter eines herrlichen alten Gedichtes, aus welchem uns schon einzelne liebliche Verse entgegen äugeln, die uns auf das Ganze um so lüsterner machen: nun entdeckt' ich in der grünen Verwirrung das hellrothe Dach deines Hauses und die reinlich glänzenden Wände, ich sah in den viereckten Hof hinein, und daneben in den Garten, den gerade Baumgänge bildeten und verschlossene Lauben, die Wege so genau abgemessen, die Springbrunnen schimmernd; alles dies schien mir eben so wie ein helles Miniaturbild aus beschriebenen Pergamentblättern alter Vorzeit entgegen, und befangen von poetischen Erinnerungen fuhr ich herunter, und stieg noch mit diesen Empfindungen in deinem Hause ab, wo ich nun alles so lieblich und reizend gefunden habe. Ich gestehe gern, ich liebe die Gärten vor allen, die auch unsern Vorfahren so theuer waren, die nur eine grünende geräumige Fortsetzung des Hauses sind, wo ich die geraden Wände wieder antreffe, wo keine unvermuthete Beugung mich überrascht, wo mein Auge sich schon im voraus unter den Baumstämmen ergeht, wo ich im Freien die großen und breiden Blumenfelder finde, und vorzüglich die lebendigen spielenden Wasserkünste, die mir ein unbeschreibliches Wohlgefallen erregen.

Mit derselben Empfindung, antwortete Manfred, betrat

ich zuerst diese Gegend, dieser Garten lockte mich sogleich freundlich an. Ich liebe es, im Freien gesellschaftlich wandeln zu können, im ungestörten Gespräch, die Blumen sehen mich an, die Bäume rauschen, oder ich höre halb auf das Geschwätz der Brunnen hin; belästigt die Sonne, so empfangen uns die dichtverflochtenen Baumgänge, in denen das Licht zum Smaragd verwandelt wird, und wo die lieblichsten Nachtigallen flattern und singen.

Mit Entzücken, so redete Ernst weiter, muß ich an die schönen Gärten bei Rom und in manchen Gegenden Italiens denken, und sie haben meine Phantasie so eingenommen, daß ich oft des Nachts im Traum zwischen ihren hohen Myrthen- und Lorbeergängen wandle, daß ich oftmals, wie die unvermuthete Stimme eines lange abwesenden Freundes, das liebliche Sprudeln ihrer Brunnen zu vernehmen wähne. Hat sich irgendwo ein edles Gemüth so ganz wie in einem vielseitigen Gedicht ausgesprochen, so ist es vor allen dasjenige, welches die Borghesische Villa angelegt und ausgeführt hat.

Was die Welt an Brunnen und zarten Pflanzen, an hohen schönen Bäumen besitzt, allen Reiz großer und freier Räume, wo uns labend die Luft des heitern Himmels umgiebt, labyrinthische Baumgewinde, wo sich Epheu um alte Stämme im Dunkel schlingt, und in der süßen Heimlichkeit kleine Brunnen in perlenden Stralen klingend tropfen, und Turteltauben girren: der anmuthigste Wald mit wilden Hirschen und Rehen, Feld und Wiesen dazwischen, und Kunstgebilde an den bedeutendsten Stellen, alles findet sich in diesem elysischen Garten, dessen Reize nie veralten, und der jezt eben wieder wie eine Insel der Seligen vor meiner Einbildung schwebt.

Doch hab' ich in vielen Büchern gelesen, wandte Emilie ein, daß die Gartenkunst der Italiäner noch in der Kindheit sei, und daß sie weit hinter den Deutschen zurückstehen.

In allen menschlichen Angelegenheiten, antwortete Ernst, herrscht die Mode, aus der sich, wenn sie erst weit um sich gegriffen hat, leicht Sektengeist erzeugt, welchen man oft genug als Fortschritt der Kunst oder Menschheit unter dem Namen des Geistes der Zeit muß preisen hören, und so gehören auch diese Äußerungen und Glaubensmeinungen in das System so mancher andern, gegen die ich mich fast unbedingt erklären möchte. Wo sind denn in Deutschland die vortrefflichen Gärten im sogenannten Englischen Geschmack, gegen die der gebildete Sinn nicht sehr Vieles einzuwenden hätte?

Sprechen Sie weiter! rief Clara lebhaft; schon einige empfindsame Reisende haben unsern muntern Garten als altfränkisch getadelt und meiner Mutter auf vielfache Weise gerathen, einen krummen, und wenn man den nächsten Hügel mit hinein zöge, auch auf- und absteigenden Park mit allen möglichen Effekten, anzulegen, und meine gute Mutter hatte sich schon vor einigen Jahren nicht abgeneigt gezeigt, so daß ich schon für meine Blumenbeete und für die Wasserkünste, die selbst in der Stille der Nacht fortlachen, gezittert habe.

Wir dürfen nun, fuhr Ernst fort, auf das Bedürfniß zurück gehn, aus welchem unsre Gärten entstanden sind, um auf dem kürzesten Wege einzusehn, welche Anlagen im Allgemeinern die richtigeren sein mögen. Der Landmann hat neben seiner einfachen Wohnung seinen Baumgarten, der ihm vor seiner Thür Früchte und Küchengewächse liefert; gern läßt er das Gras zwischen den Bäumen wachsen, sowohl, weil er es ebenfalls nutzen kann, als auch weil es ihm Arbeit erspart, indem er es schont. Sehn wir in dieser wilden grünen Anstalt noch irgend ein Fleckchen den Gartenblumen besonders gewidmet und mit Liebe ausgespart, so hat diese natürlichste Anlage, im Gebirge wie im flachen Lande, einen gewissen Zauber, der uns still und rührend anspricht, ja in der Blüthenzeit kann ein solcher Raum mit seinen dicht gedrängten Bäumen entzükkend sein. Diese sind unter den Gärten die wahren Idyllen, die kleinen Naturgedichte, die eben deswegen gefallen, weil sie von aller Kunst völlig ausgeschlossen sind.

Ein Mühlbach, der an solchem Garten vorüberrinnt, sagte Clara, und Lämmchen drinne hüpfend und blökend in der Frühlingszeit, und krausbebuschte Berge dahinter, aus denen ein Holzschlag in den Gesang der Waldvögel tönt, dies kann vorzüglich Abends, oder am frühsten Morgen so himmlische Eindrücke von Ruhe, Einsamkeit und lieblicher Befangenheit erregen, daß unser Gemüth in diesen Augenblicken sich nichts Höheres wünschen kann.

Die Gärten der alten Burgen und Schlösser waren auf ihren Höhen gewiß nur beschränkt, sagte Ernst, der jagdliebende Ritter lebte im Walde, und auf Reisen und Turnieren, oder in Fehden und Kriegen. Als die neueren Palläste entstanden und die fürstliche Architektur, als mit dem milderen Leben Kunst, Witz und heitere Geselligkeit in die Schlösser der Großen und Reichen zogen, wandte sich die architektonische Regel ebenfalls in die Gärten; in ihnen sollte dieselbe Reinlichkeit und Ordnung herrschen, wie in den Säulengängen und Sälen der Palläste, sie sollten der Geselligkeit den heitersten Raum gewähren, und so entstanden die regelmäßigen, weiten und vielfachen Baumgänge, so wurde der unordentliche Wuchs zu grünen Wänden erzogen, Hügel ordneten sich in Terrassen und bequemen breiten Treppen, die Blumen standen in Reihen und Beeten, und alles Wildscheinende, so wie alles, was an das Bedürfniß erinnert, wurde sorgfältigst entfernt; auf großen runden oder viereckten Plätzen suchte man gern die Frühlingssonne, die dichten Baumschatten waren zu Bögen gegen die Hitze gewölbt, verflochtene Laubengänge waren künstlich selbst mit unsichtbaren Käfigen umgeben, in denen Vögel aller Art in scheinbarer Freiheit schwärmten, die Springbrunnen, die die Stille unterbrachen und wie Naturmusik dazwischen redeten, und deren geordnete Stralen und Ströme in vielfachen Linien aus Muscheln, Seepferden und Statuen von Wassergöttern sich ebenfalls nach Regeln erhoben, dienten als phantastischer Schmuck dem wohlberechneten Ganzen.

Der bunte grünende Raum war Fortsetzung der Säle und Zimmer, für viele Gesellschaften geeignet, den mannigfaltigsten Sinnen zubereitet, dem Geräusch und Prunk anpassend, und auch in der Einsamkeit ein lieblicher Genuß; denn der Frohwandelnde, wie jener, der sich in stille Betrachtung senkt, fand nichts, was ihn störte und irrte, sondern die lebendige Natur umgab sie zauberisch in denselben Regeln, in denen der Mensch von Verstand und Vernunft, und der innern unsichtbaren Mathematik seines Wesens ewig umschlossen ist.

Siehst du, liebe Mutter, sagte Clara, welche philosophische Miene unser oft getadelte Garten anzunehmen weiß, wenn er nur seinen Sachwalter findet?

Alles, was ich sagen kann, fuhr Ernst fort, steht schon im Woldemar viel besser und gründlicher, als Zurecht-

weisung eines einseitigen und mißverstandenen Hanges zur Natur.
Finden Sie denn aber wirklich alle Gärten dieser Art schön? fragte Auguste.
So wenig, antwortete Ernst, daß ich im Gegentheil viele gesehen habe, die mir durch ihre vollendete Abgeschmacktheit eine Art von Grausen erregt haben. Es giebt vielleicht in der ganzen Natur keine traurigere Einsamkeit, als uns die erstorbene Formel dieser Gartenkunst in dem barocken übertriebenen holländischen Geschmack darbietet, wo es den Reiz ausmachen soll, die Bäume nicht als solche wieder zu erkennen, wo Muscheln, Porzellan und glänzende Glaskugeln um fürchterlich verzerrte Bildsäulen auf gefärbtem Sande leuchten, wo das springende Wasser selbst seine liebliche Natur eingebüßt hat, und zum Possenreißer geworden ist, und wo auch sogar der heiterste blaue Himmel nur wie ein ernstes mißbilligendes Auge über dem vollendeten Unfug steht: Mond und Sterne über diesen Fratzen leuchtend und schimmernd, sind furchtbar, wie die lichten Gedanken im Geschwätz eines Verrückten.
Vom Wasser, fiel Theodor ein, wird überhaupt oft ein kindischer Mißbrauch gemacht; diese Vexierkünste, um uns plötzlich naß zu machen, sind den abgeschmackten neumodischen Gespenstergeschichten mit natürlichen Erklärungen zu vergleichen; der Verdruß ist viel größer als der Schreck.
Da man nun so häufig, sprach Ernst weiter, diese Gespenster von Gärten sah, so erwachte zu derselben Zeit, als man in allen Künsten die Natürlichkeit forderte, auch in der Gartenkunst bei unsern Landsleuten ein gewisser Sinn für Natur. Wir hörten von den englischen Parks, von denen viele in der That in hoher

Schönheit prangen, sehr viele aber auch die Wohnung trüber Melankolie sind, und so fing man denn in Deutschland ebenfalls an, mit Bäumen, Stauden und Felsen auf mannigfache Weise zu malen, lebendige Wasser und Wasserfälle mußten die springenden Brunnen verdängen, so wie alle geraden Linien nebst allem Anschein von Kunst verschwanden, um der Natur und ihren Wirkungen auf unser Gemüth Raum zu gewähren. Weil man sich nun hier in einem unbeschränkten Felde bewegte, eigentlich keine Vorbilder zur Nachahmung hatte, und der Sinn, der auf diese Weise malen und zusammen setzen soll, vom feinsten Geschmack, vom zartesten Gefühl für das Romantische der Natur geleitet werden muß, ja, weil jede Lage, jede Umgebung einen eigenthümlichen Garten dieser Art erfordert, und jeder also nur einmal existieren kann, so konnte es nicht fehlen, daß man, von jenem ächten Natursinn verlassen, in Verwirrung gerieth, und bald Gärten entstanden, die nicht weniger widerlich, als jene holländischen waren. Bald genügten die Effekte der Natur und der sinnigen Bäume und Pflanzen nicht mehr, dem bizarren Streben waren diese Wirkungen zu gelinde, man baute Felsenmassen, Labyrinthe, hängende Brücken, chinesische Türmchen auf steilen Abhängen, gothische Burgen, Ruinen aller Art, und so waren diese verworrenen Räume am Ende mehr auf ein unangenehmes Erschrecken, oder unbehagliche Ängstlichkeit, als für einen stillen Genuß eingerichtet.

Und dabei doch alles kleinlich, fiel Manfred ein, nicht phantastisch, sondern nur arm sind diese Tempel der Nacht und der Sonne, mit ihren bunten affektirten Lichtern, und kommen nicht einmal unsern gewöhnlichsten Theater-Effekten gleich.

Für das Erschrecken reizbarer oder träumerischer

Menschen ist oft hinlänglich gesorgt, sagte Anton, wenn unvermuthet ein Bergmann aus einem Schacht neben dem Wege heraus zu steigen scheint, oder im einsamen Dickicht eine andre widrige Puppe als Eremit vor einem Crucifixe kniet. Selbst Schädel und Beingerippe müssen dem Wandelnden zum Ergötzen dienen.

Ohne weiteren Schreck, sagte Willibald, erregen schon die krummen, ewig sich verwickelnden Wege Angst genug. Man sieht Menschen in der Ferne und vermuthet einen Freund unter diesen; aber wie in aller Welt soll man es anstellen, sich ihnen zu nähern? Man nimmt die Richtung nach jenem Punkt, allein der Weg läßt sich nicht so gehn, wie du möchtest, bald bist du hinter deinem vorigen Standpunkte zurück, und so ist es auch wahrscheinlich jenem drüben ergangen; tagelang rennt man sich aus dem Wege, wenn man sich nicht in einer albernen Moschee, oder otahitischen Hütte, in die man gegen den Regen unterduckt, ganz unvermuthet findet.

Eben so wenig, fuhr Theodor fort, kannst du aber dem ausweichen, dem du nicht begegnen willst, und das ist oft noch schlimmer. Nichts alberneres, als zwei Menschen, die sich nicht leiden mögen, und die sich plötzlich in gezwungener Einsamkeit in einer dunkeln Grotte eng nebeneinander befinden, da brummt man was von schöner Natur und rennt aus einander, als müßte man die nächste Schönheit noch eilig ertappen, die sich sonst vielleicht auf flüchtigen Füßen davon machen möchte; und, siehe da, indem du dich bald nachher eine enge Felsentreppe hinauf quälst, kommt dir wieder die fatale Personage von oben herunter entgegen gestiegen, man muß sich sogar beim Vorbeidrängen körperlich berühren, eine nothgedrungene

Freundlichkeit anlegen, und der lieben Humanität wegen recht entzückt sein über das herrlich romantische Wesen, um nur der leidigen Versuchung auszuweichen, jenen in den zauber- aber nicht wasserreichen Wasserfall hinab zu stoßen. Die Entdeckung und Anpflanzung der lombardischen Pappel, die weder Gestalt noch Farbe hat, ist den Verfertigern der schönen Natur sehr zu statten gekommen, ihrem Wirrwarr recht eilig auf die Beine helfen zu können. Das Zeug wächst fast zusehends, und nun haben unsre guten alten einheimischen Bäume das Nachsehn.

Diese Pappeln sind mir in geraden und krummen Gängen gleich widerwärtig. Wie schön sind unsre alten Linden, die vormals so manche Landstraße zierten, wie erfreulich die ehrwürdigen Nußbäume der Bergstraße, und wie melankolisch sind die Pappelgassen, die sich um Carlsruh nach allen Seiten in das Land so finster hinaus strecken.

In gebirgigen Gegenden, sagte Friedrich, scheint mir ein Garten, wie dieser hier, nicht nur der angemessenste, sondern auch ohne Frage der schönste, denn nur in diesem kann man sich von den erhabenen Reizen und großen Eindrücken erholen, die die mächtigen Berge beim Durchwandeln in uns erregen. Jedes Bestreben, hier etwas Romantisches erschaffen, und Baum und Waldgegenden malen zu wollen, würde jenen Wäldern und Felsenschluften, den wundersamen Thälern, der majestätischen Einsamkeit gegenüber nur albern erscheinen. So aber liegt dieser Garten in stiller Demuth zu den Füßen jener Riesen, mit ihren Wäldern und Wasserbächen, und spielt mit seinen Blumen, Laubengängen und Brunnen wie ein Kind in einfältigen Phantasien. Dagegen ist mir in einer der traurigsten Gegenden Deutschlands ein Garten bekannt, der allen romantischen Zauber auf die sinnigste Weise in sich vereinigt, weil er, nicht um Effekt zu machen, sondern um die innerlichen Bildungen eines schönen Gemüthes in Pflanzen und Bäumen äußerlich zu erschaffen vollendet wurde; in jener Gegend, wo der edle Herausgeber der Arethusa nach alter Weise im Kreise seiner liebenswürdigen Familie lebt; dieser grüne, herrliche Raum schmückt wahrhaft die dortige Erde, von ihm umfangen, vergißt man das unfreundliche Land, und wähnt in lieblichen Thälern und göttergeweihten Hainen des Alterthums zu wandeln; in jedem Freunde der Natur, der diese lieblichen Schatten besucht, müssen sich dieselben heitern Gefühle erregen, mit denen der sinnvolle Pflanzer die anmuthigste Landschaft hier mit dem Schmuck der schönsten Bäume dichtete, die auf sanften Hügeln und in stillen Gründen mannichfaltig wechselt, und durch rührende Reize den Sinn des Gebildeten beruhigt und befriedigt. Denn ein wahres und vollkommenes Gedicht muß ein solcher Garten sein, ein schönes Individuum, das aus dem eigensten Gemüthe entsprungen ist, sonst wird ihm der Vorwurf jener oben gerügten Verwirrung und Unerfreulichkeit gewiß nicht entstehn können.

E. T. A. Hoffmann

Das steinerne Herz (1817)

Du eilst jetzt nach dem Garten, er ist nach altfranzösischer Art mit langen, breiten, von hohen Taxuswänden umschlossenen Gängen, mit geräumigen Bosketts angelegt, und mit Statuen, mit Fontänen geschmückt. Ich weiß nicht, ob du, geliebter Leser, nicht auch den ernsten feierlichen Eindruck, den solch ein altfranzösischer Garten macht, mit mir fühlst, und ob du solch ein Gartenkunstwerk nicht der albernen Kleinigkeitskrämerei vorziehst, die in unsern sogenannten englischen Gärten mit Brückchen und Flüßlein, und Tempelchen und Gröttchen getrieben wird. Am Ende des Gartens trittst du in einen finstern Hain von Trauerweiden, Hängebirken und Weymouthskiefern. Der Gärtner sagt dir, daß dies Wäldchen, wie man es von der Höhe des Hauses hinabschauend, deutlich wahrnehmen kann, die Form eines Herzens hat. Mitten darin ist ein Pavillon von dunklem schlesischen Marmor in der Form eines Herzens erbaut. Du trittst hinein, der Boden ist mit weißen Marmorplatten ausgelegt, in der Mitte erblickst du ein Herz in gewöhnlicher Größe. Es ist ein dunkelroter in den weißen Marmor eingefugter Stein. Du bückst dich herab und entdeckst die in den Stein eingegrabenen Worte: »Es ruht«.

LUDWIG TIECK

Vittoria Accorombona (1839)

Jetzt verließen sie das Haus und betraten den schönen, künstlichen Garten. Vittoria ging schweigend an der Seite der Mutter, auch der heitre Don Cesare war ernst geworden, und der Fremde war ganz der Betrachtung und Bewunderung der vielfachen Anlagen, dem Wechsel der Gebüsche, der Majestät der Bäume, der Pinien und Zypressen, dem schimmernden Glanz der vielfachen Blumenbeete hingegeben. Am meisten entzückten ihn aber die mannigfaltigen Wasserkünste, die in sinnreichen und versteckten Erfindungen bald in kleinen Erzfiguren den Gesang der Vögel nachahmten, bald aus menschlichen Gestalten die Töne der Laute und vielfachen Gesang bildeten; so

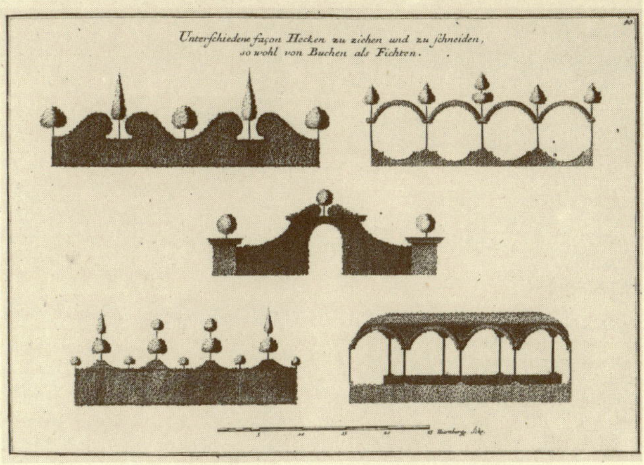

wechselten Sirenen und Wassertiere in seltsamen Gruppen, so spielten die Nereiden und Pan und Schäfer die Wasserorgeln, die Syrinx und Flöten und Pfeifen, dort klang die ländliche Schalmei, und ferner ab rieselte das Element, welches erst zur künstlichen Musik abgerichtet war, als klarer Bach in seinen Naturtönen dahin.

Als der Fremde in den Ausdrücken seines Lobes immer enthusiastischer wurde, konnte Vittoria nicht länger schweigen, sondern ließ sich, beinah zürnend, in diesen Worten aus: »Ich weiß es wohl, daß alle Welt diesen Garten und diese tönenden Kunststücke bewundert. Ärgert Euch nicht an mir, teurer Mann, wenn ich Euch gestehe, daß ich immer nur ohne Freude diesen Plan betreten habe, da es mir schien, als wenn Kunst und Natur hier gleich sehr verletzt würden. Die wahre echte Kunst ist hier in eine Künstlichkeit, in eine Seltsamkeit hineingeschraubt, die wohl Erstaunen und Verwunderung, nicht aber wahre Freude erregen kann. Die Natur ist gewissermaßen vernichtet, denn sie muß hier in den sklavischen Dienst von gezierten Spielereien treten, die nicht einmal eine Täuschung hervorbringen können und die ermüden, wenn man den ersten Genuß der Neugier und Verwunderung hinter sich hat. Wie anders wirkt ein gutes Gemälde, ein Werk des Bildhauers, Palestrinas Musik, eine freie Landschaft, dort der himmlische Wasserfall. Ist es nicht hier, als wenn man die Träume eines Fieberkranken wirklichmachen und etwas erreichen wollte, was über unser menschliches Vermögen hinausreicht? Jedesmal aber, wenn der Mensch einen solchen Versuch eitlen Hochmuts unternimmt, sinkt er unter sich selbst hinab.«

»Ei! Ei! mein schönes Fräulein«, rief der Fremde, sie verwundert ansehend; »wie erklingen in so zarter Silberstimme aus so reizendem Munde diese herben, verdammenden Worte? Hat Euch niemals eine Sestine oder eine recht künstliche Kanzone begeistert? Wie haben unsre Natursprache, den Laut, der immer so gern wieder in das Bäurische zurückfällt, unsere Petrarca, Bembo, Molza, Bernard Tasso und so manche andere erzogen! Und diese mechanischen Erfindungen, die an sich selbst nur Staunen und ein leichtes Ergötzen erregen könnten, sollten vom Genius nicht in seinen Dienst genommen werden, um auch diese Dinge, die auf Linien, mathematischen Grundsätzen und arithmetischen Zahlenverhältnissen ruhen, in die höchste poetische Freiheit der Phantasie einzuführen? Wenn Euch dort die Natur und der erhabene Wasserfall mit Recht begeistert und für Momente Eure ganze Seele ausfüllt, so ist hier dieselbe Natur in ihrer lieblichen Erscheinung nur in eine Regel gebunden, um sie wieder auf andre Weise in die höchste poetische Freiheit hineinzuführen. Diese geraden Baumgänge, diese abgeteilten und abgezirkelten Blumenbeete sind ja nur wie die Stanzen oder Terzinen eines lieblichen Gedichts, wo das Wort der gewöhnlichen Rede auch mit wahrer kindlicher Freude, mit Übermut, in die Regel hineinspringt, um sich selber süß und edler zu vernehmen. Und diese Wasser, Bildsäulen, Vögel, Scherz und Ernst, Schauer und sanfte Wollust in diesen krausen Gebüschen, zwischen Myrten und Lorbeer und den finstern Zypressen, die ausgebreitete Pinie dort, das Rieseln, Flüstern in den Wipfeln, mit Duft und Echo gemischt, diese fast menschlichen Töne, der Vogelgesang, dort das Gebirge, über uns des Himmels lichte Bläue, das süße Spiel der Lichter, der dunkelnde Schatten – braucht der Mensch in diesem Traum der Wollust noch jenen Jupiter um seine Göttersäle zu beneiden?«

Joseph von Eichendorff

Erlebtes (1857)

Die Gartenkunst aber, wie alle Künste untereinander, hängt mit den wechselnden Phasen namentlich der eben herrschenden *poetischen* Literatur jederzeit wesentlich zusammen.

Es ist leider hinreichend bekannt, daß wir einst das große poetische Pensum, das uns der Himmel aufgegeben, ungeschickterweise vergessen hatten und daher zu gerechter Strafe lange Zeit in der französischen Schule nachsitzen mußten, wo die Muse, sie mochte nun mutwillig oder tragisch sein, nur in Schnürleib und Reifrock erscheinen durfte. Und der abgemessenen Architektonik dieser Schule entspricht denn auch zunächst der feierliche Kurialstil unserer damaligen geradlinigen Ziergärten:

Es glänzt der Tulpenflor, durchschnitten von Alleen,
Wo zwischen Taxus still die weißen Statuen stehen,
Mit goldnen Kugeln spielt die Wasserkunst im
Becken,
Im Laube lauert Sphinx, anmutig zu erschrecken.

Die schöne Chloe da spazieret in dem Garten,
Zur Seit' ein Kavalier, ihr höflich aufzuwarten,
Und hinter ihnen leis Cupido kommt gezogen,
Bald duckend sich im Grün, bald zielend mit dem
Bogen.

Es neigt der Kavalier sich in galantem Kosen,
Mit ihrem Fächer schlägt sie manchmal nach dem
Losen,
Es rauscht der taftne Rock, es blitzen seine
Schnallen,
Dazwischen hört man oft ein art'ges Lachen
schallen.

Jetzt aber hebt vom Schloß, da sich's im West will
röten,
Die Spieluhr schmachtend an, ein Menuett zu flöten.
Die Laube ist so still, er wirft sein Tuch zur Erde
Und stürzet auf ein Knie mit zärtlicher Gebärde.

Wie wird mir, ach, ach, ach, es fängt schon an zu
dunkeln –«
»So angenehmer nur seh ich zwei Sterne funkeln –«
»Verwegner Kavalier!« – »Ha, Chloe, darf ich hof-
fen?« –
Da schießt Cupido los und hat sie gut getroffen.

So ungefähr sind uns diese, ganz bezeichnend *französisch* benannten Lust- und Ziergärten jederzeit vorgekommen. Wir konnten uns dieselben niemals ohne solche Staffage, diese Chloes und galanten Kavaliere nicht ohne solchen Garten denken; und insofern hatten diese Paradegärten allerdings ihre vollkommene Berechtigung: sie sollten eben nur eine Fortsetzung und Erweiterung des Konversationssalons vorstellen. Daher mußte die zudringlich störende Natur durch hohe Laubwände und Bogengänge in einer gewissen ehrerbietigen Form gehalten werden, daher mußten Götterbilder in Allongeperücken überall an den Salon und die französierte Antike erinnern; und es ist nicht zu leugnen, daß in dieser exklusiven Einsamkeit, wo anstatt der gemeinen Waldvögel nur der Pfau courfähig war, die einzigen Naturlaute: die Tag und Nacht einförmig fortrauschenden Wasserkünste, einen um so gewaltigeren, fast tragischen Eindruck machten. Allein solche wesentlich architektonische Effekte sind immer nur durch große, würdige Dimensionen erreichbar, wozu es bei den deutschen Landschlössern gewöhnlich an Raum und Mitteln fehlte. Überdies war das Ganze im Grunde nichts weniger als national, sondern nur eine Nachahmung der Versailler Gartenpracht; jede Nachahmung aber, weil sie denn doch immer etwas Neues und Apartes aufweisen will, gerät unfehlbar in das Übertreiben und Überbieten des Vorbildes. Und so erblicken wir denn auch hier, besonders von Holland her, sehr bald und nicht ohne Entsetzen die Mosaikbeete von bunten Scherben, die Pyramiden und abgeschmackten Tiergestalten von Buchsbaum, die vielen schlechten, zum Teil hölzernen Götterbilder, mit einem Wort: die Karikatur; und auf diesen Plätzen promenierte der alte Gottsched als Prinz Rokoko mit seinem Gefolge.

Aber dem feierlichen Professor trat fast schon auf die Ferse die bekannte literarische Rebellion gegen das französische Regime, zum Teil durch Franzosen selbst. Rousseau, Diderot, Lessing, jeder in seiner Art, vindizierten der Natur wieder ihr angeborenes Recht. Da brach auf einmal auch das Prachtgerüste jener alten Gärten zusammen, die lang abgesperrte Wildnis kletterte hurtig von allen Seiten über die Buchswände und Scherbenbeete herein, die Natur selbst war ihnen noch nicht natürlich genug, man wollte womöglich bis in den Urwald zurück, und ein wüstes Gehölz mit wenigen Blumen und vielen ärgerlichen Schlangenpfaden, auf denen man nicht vom Fleck und zum Ziele gelangen konnte, mußte den neuen Park bedeuten. Dazu kam noch die in Deutschland unsterbliche Sentimentalität, in beständigem Handgemenge mit dem Terrorismus einer groben Vaterländerei, Lafontaine und Iffland gegen Spieß und Cramer, und über alle hinweg schritt der stolze, kein Vaterland anerkennende Kosmopolitismus. Und sofort finden wir denn dieselbe Anarchie auch in dem neuen Garten wieder: idyllische Hütten und Tränenurnen für imaginäre Tote neben schauerlichen Burgruinen, Heiligenkapellen neben japanischen Tempeln und chinesischen Kiosks; und damit in der totalen Konfusion doch jeder wisse, wie und was er eigentlich zu empfinden habe, wurden an den Bäumen als gefühlvolle Wegweiser Tafeln mit Sprüchen und sogenannten schönen Stellen aus Dichtern und Philosophen ausgehängt. – Jeder wahre Garten aber, sagt Tieck irgendwo ganz richtig, ist von seiner eigentümlichen Lage und Umgebung bedingt, er muß ein schönes *Individuum* sein und kann also nur einmal existieren.

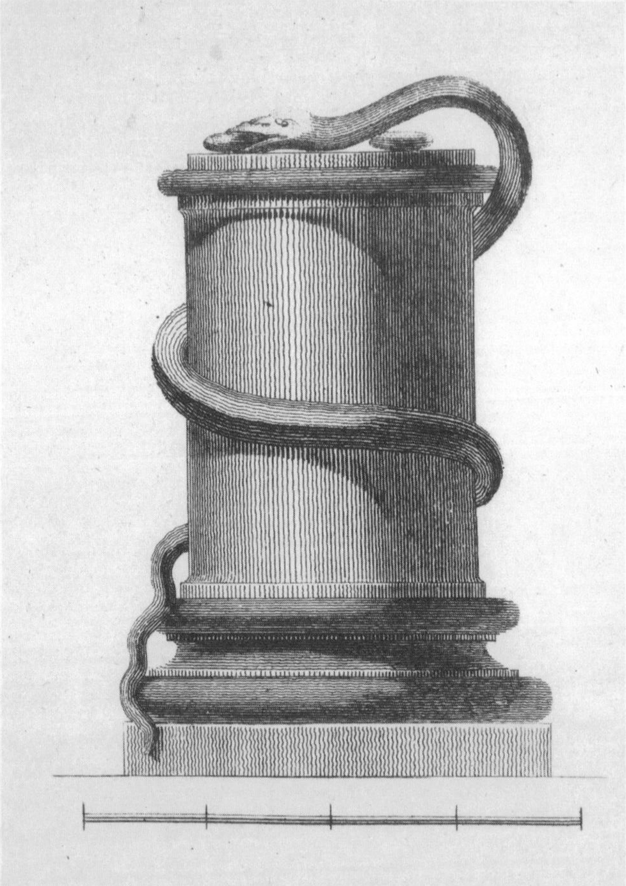

II.
»Bewege durch den Garten stark die Einbildungskraft und Empfindung . . .«

Schilderungen von englischen Garten- und Parkanlagen

C. C. L. Hirschfeld/Jean Jacques Rousseau

Die neue Heloïse (1760/1779)

»Mit Entzücken durchlief ich diesen Baumgarten, und sah ich gleich keine ausländischen Gewächse, keine indischen Pflanzen, so fand ich doch die einheimischen so geordnet und vereinigt, daß sie eine bessere und angenehmere Wirkung thaten. Der grünende, dichte, aber kurze Rasen war mit Quendel, Thymian, Krausemünze, Majoran und andern wohlriechenden Kräutern vermischt. Man sah darunter tausend Feldblumen schimmern, unter welchen das Auge mit Verwunderung Gartenblumen entdeckte, die mit den andern natürlich zu wachsen schienen. Von Zeit zu Zeit fand ich dunkle Gebüsche, gleich dem dichtesten Walde den Sonnenstralen undurchdringlich. Sie bestanden aus Bäumen von dem geschmeidigsten Holze; man hatte die Zweige bis zur Erde niedergebogen und durch eine Kunst Wurzel fassen lassen, die dem natürlichen Wachsthum der Manglebäume in America ähnlich war. An den offenen Orten sah ich hier und da, ohne Ordnung und Symmetrie, Gesträuche von Rosen, Himbeeren, Johannisbeeren, spanischem Flieder, Haselsträuchen, Hollunder, Pfriemenkraut, Kleeblatt, welche die Erde schmückten und ihr das Ansehen gaben, als läge sie brach. Ich folgte unregelmäßig geschlungenen Lustgängen, die mit diesen blühenden Büschen besetzt und mit tausend Kränzen von Hopfen, weißer Winde, Waldreben und andern Pflanzen dieser Art bedeckt waren, mit welchen sich auch Geisblatt und Jesmin zu vermengen sich herabließen. Diese Kränze schienen nachläßig von einem Baum auf den andern hingeworfen, wie ich ehedem in den Gehölzen bemerkt hatte, und bildeten über uns eine Art von Decke, die uns vor der Sonne beschützte, da wir unterdessen unter unsern Füßen einen angenehmen, trockenen, bequemen Gang auf feinem Moos ohne Sand, Gras und rauhen Reisern hatten. Nur hier entdeckte ich erst nicht ohne Verwunderung, daß diese grünen, dichten Gebüsche, die mir in der Ferne groß geschienen hatten, blos aus solchen kriechenden, umschlingenden Pflanzen bestanden, die an den Bäumen hinangewunden waren, und ihre Gipfel mit dem dichtesten Laube umgaben, ihre Stämme aber beschatteten und erfrischten. Alle diese kleinen Spaziergänge waren von einem lautern, hellen Gewässer umgeben und durchschnitten, das sich bald in fast unmerklichen Canälen durch das Gras und die Blumen verlor, bald in breitern Bächen über reinen gesprenkelten Kies floß, der es noch glänzender machte. Man sah Quellen aus der Erde entspringen und aufwallen; zuweilen aber auch tiefere Canäle, wo das stille, sanftfließende Wasser dem Auge die Gegenstände zurückwarf. »Woher«, sagte ich zu Julien, »kömmt jenes Wasser, das ich auf allen Seiten sehe?« »Dorther«, antwortete sie, und zeigte nach der Gegend, wo die Terrasse in ihrem Garten war. »Es ist der nämliche Strom, der im Blumengarten mit großen Kosten eine Wasserkunst bildet, um die sich niemand mehr bekümmert. Aus Ehrerbietung für meinen Vater, der sie angelegt hat, will Herr von Wolmar sie nicht eingehen lassen; mit welchem Vergnügen aber sehen wir täglich im Baumgarten dieses Wasser fließen, dem wir im Garten nicht zu nahe kommen! Die Wasserkunst springt für die Fremden;

der Bach hier fließt für uns.« – Hier sah ich, daß man bedacht gewesen, das Wasser durch gehörige Vertheilung und Wiedervereinigung nach den Regeln der Sparsamkeit sich schlängeln zu lassen, daß man den Abhang des Bodens, so viel möglich, verschont hatte, um seinen Umlauf zu verlängern und sich das Murmeln einiger kleinen Wasserfälle zu verschaffen. Eine Schicht von Thon, einen Zoll hoch mit Kies aus dem See bestreut, und mit Muschelwerke durchsäet, machte das Bette dieser Bäche aus. Eben diese schossen zuweilen unter einigen breiten, mit Erdreich und Rasen bedeckten Ziegeln hinweg, und bildeten bey ihrem Ausgange eben so viele künstliche Quellen. An unebenen Orten wurden dünne Canäle durch Heber in die Höhe getrieben, und fielen sprudelnd nieder. Das so genetzte und erfrischte Erdreich trieb stets neue Blumen hervor, und erhielt ohne Unterlaß das Gras grünend und schön. – Alles ist grün, frisch, lebhaft, und die Hand des Gärtners zeigt sich nirgends. Man läßt an allen bearbeiteten Orten Gras säen, und bald verdeckt es durch sein Wachsthum die Spuren der Bearbeitung. Dürre und kahle Plätze läßt man im Winter mit Dünger bedecken; dieser zehrt das Moos hinweg, belebt von neuem Gras und Pflanzen; die Bäume selbst befinden sich dabey nicht schlechter, und im Sommer ist nichts mehr zu sehen. Diese beyden Seiten waren mit Mauern eingeschlossen; die Wände aber sind überkleidet worden, nicht durch Spaliere, sondern durch dichte Sträucher, welche machen, daß man die Gränzen des Orts für den Anfang eines Gebüsches ansieht. Um die beyden andern Seiten ziehen sich starke, lebendige Hekken, mit Ahorn, Weißdorn, Stechpalmen, Reinweide und andern vermischten Gesträuchen stark besetzt, die ihnen das Ansehen von Hecken benehmen und die Gestalt eines jungen gehauenen Gehölzes geben. Man sieht nichts gekünstelt, nichts nach der Schnur gezogen; niemals kam die Schnur an diesen Ort; die Natur pflanzt nichts nach der Schnur. Die Krümmungen mit ihrer versteckten Unregelmäßigkeit sind mit Kunst angebracht, um den Spaziergang zu verlängern, das Ufer der Insel zu verbergen, ihren scheinbaren Umfang zu erweitern, ohne daß man jedoch unbequeme und allzuhäufige Umwege nehmen müßte.«

Johann Wolfgang Goethe

Die Leiden des jungen Werthers (1774)

am 10. Sept.

Albert hatte mir versprochen, gleich nach dem Nachtessen mit Lotten im Garten zu seyn. Ich stand auf der Terasse unter den hohen Castanienbäumen, und sah der Sonne nach, die mir nun zum letztenmal über dem lieblichen Thale, über dem sanften Flusse untergieng. So oft hatte ich hier gestanden mit ihr, und eben dem herrlichen Schauspiele zugesehen und nun – Ich gieng in der Allee auf und ab, die mir so lieb war, ein geheimer sympathetischer Zug hatte mich hier so oft gehalten, eh ich noch Lotten kannte, und wie freuten wir uns, als im Anfange unserer Bekanntschaft wir die wechselseitige Neigung zu dem Pläzgen entdekten, das wahrhaftig eins der romantischten ist, die ich von der Kunst habe hervorgebracht gesehen.
Erst hast du zwischen den Castanienbäumen die weite Aussicht – Ach ich erinnere mich, ich habe dir, denk ich, schon viel geschrieben davon, wie hohe Buchenwände einen endlich einschliessen und durch ein daran stoßendes Bosquet die Allee immer düstrer wird, bis zuletzt alles sich in ein geschlossenes Pläzgen endigt, das alle Schauer der Einsamkeit umschweben. Ich fühl es noch wie heimlich mir's ward, als ich zum erstenmal an einem hohen Mittage hinein trat, ich ahndete ganz leise, was das noch für ein Schauplaz werden sollte von Seligkeit und Schmerz.

JOHANN MARTIN MILLER

Siegwart, Eine Klostergeschichte (1776)

Nach dem Abendgebeth gieng man in den Garten, wo die Levkoje und die Nachtviole mit der Apfelblüthe süsser düftete. Viele Gänge zwischen hohen Hecken durchkreuzten sich. Von der Mitte des Gartens plätscherte das Wasser des Springbrunnens lieblich. Von hier konnte man alle Gänge übersehen, in die sich die Väter, je Paar und Paar, vertheilt hatten. Die sich gleich geschaffen waren, schlossen ihre Herzen vor einander auf, entdeckten sich ihre Gedanken, sahen zum gestirnten Himmel, sprachen vom Grabe, von der Trennung, vom Wiedersehen, und der Ewigkeit. Andere, die die Freundschaft in der Jugend schon vereinigt hatte, sprachen von den Tagen ihrer Kindheit, von ihren Freuden oder Leiden, von den Freunden, welche sie verlassen hatten, ob sie wol noch lebten, oder sie im Himmel schon erwarteten?...

In anderen Gängen schlichen weniger edelgesinnte Männer, die der Neid gegen andere, oder das Misvergnügen über ihre Vorgesetzten vereinigt hatte, und die sich mit den Fehlern oder Schwachheiten ihrer Mitbrüder beschäftigten, und boshafte Kränkungen für sie aussannen – Weg von diesen Unedlen, deren es leider in dem Kloster, das ein Sitz der Unschuld seyn sollte, nur zu viele gibt!

Aber last uns die bedauren, die einsam, ohne Gefährten in den dunkelsten und engsten Gängen wandelten, um ihre Seufzer dem Ohr ihrer Brüder zu entziehen;

die zu lebhaften Seelen, die, aus Ueberdruß der Welt, in der nur Unglück sie verfolgte, sich in einer Stunde des Unwillens und der aufgebrachten Leidenschaften entschlossen, ihr auf ewig zu entsagen, und ein Gelübde zu beschwören, welches sie nachher so oft bereut hatten... In einem solchen Taumel, der sie ehedem ins Kloster getrieben hatte, schwamm jetzt unser junger Siegwart, der den langen Gang hinab mit seinem Vater und dem guten Pater Anton, dem kleinen dunkeln Tannenwäldchen zugieng, das den Klostergarten begränzte. Die beyden Freunde giengen Hand in Hand, und vertieften sich in vertrauliche Gespräche, wozu sie die schweigende Frühlingsnacht einlud. Lauschend gieng der junge Siegwart neben her. Sie kamen nun ans Tannenwäldchen, dessen Wipfel in der Abendluft sanft säuselten; hinten, wo der Wald am dunkelsten war, setzten sie sich in die kühle Grotte, neben der ein kleiner Bach vorbeyrieselte.

Hier sitz ich nun, sagte Pater Anton, seit vierzig Jahren jeden schönen Frühlings- oder Sommerabend, und überdenke da mein Tagwerk und die Führungen des Himmels. Oft, mein guter Siegwart, denk ich auch an dich, und die Tage, die wir in der Welt zusammen lebten. Ach, wie ist mein Herz seitdem so ruhig geworden!

Johann Heinrich Jung-Stilling

Lebensgeschichte. Heinrich Stillings häusliches Leben (1777)

Nahe bey dieser Tante wohnte ein Kaufmann, Namens Schmerz, ein Mann von vielem Geschmack und Kenntnissen. Dieser hatte Stillings Geschichte gelesen, er war ihm also merkwürdig; daher lud er ihn einstmals an einem Abend, nebst seiner Braut und der Tante, in seinen schönen und vielen Kennern wohlbekannten Garten ein. Dieser liegt an der Nordwestseite der Stadt, ein Theil des alten Stadtgrabens ist dazu benutzt worden. Wenn man nordwärts zum Linger-Thor hinausgeht, so trift man alsofort eine Thür an, so wie man hineintritt, kommt man in ein Buschwerk; linker Hand hinauf hat man einen erhabenen Hügel, und rechts etwas tiefer einen Rosenplatz mit einer Bauernhütte. Dann wandelt man einen ebenen Fußsteig zwischen den Büschen allmälig hinab ins Thal, und nun stößt man auf einen Pumpbrunnen, bey welchem sich ein Ruhesitz in einer Laube befindet. Auf einer Tafel, die hier aufgehangen ist, steht folgender Reim, vom seeligen Herrn Superintendenten Göz zu Winterberg, eingegraben:

Immer rinnet diese Quelle,
Niemals plaudert ihre Welle;
Komm, Wandrer, hier zu ruhn,
Und lern an dieser Quelle
Stillschweigend Gutes thun.

Dann kehrt man sich nordwärts queer über in der Mitte des Thals, wandelt dann zwischen Blumen und Ge-

müßbeeten etwas durch dasselbe fort, und nun führt der Weg ganz nordwärts an eine steile Felsenwand, in welche eine zierliche Kammer eingehauen ist, und deren Wände mit allerhand Gemählden überzogen sind, hier steht ein Canapee mit Stühlen und einem Tisch.
Wenn man aus dieser Felsenkluft wieder heraustrit, so kommt man nun in einen langen geraden Gang, der durch größere Bäume und Gesträuche fortführt, sich gegen Südwesten richtet, und oben auf einen Quergang mit Rosensitzen stößt, hinter diesen Sitzen steigt ein Wald von italienischen Pappeln ungemein reitzend in die Höhe, der sich oben an die alte Stadtmauer und an ein Gebäude anschließt; unten in diesem Wald, nahe hinter der Rasenbanke, kuckt eine schöne aus einem grauen Sandstein gehauene Urne aus dem Gebüsche hervor.
Diese Urne sieht man, sobald man aus der Felsenkammer herab, in den großen Gang eintrit; auf dem Wege durch diesen Gang trift man linker Hand, gegen den Hügel zu, ein Grabmal mit Ruhesitzen und Inschriften an, rechter Hand aber führt ein kleiner Fußpfad zu des Diogenes Faß, welches groß genug ist, um darinnen allerhand Betrachtungen anzustellen; von hier führt ein steiler Fußpfad westwärts hinauf, zu einer verdorrten hohlen Eiche, in welcher ein Einsiedler in Lebensgröße mit einem langen Bart an einem Tischgen sitzt, und dem, der die Thür öfnet, ein Compliment macht.
Dann führt der Pfad linker Hand, oberhalb dem Pappelwald, zwischen diesem und der Stadtmauer herum, auf dem südlichen, allenthalben an seinen Abhängen, mit Gebüschen verwachsenen Hügel; auf demselben befinden sich nun Gartenbeete, Nebengeländer in dunkle gewölbte Gänge gebildet; eine Eremitage, eine Schaukel, Bänke und Stühle von mancherley Art u. d. g. Dann

stehen zwo von Erde und Rasen hoch aufgeführte Pyramiden da, deren jede oben eine Altane hat, zu welchen man auf einer Treppe hinaufsteigt, hier ist nun die Aussicht über die Stadt, das Nohthal und die vorbeyströmende Noh überirrdisch; damals schritt ein erschrecklich langbeinnigter zahmer Storch um den Fuß dieser Pyramiden herum.

In diesem reizenden Aufenthalt hatte Schmerz, wie oben gemeldet, Stilling, Selma und die Tante auf einem Abend eingeladen. Nachdem sie nun genug herum gewandelt, alles besehen hatten, und es nun ganz dunkel geworden war, so führte man sie in die Felsenkluft, wo sie mit Erfrischungen bedient wurden, bis es völlig Nacht war; endlich trat Schmerz herein und sagte: Freunde! kommen Sie doch einmal in den Garten, um zu sehen, wie die Nacht alles verschönert! Alle folgten ihm, Stilling ging voran, zu seiner linken Schmerz und zur rechten Selma, die andern folgten nach. So wie sie in den langen Gang eintraten, überraschte sie ein Anblick bis zum höchsten Erstaunen; die Urne oben im Pappelwäldgen, war mit vielen Lampchen erleuchtet, so daß der ganze Wald, wie grünes Gold, schimmerte.

Der Schmerz hatte Stillingen seine Urne erleuchtet, und neben ihm wandelte nun seine Salome* die Verkündigerin eines zukünftigen hohen Friedens!!!

Schöner! schöner, rührender Gedanke!

Als nun alle ihre frohe Verwunderungs-Ausrüfe geendigt hatten, so begann hinter der Urne aus dem Dunkeln des Waldes her, mit unvergleichlich reinen blasenden Instrumenten eine rührende Musik, und zwar die vortrefliche Arie aus Zemire und Azor, welche hinter dem Spiegel gesungen wird; zugleich war der Him-

* Salome = Friede-Friedenreich

mel mit Gewitterwolken überzogen, und es donnerte und blitzte darzwischen. Stilling schluchzte und weinte, die Scene war für seine Seele und für sein Herz zu gewaltig, er küßte und umarmte bald Schmerzen, bald seine Selma, und floß für Empfindung über.

Jetzt entdeckte er wieder etwas neues an seiner Braut, sie fühlte das alles auch, war auch gerührt; aber sie blieb ganz ruhig, ihre Empfindung war kein herabstürzender Felsenstrom, sondern ein ruhig fortrieselnder Bach im Wiesenthal.

Friedrich Heinrich Jacobi

Woldemar (1779)

Es war mir nicht eingefallen, daß wir Vollmond hatten. Ganz hinten, bey den Eichen, sah ich ihn unversehens in die Castanienbäume scheinen. Er zog heran – wie mit später Dämmerung feyerlich die Stille heranzieht; – lächelte zwischen dem dunkeln Laube; gleich einem Freunde, der sich zur Ueberraschung herbeyschleicht, bebend von den Schlägen seines Herzens, das die Freude nicht halten kann... Ich regte mich nicht, mochte kaum aufschauen, als wär' es so in der That und ich fürchtete ihm die Freude zu verderben. Da kam er endlich über den Gipfel der Eichen und trat vor mich hin, und ich flog auf. Lieber, es war ein Becher voll Himmelslust! – Ich gieng, und wandelte auf und ab in meinen Alleen von Oranienbäumen, unter den Linden, und in der langen Buchenhalle ganz durchglinzert vom Mond. Es war eine Nachtstille – ein Schweigen um mich, wie das Schweigen unaussprechlicher Liebe. So gieng ich, bis der Mond in den Teich schien, und ich nicht weg konnte unter der Ulm' am Canal. Ich saß, umfangen von ihren prächtigen Aesten, um mich gewebet ihr Laub – wie jene Wolken um den Mond. – Man hörte nichts als den Gesang der Grillen, das Rieseln durch den Teich, und dann und wann die Bewegung eines Fisches. – Hell und heller wurde das Wasser – und ich schwebte wie in der Mitte der Schöpfung, aufgelöst, und an mich ziehend aus dem feinsten Aether eine neue Bildung.

Johann Carl Wezel

Herrmann und Ulrike (1780)

Er saß eben, als ihm die Gräfin ihren entsezten Liebling übergeben wollte, voll trüber unruhiger Empfindungen, im Garten in der Einsiedeley – einem düstern Tannenwäldchen, dessen schlanke Bäume so dicht an einander standen, daß ihre verschlungnen Wipfel fast nie einen Strahl Tageslicht durchließen. Mitten unter ihnen hatte man auf einem leeren Platze einen künstlichen Berg aufgeworfen und eine Höle hineingewölbt, deren Wände mit Moos überzogen waren und beständige Kühlung gewährten. Nicht weit davon machten zwey Mühlen ein angenehmes Getöse, und wenn man in der Höle saß, erblickte man durch die glatten Stämme der Tannen den blinkenden Wassersturz eines Wehrs, der wie ein ausgespanntes Tuch mit einem holen Brausen herniederschoß. Jedermann im ganzen Hause des Grafen, den geheimer Kummer, Vapeurs, Hypochondrie oder schlechte Verdauung quälte, flüchtete an diesen Schuzort der Melancholie, und Niemand, wenn seine Wunde nicht zu tief in der Seele saß, gieng leicht ungetröstet hinweg: die einförmige Musik des Wassers und die todtstille Finsterniß wiegten sehr bald in einen sanften Schlummer ein, der Herz und Nerven erquickte.

*

Noch hatten sie zwey Trauerfeste jährlich, die sie Beide allein unter sich in feyerlicher Stille begiengen: eins,

dem Andenken jener Nacht gewidmet, wo sie die Liebe betrog und so mannichfaltiges Weh über Ulriken ausgoß; das andre, dem Todestage ihres Kindes geweiht.
Das erste feyerten sie in einem kleinen Tannenbusche, der zu Herrmanns Bauergute gehörte: in diesem schmalen Streifen Wald, der vielleicht dreyßig oder vierzig Schritte in der Breite und etwas mehr in der Länge betrug, lag ein öder unfruchtbarer Sandhügel von jungen buschichten Kiefern umzäunt, und hohen dichten Tannen und Fichten umschlossen. Hier hatte Herrmanns und Ulrikens Schwärmerey ein Grabmal errichtet, das sie das Grab der Unschuld nannten: von Rasen bildeten sie die Gestalt eines Sargs, der mit der obersten Hälfte aus dem Hügel hervorragte: auf ihm stund eine kleine abgestuzte Piramide mit der Inschrift »Sie starb.« Der Rasen verdorrte in dem trocknen Sandhaufen, und das Ganze bekam dadurch für denjenigen, der den Sinn wußte, ein bedeutungsvolles Ansehn. Als zum erstenmale der August wiederkam, giengen sie Beide an dem unglücklichen Abend zu diesem Grabmale: ein jedes hieng an die Piramide einen verdorrten Weidenkranz, mit Flor durchflochten, und lange blieben sie in stummer Betrübniß einander gegenüber sitzen, auf den Rasensarg gestüzt. Ulrike erzählte mit Thränen ihren Kummer seit jenem Augenblicke, dessen Gedächtniß sie feyerten, und gegen Mitternacht giengen sie schweigend, in ernste Gedanken verloren, wieder von ihm hinweg.
Am zweiten Feste begaben sie sich zu dem Grabe des Kindes, dem es galt, und pflanzten ein Bäumchen darauf neben dem schwarzen Kreuze: der ganze kleine Raum, den es einnahm, war indessen grün geworden und mit gelben und weißen Blumen bewachsen: Ulrike pflückte sie alle, band einen Strauß aus ihnen und trug

sie an ihrer Brust, bis Blumen und Stengel in Staub zerfielen.

Jean Paul

Die unsichtbare Loge (1792)

Meine Stubenkameraden, unter denen ich nichts höre als Rappiere und Flüche, lachen mich über alles aus. Sogar dieses Blatt schreib' ich nicht unter ihnen, sondern unter freiem Himmel im stillen Lande* zu den Füßen und auf dem Fußgestell einer Blumengöttin, von welcher Arm und Blumenkorb abgebrochen sind.

* So hieß der englische Garten um Marienhof, den die Gemahlin des verstorbnen Fürsten mit einem romantischen, gefühlvollen, über Kunstregeln hinausreichenden Geiste angelegt. Der Kummer gab ihr den Namen und die Anlage des stillen Landes ein. Jetzt ist ihrer sterbenden Seele selbst dieses Land zu laut, und sie lebt verschlossen. Diejenigen Leser, die nicht da waren, will ich mir durch eine Beschreibung des Gartens verbinden…

Nach solchen Erweiterungen der Seele bietet eine Stube keine angemessenen Gegenstände an; sie suchten sie also unter dem Deckengemälde, von dem nicht ein gemalter, sondern ein lebendiger Himmel, nicht Farbenkörner, sondern brennende und verkohlte Welten niederhängen, und gingen hinaus ins stille Land, das keine halbe Stunde von Scheerau liegt. Ach, sie hättens nicht thun sollen, wenn sie ausgesöhnet bleiben wollten!

Willst du hier beschrieben sein, du stilles Land, über das meine Phantasie so hoch vom Boden und mit solchem Sehnen hinüber fliegt – oder du stille Seele, die du es noch in der deinigen bewachst und nur ein irdisches Bild davon auf die Erde geworfen hast? – Keines von beiden kann ich; aber den Weg will ich nachzeichnen, den unsre Freunde dadurch nahmen…

Unsere zwei Freunde sind weit von uns und schon im sogenannten langen Abendthal des Parks, durch welches aus der untergehenden Sonne ein schwebender Goldstrom fiel. Am westlichen sanft erhöhten Ende des Thales schienen die zerstreuten Bäume auf der zerrinnenden Sonne zu grünen; am östlichen sah man über die Fortsetzung des Parks hinüber bis ans glühende Schloß, auf dessen Scheiben sich die Sonne und das Abend-Feuerwerk verdoppelten….

Gustav und Amandus! hier versöhnet euch noch einmal – der rothe Sonnenrand steht schon auf dem Rande der Erde – das Wasser und das Leben rinnen fort und stocken unten im Grabe – nehmet euch an den Händen, wenn ihr auf das zerstörte Ruhestatt* hinüberschauet und auf seine stehende Kirche, das Bild der unglücklichen Tugend – oder wenn ihr auf die Blumeninseln blickt, wo jede Blume auf ihrem grünen Welttheilchen einsam zittert und ihr kein Verwandter entgegen schwankt als ihr gemalter Schatten im Wasser – drückt euch die Hände, wenn euere Augen fallen auf das Schattenreich, wo heute Licht und Schatten wie Leben und Schlafen neben einander und in einander zitternd flatterten, bis die schwarze Schattenfluth über allem, was an der Erde blinket, steht und den Tod nachspielt – und wenn ihr an des stummen Kabinets dreifachem Gitter Alphörner und Aeolsharfen lehnen sehet: so müssen euere Seelen die Harmonien im Einklang nachbeben…

* Diese wenigen Partien beschreib' ich nur kurz: Ruhestatt ist ein

abgebranntes Dorf mit stehender Kirche, die beide bleiben mußten, wie sie waren, nachdem die Fürstin den Einwohnern Platz und alles eine Viertelstunde davon mit den größten Kosten und durch Hülfe des Herrn Ottomars, dem es gehört und der noch nicht da ist, vergütet hatte. – Die Blumeninseln sind einzelne abgesonderte Rasenerhöhungen in einem Teiche, jede mit Einer andern Blume geputzt. – Das Schattenreich besteht in einem mannigfaltigen Schatten-Gegitter und -Geniste, durch großes und kleines Laubwerk, durch Aeste und Gitterwerk, durch Büsche und Bäume verschieden auf den Grund von Kies, Gras oder Wasser gemalt. Sie hatte die tiefsten und die hellsten Schattenpartien angelegt, einige für den abnehmenden Mond, andre für das Abendroth. – Das stumme Kabinet war ein schlechtes Häuschen mit zwei entgegengesetzten Thüren, über deren jeder ein Flohr hing und die durchaus keine Hand aufschließen durfte als die der Fürstin. Noch jetzo weiß man nicht, was darin ist, aber die Flöhre sind zerstört.

Ludwig Tieck

Geschichte des Herrn William Lovell (1793)

Theure Freundin, ich bin hier außerordentlich froh und gesund; ich wünsche, daß Sie uns hier besuchten, und mit uns die frische Luft und angenehme Gegend genössen. Kommen Sie, sobald Sie können. – Ich bin in große Versuchung gekommen, Ihnen meinen hiesigen Aufenthalt zu beschreiben, weil ich gern schwatze, wenn ich mich so recht glücklich fühle. –

Vor unserm Haus ist eine große Allee von schönen Bäumen, die weit hinunter gehn, bis sie sich in ein angenehmes Wäldchen verlieren; unter den Bäumen trinken wir des Morgens Thee, und gehn dann spazieren. Auf der andern Seite des Hauses hat man eine schöne weite Aussicht über Wiesen und Ebenen, die alle so frisch, wie hingegossen da liegen: ich kenne schon alle Dörfer in der Nähe, und so weit mein Auge sieht, bin ich wie zu Hause. Bei unsrer Wohnung ist zugleich ein sehr schöner Garten mit Teichen und niedlichen Brücken, alles so hübsch hell und natürlich, nicht mit Felsen vollgepackt, oder voll ängstlicher dunkler Alleen bergauf und ab, die einen nur ermüden und ängstigen, und aus denen man sich oft gar nicht wieder herausfinden kann; nein, dieser Garten sieht recht aus wie das Leben eines glücklichen Menschen; dunkle Alleen mit hohen Bäumen, die sich oben wie das Dach einer Kirche wölben, die wie seine ernsten schönen Tage dastehn, in denen er sich und die Zukunft jenseits des Grabes denkt;

Blumenstücke, in denen sich die Winde jagen, und blaue und rothe Schmetterlinge mit ihren breiten Flügeln sich herumtreiben, das Bild seiner launigen Stunden, in denen ohne Zusammenhang Eine frohe Empfindung die andre drängt; kleine Gebüsche, die zerstreut wie die heitern Tage umher stehen, wo man sich schon im voraus auf einen andern freut, der so nahe ist, daß man ihn und viele andere bequem mit den Augen abreichen kann.

Jean Paul

Leben des Quintus Fixlein (1796)

Unverrichteter Sachen kamen wir nach Zedwitz herab. Eine schöne englische Pappelinsel – dem Gutsherrn angehörig – suchte uns über eine koulörte Holzbrücke in sich zu ziehen; aber der Rektor würde sich diesen Eintritt in ein fremdes Gebiet nicht herausgenommen haben, wenn nicht der erörterte Monsieur Fechser versichert hätte, ›er verantworte es, er kenne den Koch‹. In der Insel wurde so viel ausländische Botanik, als da so zu sagen wuchs, getrieben, und ich ging mit meinen Schülern um die Bäume herum und klassifizierte sie meistens; die botanische Lekzion hielt vielleicht für die Sturmische schadlos. –
Unter der Klassifikazion konnte Kordula, seine Tochter, hingehen, wohin sie wollte. Der große Edukationsrath oder Edukationspräsident fragte niemals viel nach ihr oder nach Weibern: »Weiber«, sagte er, »sind wahre Solözismen der Natur, deren peccata splendida und Patavinität, oder geborne Kolombinen und schlafende Monaden«. Die arme Kordula hatte längst ihre Mutter, die zugleich ihr Vater war, durch den Todesengel von ihrem Herzen wegführen sehen: der alte Sturmische Betrachter hatte sie in die letzte Hütte – gleichsam die Stiftshütte eines künftigen Tempels – hinuntergezankt. Kordula wußte wenig, las nichts, als was sie Sonntags sang, und schrieb keinen Buchstaben als den, womit sie schwarze Wäsche signierte, und sie war weiter nichts als schuldlos und hülflos. Ihr Vater ließ wie

die meisten Schulleute – durch die Römer verwöhnt – nichts einer Frau zu, als daß der Körper ein Koch wurde und die Seele eine Köchin. Sie schlich sich heute mit ihrem zusammengedrückten Herzen, in dem noch keine Leiden gewesen als wahre, und das noch nicht von artistischer Empfindsamkeit bis zum Lahm- und Schlaffwerden auf- und zugezogen worden, von der gelehrten Menge ab und setzte sich an das Ufer des Wasser-Ringes, der die schöne Insel, wie ein dunstvoller Hof den Mond, umfasset, und sah eine Pyramide jenseits des Wassers für ein Grabmal an, weil sie keine andere Pyramiden kannte als die über Särgen und weil ihr heute geträumet hatte, ihre Mutter habe wieder mit unverwesten Lippen gelächelt und ihren Arm liebend nach ihr ausgestreckt, aber er sei zu kurz gewesen, weil die Hand davon weggefallen war. Die kunstlose Kordula wußte nicht, welches Druckwerk ihr Herz auseinanderpresse – sie errieth es nicht, daß der mit einer blutigen Morgenröthe überspritzte Himmel und daß die zusammenfließende Grasmücken-Kirchenmusik im Tempel der Natur, daß das ruhige Wiegen und Taumeln der Pappeln und die Regentropfen, die ihr Schwanken gleichsam vergoß, daß alles dieses ihre einsame Seele trüber machte und das öde Herz schwerer und das kalte Auge heißer.

Karoline von Wolzogen

Agnes von Lilien (1796)

Jetzt öffnete sich der dicht verwachsene Wald, und die reizendste Landschaft lag vor uns. Gegen Osten ergoß sich ein breiter Fluß durch eine unabsehbare Fläche, und gegen Westen drängten sich seine Ufer durch zwei Gebirgketten, die die sonderbarsten Formen bildeten. Drohende Felsen neigten sich über den Spiegel des Flusses, wechselnd mit freundlichen Wiesenflächen, an denen einfache, doch reinliche Häuser regellos hingestreut waren. Auf einem dieser Felsen lag ein Schloß, dessen graue Mauern im ernsten Charakter der Festigkeit emporragten.

Wo führen Sie uns hin, Nordheim? rief die Gräfin; ist das nicht Ihr Landgut? »Ja, erwiederte er, und ich hoffe, Sie nehmen mit der geringen Bewirthung vorlieb, die ich Ihnen für heute anbieten kann.« Der Wald war durch ein liebliches Wiesenthal mit den Felsen, auf welchen das Schloß lag, verbunden; wir wünschten dieses ganz zu genießen, und beschlossen, es zu Fuße zu durchwandern.

Der junge Rasen unter unsern Füßen war von klaren Bächen durchschnitten, die sich aus den Felsen ergossen, und mit frischem Grün umkränzt, in sanften Linien durch das Thal rieselten. Die Pappeln und anderes Gesträuche trugen schon zarte Blätter, und der Hagedorn stand in voller Blüte. Nur an den reinlich gehaltenen Wegen bemerkte man die Hand der Kultur in diesem Thal, in dem sonst die Freiheit der Natur herrschte.

Unser Weg führte uns an einigen zierlichen Häusern vorbei, wo Obst- und Gemüsepflanzungen angelegt waren. Ein alter Mann von ehrwürdigem Ansehen war in dem einen Garten beschäftigt, die Rebengeländer zu ordnen. Sorgfältigere Kultur rief hier die Erscheinungen eines milderen Himmelsstriches hervor. Die Weinranken wanden sich von Baum zu Baum, und bildeten zierliche Bogen. Der Alte grüßte uns schweigend, und fuhr in seiner Arbeit fort. Aus dem zweiten Hause kam ein Mädchen und ein Knabe herausgesprungen; der Größe nach schienen sie beide zwischen vierzehn und sechzehn Jahren. – Beide waren von schöner Bildung. Ihre lebhaften schwarzen Augen und dunkeln Haare, das warme Kolorit ihrer Gesichtsfarbe, und ihre sprechenden Geberden, gaben ihnen einen unter unserm Himmel fremden Anstrich. –

Warten Sie ein wenig! rief der Knabe Nordheimen auf italiänisch zu, meine Schwester bringt Ihnen Veilchen. Das Mädchen nahte sich bescheiden, und die zurückgehaltene Lebhaftigkeit gab ihrem ganzen Wesen ein reizendes Spiel. Mit einer angenehmen Verbeugung gab sie Nordheimen einen Veilchenstrauß, und sprang schnell wieder fort...

»Sie bevölkern Ihren englischen Garten mit lebendigen Bewohnern, sagte die Gräfin, und das ist freilich interessanter, als die ausgestopften Einsiedler, welche man jetzt überall findet, und die leeren Bauernhäuser, die ein wohlwollendes Herz nur mit dem Gedanken ansehen kann: Hier sollten glückliche Menschen wohnen! – «

Es ist vielleicht mehr Zufall als Plan in diesen Anlagen, erwiederte Nordheim lächelnd. Wenn es unser Genius gut mit uns meynt, so hält er uns eine Pflicht vor, indem wir eben eine Thorheit begehen wollten. Sie haben es errathen, der Plan war schon gemacht, dieses Thal zum Park umzuschaffen; das eine Haus sollte eine gothische Kapelle, und das andere ein griechischer Tempel werden. Ein Freund, mit dem ich seit vielen Jahren in inniger Vertraulichkeit lebte, empfahl mir auf seinem Sterbebette eine Sängerin, die er unterhalten hatte, und die bei der Geburt seines zweiten Kindes durch eine heftige Krankheit ihre sehr schöne Stimme verloren hatte. Sie und ihre Kinder wurden hülflos durch den Tod meines Freundes; und ich ließ meine gothische Kapelle zum einfachen Wohnhause für sie einrichten. Die Kinder wuchsen heran, verriethen Talent, und ich war eben um ihre Erziehung verlegen, da ich sie ungern von der Mutter trennen wollte, als eines Morgens ein alter Hofmeister von mir ankam, der mir in meiner Jugend einen wichtigen Dienst geleistet hatte, und sich jetzt, nach vielen vergeblichen Kämpfen mit dem Schicksal, nach einem Zufluchtsort umsah. – Er besitzt mannichfaltige und gründliche Kenntnisse und eine gute Art sie mitzutheilen. Er soll deinen griechischen Tempel bewohnen, dachte ich, bot ihm einen kleinen Jahrgehalt an, den er mit Vergnügen annahm, und von dem er, bei seiner ächt philosophischen Simplizität und in der größten Unabhängigkeit, sehr glücklich lebt. Die Kinder sind ihm lieb geworden, und er verwendet sich mit Treue und Fleiß auf ihre Bildung. Mir ist wohl, auf dem kleinen Plätzchen einen Zirkel ruhig lebender Menschen vereint zu sehen; wenn ich hier bin, verlebe ich manchen vergnügten Abend unter ihnen.

CLEMENS BRENTANO

Godwi oder Das steinerne Bild der Mutter (1800)

Das sind lauter traurige Sachen, meine Liebe – sagte Godwi – aber erzählen Sie fort.
Mein Vater starb bald darauf, – und die Mutter war nicht sehr traurig. – Friedrich lebte auch nicht mehr lang, er war immer nach meines Vaters Tode um die Mutter herum gewesen. – Da er krank war, kam die Mutter nicht von seinem Bette, und da er todt war, mußte ich einen Kranz von Rosen flechten, den setzte sie ihm auf; – er ist in unserem Garten begraben, und über dem Grabe ist ein Gartenhäuschen erbaut, in dem die Mutter oft von fremden Herrn besucht wird ...
Auf der Rechten Seite des Gartens war ein großer Teich, in dessen Mitte ein hoher alter Thurm stand; da ich näher hinging, bemerkte ich noch auf der andern Seite des Thurms eine kleine Insel, auf der ein weißes, mit Laub umzogenes Häuschen durch dichte Gebüsche hervor sah, aber ich mochte mich nicht in den gebrechlichen Kahn wagen, um hinüber zu fahren – ich ging deswegen nach dem großen Gartenhause, das vor mir auf einer Terrasse stand...
Als wir an der Insel ausgestiegen waren, sagte die Gräfin: Der Kahn ist so schlecht, aber ich liebe ihn und mag keinen andern, ich bin oft recht vergnügt auf ihm gefahren.
Nun kamen wir an das kleine runde Haus, es war ganz mit Epheu überzogen, auf dem runden Dache stand ein geflügeltes Pferd, das sich in die Höhe bäumt, auf ihm

ein nackter Jüngling, und vor ihm zwei Liebesgötter, die das Pferd am Zügel niederziehen, auf dem Fußgestell aber war die Inschrift:

Friedrich dem Einzigen.

Sehen Sie meinen politischen Abgott, ich freue mich oft über meinen Witz, ich wollte den neugierigen Baumeister nicht in mein Geheimniß sehen lassen, denn eigentlich müßte es heißen, Friedrich dem Meinigen. Doch Lieber! seyn Sie nicht böse, weil ich Sie wissen lasse, daß ich vor Ihnen schon liebte. –

Wir gingen in das Häuschen, in dem es recht freundlich war; aber da ich wußte, daß ich über einem Grabe saß, was mir die Gräfin verschwiegen hatte, konnte ich nicht ganz froh werden, – und das zubereitete Frühstück schmeckte mir nicht recht. –

Jean Paul

Titan (1800)

Lilar ist nicht, wie so viele Fürstengärten, ein herausgerissenes Blatt aus Hirschfeld – ein todter Landschafts-Figurant und Vexier- und Miniaturpark – ein schon an jedem Hofe aufgesetztes und abgegriffenes Schaugericht von Ruinen, Wildnissen und Waldhäusern: sondern Lilar ist das Naturspiel und bukolische Gedicht der romantischen und zuweilen gaukelhaften Phantasie des alten Fürsten. Wir kommen bald insgesammt hinter dem Helden hinein, aber nur ins Elysium; der Tartarus ist ganz etwas anders und Lilars zweiter Theil. Die Absonderung der Kontraste lob' ich noch mehr wie alles; ich wollte schon längst in einen bessern Garten gehen, als die gewöhnlichen chamäleontischen sind, wo man Sina und Italien, Lust- und Gebeinhaus, Einsiedelei und Pallast, Armuth und Reichthum (wie in den Städten und Herzen der Inhaber) auf Einem Teller reicht und wo man den Tag und die Nacht ohne Aurora, ohne Mitteltinte neben einander aufstellt. Lilar hingegen, wo das Elysium seinen frohen Namen durch verknüpfte Lustlager und Lusthaine rechtfertigt, wie der Tartarus seinen düstern durch einsame überhüllte Schrecken, das ist mir recht aus der Brust gehoben. –

Aber wo geht jetzt unser Jüngling mit seinen Träumen? – Noch auf der romantischen einleitenden Straße nach Lilar, eigentlich dem ersten Gartenwege desselben. Er wanderte auf einer belaubten Straße, die sanft auf

Hügel mit offnen Baumgärten und in gelbblühende Gründe stieg und die wie der Rhein sich bald durch grünende Felsen voll Epheu drängte, bald fliehende lachende Ufer hinter den Zweigen aufthat. Jetzt wurden die weißen Bänke unter Jesminstauden und die weißen Landhäuser vielfältiger, er kam näher, und die Nachtigallen und Kanarienvögel*) Lilars streiften schon hieher, wie Land ansagende Vögel. Der Morgen wehte frisch durch den Frühling, und das zackige Laub hielt noch seine leichten ätherischen Tropfen fest. Ein Fuhrmann lag schlafend auf seinem Leiterwagen, den die rechts und links abrupfenden Thiere sicher auf dem glatten Wege zogen. Albano hörte am stillen Sonntage nicht das Feldgeschrei der drängenden Arbeit, sondern die Ruhe-Glocken der Thürme; im Morgengeläute spricht die zukünftige, wie im Abendgeläute die vergangene Zeit; und an diesem goldnen Alter des Tages stand auch eines in seiner frischen Brust. –

Jetzt zuckten gabelschwänzige Rauchschwalben mit der Purpurbrust über das Himmelblau des wilden Gamanders und kündigten mit ihren Wohnungen unsre an: als seine Straße durch ein zerstörtes altes offnes, von fetten dicken Blättern wie Schuppen behangnes Schloß durchwollte, an dessen Ein- und Ausgange ein wegweisender rother Arm sich mit der weißen Aufschrift: »Weg aus dem Tartarus ins Elysium« gegen eine nahe Waldung ausstreckte.

Sein Herz fuhr auf bei dieser doppelten Nähe so verschiedener Tage. Mit weiten Schritten drang er gegen den Elysiums Wald, den ein breiter Graben abzuschneiden schien. Aber er kam bald aus dem Busch-

* Sie haben eine ganze Stube zum Winterleben, der man im Sommer blos die Fenster aushebt.

werke vor eine grüne Brücke, die sich in den Bogen der Riesenschlange über den Graben, aber nicht auf der Erde, sondern in die Gipfel schwang. Sie trug ihn durch die hereinblühende Wildnis von Eichen-, Tannen-, Silberpappeln-, Frucht- und Linden-Wipfeln. Dann hob sie ihn hinaus in die freie Gegend, und Lilar warf ihm schon von Osten über die weite spitzige Gipfel-Saat den Glanz einer hohen Goldkugel entgegen. Die Brücke senkte sich mit ihm wieder ins duftende dämmernde Geniste, und unter und neben ihm riefen und flatterten die Kanarienvögel, Singdrosseln, Finken und Nachtigallen, und die geätzte Brut schlief gedeckt unter der Brücke. Endlich stieg diese nach einem Bogengange wieder ans Licht – er sah schon die grünende Bergkuppe mit dem weißen Altar, woran er in einer jugendlichen Nacht geknieet hatte; und mehr südlich hinter sich die Decke und Scheidewand des Tartarus, einen hochaufgebäumten Wald – und wie er weiter trat, deckte sich ihm das Elysium weiter auf – eine Gasse kleiner Häuser mit welschen Dächern voll Bäumchen lachte den Blick freudig und einheimisch aus der grünen Weltkarte von Tiefen, Hainen, Bahnen, Seen an – und in Morgen schlossen fünf Triumphthore dem Auge die Wege in eine weitausgespannte, wie ein grünendes Meer fortwogende Ebene auf, und in Abend standen ihnen fünf andre mit geöffneten Ländern und Bergen entgegen. – –

Sophie Mereau

Kalathiskos (1801)

Es war einer der schönsten Tage des Augusts. Eine heitere, frische Luft strich durch das Thal; am Himmel flogen, wie Blumenbeete, zerstreute Wolkenstücke umher. Laura ging allein in den Garten von P**. Manche der schönen Anlagen hatte ihre Aufmerksamkeit gefesselt; der dichte Akaziengang, der zu der Urne eines Kindes führte, und sie mit seinen unschuldigen Blüthen überstreute; der hohe Rosenbusch, durch dessen glühende Blumen die schön gearbeitete Gestalt des Liebesgottes hervorschimmerte. Der Gott hatte seine Binde gelöst, und sein Köcher lag erbrochen neben ihm. Im angenehmen Müssiggange ohne andern Zweck als den Genuß des Augenblicks, irrte sie noch lang umher, bis sie der Zufall in eine kleine, ländliche Haushaltung führte, die sie für die wirkliche Wohnung einer geschmackvollen Bauernfamilie gehalten hätte, wäre nicht Alles so lebensleer und verlassen, wie auf einer verzauberten Insel gewesen. Kein geschäftiger Bienenschwarm flog aus den zierlichen Bienenkörben, keine Taube nistete im reinlichen Taubenhause; Garten, Wiese und Haus zeigten nirgends eine Spur von Leben. Laura ruhte einige Augenblicke auf dem weichen Moossitze, von unschuldigen blühenden Bohnen umzogen; dann ging sie dem Geräusche einer kleinen Quelle nach, deren süßes Geschwätz sie anzog. Die Quelle rieselte unter Holundergebüsche dahin, und ergoß sich in einen künstlichen See. Am Ufer stand ein

Nachen, dessen Führung leicht schien. Das heitre Mädchen sprang hinein und sties vom Ufer. Das Fahrzeug schnitt sanft durch die kleinen Wellen, und brachte sie an eine Insel, die nicht fern davon sich emporhob. Laura stieg ans Land und folgte dem Pfade, der sich mit angenehmer, scheinbarer Regellosigkeit durch blühende Rosengebüsche und junge Birken wand, und zu manchem schönen Ruheplatz führte. Weite Aussichten wechselten mit heimlichen Stellen, und die Kunst hatte hier so lieblich gewaltet, daß sie, wie ein glücklich geübtes Talent, wieder ganz Natur zu seyn schien. Indem sie weiterging, ward das Gehölz dichter, die Rosen verschwanden und dunkle Tannen schossen traurig empor. Laura fand die Einsamkeit schauderhaft und wollte umkehren, als abgerissne klagende Laute wehmüthig durch die Zweige rieselten. Die Töne waren unaussprechlich traurig; sie fühlte sich eher zurückgeschreckt, als angezogen; doch folgte sie der Neugier, die sie näher nach dem Schalle hinzog. Der Weg ward rauh und hob sich hoch über das Ufer. Trauerweiden hingen tief über den See; ein Felsen bog sich über das Wasser und eine kühne Phantasie hatte auf dem schroffen Abhange einen Sitz befestigt. Daher schienen die Töne zu kommen, die jetzt schwiegen. Laura schritt mit geheimem Schauder den steilen Pfad hinauf und bebte zurück. Unter den melankolischen Schatten der Weiden saß ein Mädchen, in dessen Gesicht die Fassung der Verzweiflung lag.

Dorothea Veit (Schlegel)

Florentin (1801)

Es war stiller in dem Garten geworden, nur einzelne Personen wandelten in der Entfernung in den hohen Gängen, bis auch diese sich allmählich verloren. Sie stiegen eine Terrasse hinauf, die mit hohen Bäumen besetzt war, und dem Hause gegenüber den Garten am Ufer des Sees begrenzten. In der Mitte der Terrasse stand ein kleiner runder Tempel auf weißen Marmorsäulen mit Rosen- und Jasminbüschen umgeben. Von hier hatte man die freye Aussicht über den jenseits liegenden, bekannten See, mit seinem Kranz von wohlthätigen Pflanzungen. Darüber hinaus ging der Blick in weite Ferne, bis dunkel am Horizont das bläuliche Gebirge ihn begränzte. Der Mond stieg eben herauf, und schien eine hochrothe verzehrende Flamme durch die fernen Dünste, bis er sich plötzlich völlig hinauf geschwungen hatte, und rein und silberhell seine Bahn betrat.

Tief im Herzen ward nun Florentin die Gegenwart der rohen Gesellen zuwider. Anfangs war er zwar Willens gewesen, sich mit ihnen zu belustigen, aber er war es nicht im stande. Im Freyen, in einer schönen Gegend, dünkten ihm verhaßte Personen noch verhaßter als im Zimmer. –

Er erkundigte sich bey Betty, ob der Garten immer, so wie heute, für jedermann frey wäre? – Immer, sagte sie; hier ist der beliebteste, besuchteste Spaziergang der Einwohner, und der liebste Spielplatz der Kinder. Man kömmt und geht, wenn man will, und jeder genießt der unumschränktesten Freyheit. – Einer von den Begleitern bezeigte seine Verwunderung, daß die Gräfin weder Beschädigung noch Unordnung befürchte bey dieser allgemeinen Freyheit. – Mißbrauch der Freyheit, sagt die Tante, ist bey weitem nicht so sehr zu befürchten, als Schadloshaltung für den Zwang! Sey es nun dies oder die allgemeine Achtung und Liebe für sie, kurz es ist noch niemals etwas verdrüßliches vorgefallen, so viel ich weiß.

Johanna Schopenhauer

Reise durch England und Schottland (1803)

Ein englischer Park ist von dem, was man sich in Deutschland unter diesem Namen denkt, merklich verschieden. Er umfaßt die das Wohnhaus oder Schloß zunächst umgebenden, eigentlichst zu demselben gehörigen Ländereien und ist gewöhnlich von ziemlichem Umfange. Aecker und Wiesen, mit lebendigen Hecken zierlich eingefaßt, durchschnitten von wohlgehaltenen Kieswegen zum Gehen und Fahren, liegen in seinem Bezirk, so wie auch einzelne Wirthschaftsgebäude von gefälliger, aber doch ihre Bestimmung andeutender Form. Ueberall hat man nach malerischem Effecte gestrebt, und die sanften Anhöhen und Vertiefungen dieses Landes erleichtern dieses Streben; aber immer ist das Nützliche mit dem Schönen vereint.

Der höchste Schmuck dieser Parks ist die üppige Vegetation der wohlbestellten Aecker, die unvergleichlich schönen grünen Wiesen und die prächtigen Bäume, größtentheils Eichen und Buchen, welche überall in Gruppen vertheilt stehen. In England haben die Bäume das Eigne, daß sie mehr als in andern Ländern gleich von der Wurzel an ausschlagen und kleinere Zweige treiben. Enge, durch dichte Schatten und Gebüsche sich hinschlängelnde Gänge findet man in keinem Parke; auch Gehölze sind, wie überall in England, selten. Man könnte sagen, es fehle Schatten, wenn nicht gerade in diesem Lande, wo bei sehr milder Luft dennoch die Sonne selten recht heiß und hell scheint, der Schatten entbehrlicher wäre als anderswo. Die Kiosks, Tempel, Einsiedeleien unserer Parks fehlen dort ebenfalls; alle diese zur Zierde dienenden Gebäude sind in die vom Park ganz verschiedenen, das Haus näher umgebenden Anlagen, in die sogenannten Pleasure-Grounds verwiesen. Nur in sehr großen Parks, wie die von Blenheim oder Stowe, steht hier und da ein Obelisk, eine Pyramide oder ein Thurm, um vom Schloß aus eine Ansicht zu gewähren.

An Wasser darf es nie fehlen. Künstliche Wasserfälle kennt man nicht und noch weniger Springbrunnen. Fließt aber ein Fluß, oder nur ein beträchtlicher Bach in der Nähe einer solchen Besitzung, so muß er, wenn auch mit großen Kosten herbeigeführt, sich in mannichfaltigen Krümmungen hindurchschlängeln. Fehlt es an lebendigem Wasser, so sucht man wenigstens einem stehenden Kanale den Schein davon zu leihen. Man giebt ihm eine leichte, natürliche Krümmung, verdeckt Anfang und Ende mit überhängendem Gebüsche, wirft schöne Brücken darüber und täuscht so das Auge, oder man verwandelt die Ufer eines Teichs in die unregelmäßigen Umgebungen eines kleinen Sees. Ueberall strebt man nach dem Schönen und flieht das Gesuchte, Steife, Pretiöse.

Die Staffage vollendet diese lebendige Landschaft. Hunderte von halb zahmen Hirschen und Rehen weiden beinahe ganz furchtlos auf den grünsten Wiesen der Welt; mit ihnen die schönsten Pferde, Kühe und Ziegen, besonders in der Nähe des Hauses, wo sich die Wiesen rings umher wie ein Teppich auf das herrlichste ausbreiten. Die schönen Gestalten dieser Thiere, ihre leichten freien Bewegungen, ihr Wohlseyn geben dem Ganzen einen unbeschreiblichen Reiz.

Jean Paul

Flegeljahre (1804)

In Klothars Park hofft' er auf ein schönes Begegnen. Alle Fenster der Villa standen offen, aber kein Kopf darin. Der Gärtner, der ihn für einen Gartenfreund nahm, ging ihm nach der Sitte mit einem Blumenstrauß in der Hoffnung entgegen, er werde diese Gärtners-Blumen-Schwabacher und Fernschreiberei lesen können und ihm dafür ein paar Groschen schenken. Der Notar weigerte sich höflich vor dem blühenden Geschenke, nahm es endlich mit den dankbarsten Minen an und drückte den aufrichtigsten Dank noch mündlich vor dem Gärtner aus, der sich mit den finstersten überwebte, weil er keinen Heller bekam. Seelig strich der Notar durch die Gänge, in die dunkeln Busch-Nischen, an betitelte Felsen und Mauern, vor grüne Bänke der Aussichten – und überall flog ihm ein Blumenkranz auf den Kopf oder ein Sommervogel ans Herz, nämlich wahre Freuden, weil er überall ein Beet erblickte, woraus, wie er dachte, sein künftiger Freund sich einige Blumen oder Früchte des schnellen Lebens-Frühlings ausgezogen.

»Der edle Jüngling kann – sagte Gottwalt an den verschiedenen Plätzen – wol auf dieser Bank lang der Abendröthe nachgesehen haben – in diesem Blütendickicht dämmernde Herzens-Träume ausgesponnen – auf dem Hügel wird er an Gott gedacht haben voll Rührung – Hier neben der Statue, o wenn er hier könnte die sanfte Hand seiner Geliebten genommen

haben, falls er eine hat – wenn er betet, thut ers gewiß in diesem mächtigen Hain.«
Es gab wenige Bänke im Park, worauf er sich nicht niedersetzte, voraussetzend, Klothar habe früher da gesessen. – »Der englische Garten ist göttlich – sagt' er abgehend zum stillen Gärtner an der Pforte – abends erschein ich gewiß wieder, liebster Mann.«

Ludwig Achim von Arnim

Armut, Reichtum, Schuld und Buße der Gräfin Dolores (1810)

Der Marchese bewunderte als Kenner die Gartenkunst des Grafen, dieses geniale Benutzen des zufälligen Gegebenen, um große landschaftliche Wirkungen mit den leichtesten Kunstmitteln daraus hervorgehen zu lassen; nichts war leerer Zierat in den Gärten, keine Tempel mit Altären, auf denen niemals geopfert wird; das Vergnügen der ganzen Gegend fand in dem Garten seinen Mittelpunkt; jede Laune fand ihren willkommenen Gang und Ruheplatz. Zuletzt durchstrichen sie Feld und Wald; der Graf machte den Marchese aufmerksam, welche Mengen von Bäumen, Gesträuchen und Blumen fremder Gegend, die sich aber uns klimatisieren, bis in die entferntesten Punkte von ihm gepflanzt und gesäet wären, die nun notwendig ihre Art, wie die Perle, ins Meer fallend, in immer weiteren Kreisen dessen Wellen bewege, bis an die fernsten Küsten fortpflanzen müßten. »Alles andere«, sagte er, »kann bei einiger Nachlässigkeit künftiger Besitzer schnell untergehn; dies allein ist nur durch ungeheure Naturrevolutionen zu vernichten, die unser Klima ganz abändern.« Voll Bewunderung und wirklicher Teilnahme an diesem schönen Bestreben kehrte der Marchese nach der Stadt; noch von niemand fühlte sich der Graf so ganz verstanden.

E. T. A. HOFFMANN

Die Elixiere des Teufels (1814)

Als die fürstliche Familie vorüber war, schlug er mir vor, einen Gang durch den Park zu machen und mir, dem Fremden, die geschmackvollen Anlagen zu zeigen, welche überall in demselben anzutreffen: das war mir nun ganz recht, und ich fand in der Tat, daß überall der Geist der Anmut und des geregelten Geschmacks verbreitet, wiewohl mir oft in den im Park zerstreuten Gebäuden, das Streben nach der antiken Form, die nur die grandiosesten Verhältnisse duldet, den Bauherrn zu Kleinlichkeiten verleitet zu haben schien. Antike Säulen, deren Kapitäler ein großer Mann beinahe mit der Hand erreicht, sind wohl ziemlich lächerlich. Ebenso gab es in entgegengesetzter Art im andren Teil des Parks ein paar gotische Gebäude, die sich in ihrer Kleinheit gar zu kleinlich ausnahmen. Ich glaube, daß das Nachahmen gotischer Formen beinahe noch gefährlicher ist, als jenes Streben nach dem Antiken. Denn ist es auch allerdings richtig, daß kleine Kapellen dem Baumeister, der rücksichts der Größe des Gebäudes, und der darauf zu verwendenden Kosten eingeschränkt ist, Anlaß genug geben, in jenem Stil zu bauen, so möchte es doch wohl mit den Spitzbogen, bizarren Säulen, Schnörkeln, die man dieser oder jener Kirche nachahmt, nicht getan sein, da nur der Baumeister etwas Wahrhaftiges in der Art leisten wird, der sich von dem tiefen Sinn – wie er in den alten Meistern wohnte, welche das willkürlich, ja das heterogen

Scheinende, so herrlich zu einem sinnigen bedeutungsvollen Ganzen zu verbinden wußten – beseelt fühlt. Es ist mit einem Wort, der seltene Sinn für das Romantische, der den gotischen Baumeister leiten muß, da hier von dem Schulgerechten, an das er sich bei der antiken Form halten kann, nicht die Rede ist. Ich äußerte alles dieses meinem Begleiter; er stimmte mir vollkommen bei, und suchte nur für jene Kleinigkeiten darin eine Entschuldigung, daß die in einem Park nötige Abwechslung, und selbst das Bedürfnis, hie und da Gebäude, als Zufluchtsort bei plötzlich einbrechendem Unwetter, oder auch nur zur Erholung, zum Ausruhen zu finden, beinahe von selbst jene Mißgriffe herbeiführe. – Die einfachsten anspruchlosesten Gartenhäuser, Strohdächer auf Baumstämme gestützt, und in anmutige Gebüsche versteckt, die eben jenen angedeuteten Zweck erreichten, meinte ich dagegen,

wären mir lieber, als alle jene Tempelchen und Kapellchen; und sollte denn nun einmal gezimmert und gemauert werden, so stehe dem geistreichen Baumeister, der rücksichts des Umfanges und der Kosten beschränkt sei, wohl ein Stil zu Gebote, der, sich zum antiken oder zum gotischen hinneigend, ohne kleinliche Nachahmerei, ohne Anspruch, das grandiose alte Muster zu erreichen, nur das Anmutige, den dem Gemüte des Beschauers wohltuenden Eindruck bezwecke.
»Ich bin ganz Ihrer Meinung«, erwiderte mein Begleiter; »indessen rühren alle diese Gebäude, ja die Anlage des ganzen Parks von dem Fürsten selbst her, und dieser Umstand beschwichtigt, wenigstens bei uns Einheimischen, jeden Tadel.« (...)
Wir gingen eben bei ganz herrlichen, mit tiefem malerischem Sinn gruppierten Gebüschen und Bäumen vorüber, ich äußerte meine Bewunderung, und mein Begleiter sagte: »Alle diese Anlagen, diese Pflanzungen, diese Blumengruppen sind das Werk der vortrefflichen Fürstin. Sie ist selbst vollendete Landschaftsmalerin, und außerdem die Naturkunde ihre Lieblingswissenschaft. Sie finden daher ausländische Bäume, seltene Blumen und Pflanzen, aber nicht wie zur Schau ausgestellt, sondern mit tiefem Sinn so geordnet, und in zwanglose Partien verteilt, als wären sie ohne alles Zutun der Kunst aus heimatlichem Boden entsprossen. – Die Fürstin äußerte einen Abscheu gegen all die aus Sandstein unbeholfen gemeißelten Götter und Göttinnen, Najaden und Dryaden, wovon sonst der Park wimmelte. Diese Standbilder sind deshalb verbannt worden, und Sie finden nur noch einige gute Kopien nach der Antike, die der Fürst gewisser, ihm teurer Erinnerungen wegen gern im Park behalten wollte, die aber die Fürstin so geschickt – mit zartem Sinn des Fürsten

innerste Willensmeinung ergreifend – aufstellen zu lassen wußte, daß sie auf jeden, dem auch die geheimere Beziehungen fremd sind, ganz wunderbar wirken.

E.T.A. Hoffmann

Lebens-Ansichten des Katers Murr (1820)

Eben in diesem Augenblick ist nichts anders zu erzählen, als daß nicht lange nachher, als Fürst Irenäus in Sieghartsweiler sich niedergelassen, an einem schönen Sommerabend Prinzessin Hedwiga und Julia in dem anmutigen Park zu Sieghartshof lustwandelten. Wie ein goldner Schleier lag der Schein der sinkenden Sonne ausgebreitet über dem Walde. Kein Blättlein rührte sich. In ahnungsvollem Schweigen harrten Baum und Gebüsch, daß der Abendwind komme und mit ihnen kose. Nur das Getöse des Waldbachs, der über weiße Kiesel fortbrauste, unterbrach die tiefe Stille. Arm in Arm verschlungen, schweigend, wandelten die Mädchen fort durch die schmalen Blumengänge, über die Brücken, die über die verschiedenen Schlingungen des Bachs führten, bis sie an das Ende des Parks, an den großen See kamen, in dem sich der ferne Geierstein mit seinen malerischen Ruinen abspiegelte.

»Es ist doch schön!« rief Julia recht aus voller Seele.

»Laß uns«, sprach Hedwiga, »in die Fischerhütte treten. Die Abendsonne brennt entsetzlich und drin ist die Aussicht nach dem Geierstein aus dem mittlern Fenster noch schöner als hier, da die Gegend dort nicht Panorama, sondern in gruppierter Ansicht, wahrhaftes Bild erscheint«.

Julia folgte der Prinzessin, die kaum hineingetreten und zum Fenster hinausschauend, sich nach Crayon und Papier sehnte, um die Aussicht in der Beleuchtung zu zeichnen, welche sie ungemein pikant nannte.

JOHANN WOLFGANG GOETHE

Wilhelm Meisters Wanderjahre (1821)

Ein ländlicher Aufenthalt hat für geselliges Zusammensein gar große Vorteile, besonders wenn die Bewirthenden sich, als denkende, fühlende Personen, mehrere Jahre veranlaßt gefunden der natürlichen Anlage ihrer Umgebung zu Hülfe zu kommen. So war es hier geglückt. Der Oberamtmann, erst unverheirathet, dann in einer langen glücklichen Ehe, selbst vermögend, an einem einträglichen Posten, hatte nach eignem Blick und Einsicht, nach Liebhaberei seiner Frau, ja zuletzt nach Wünschen und Grillen seiner Kinder, erst größere und kleinere, abgesonderte Anlagen besorgt und begünstigt, welche mit Gefühl allmählich durch Pflanzungen und Wege verbunden, eine allerliebste, verschiedentlich abweichende, charakteristische Szenenfolge dem Durchwandelnden darstellten.

Eine solche Wallfahrt ließen denn auch unsere jungen Familienglieder ihren Gast antreten, wie man seine Anlagen dem Fremden gerne vorzeigt, damit er das, was uns gewöhnlich geworden, auffallend erblicke und den günstigen Eindruck davon für immer behalte.

Die nächste, so wie die fernere Gegend war zu bescheidenen Anlagen und eigentlich ländlichen Einzelnheiten höchst geeignet. Fruchtbare Hügel wechselten mit wohlbewässerten Wiesengründen, so daß das Ganze von Zeit zu Zeit zu sehen war, ohne flach zu sein; und wenn Grund und Boden vorzüglich dem Nutzen gewidmet erschien, so war doch das Anmuthige, das Reizende nicht ausgeschlossen.

An die Haupt- und Wirthschaftsgebäude fügten sich Lust-, Obst- und Grasgärten, aus denen man sich unversehens in ein Hölzchen verlor, das ein breiter fahrbarer Weg auf und ab, hin und wieder durchschlängelte. Hier in der Mitte war, auf der bedeutendsten Höhe, ein Saal erbaut, mit anstoßenden Gemächern. Wer zur Hauptthüre hereintrat sah im großen Spiegel die günstigste Aussicht, welche die Gegend nur gewähren mochte, und kehrte sich geschwind wieder um, an der Wirklichkeit von dem unerwarteten Bilde Erholung zu nehmen: denn das Herankommen war künstlich genug eingerichtet und alles klüglich verdeckt was Überraschung bewirken sollte. Niemand trat herein, ohne daß er von dem Spiegel zur Natur und von der Natur zum Spiegel sich nicht gern hin und wieder gewendet hätte.

Am schönsten, heitersten, längsten Tage einmal auf dem Wege, hielt man einen sinnigen Flurzug um und durch das Ganze. Hier wurde das Abendplätzchen der guten Mutter bezeichnet, wo eine herrliche Buche ringsumher sich freien Raum gehalten hatte. Bald nachher wurde Lucindens Morgenandacht von Julien halb neckisch angedeutet, in der Nähe eines Wässerchens zwischen Pappeln und Erlen, an hinabstreichenden Wiesen, hinaufziehenden Äckern. Es war nicht zu beschreiben wie hübsch! schon überall glaubte man es gesehen zu haben, aber nirgends in seiner Einfalt so bedeutend und so willkommen. Dagegen zeigte der Junker, auch halb wider Willen Juliens, die kleinlichen Lauben und kindischen Gärtchenanstalten, die, nächst einer vertraulich gelegenen Mühle, kaum noch zu bemerken; sie schrieben sich aus einer Zeit her, wo

Julie, etwa in ihrem zehnten Jahre, sich in den Kopf gesetzt hatte, Müllerin zu werden und, nach dem Abgang der beiden alten Leute, selbst einzutreten und sich einen braven Mühlknappen auszusuchen.

Das war zu einer Zeit, rief Julie, wo ich noch nichts von Städten wußte die an Flüssen liegen, oder gar am Meer, von Genua nichts u.s.w. Ihr guter Vater, Lucidor, hat mich bekehrt, seit der Zeit komm' ich nicht leicht hierher. Sie setzte sich neckisch auf ein Bänkchen, das sie kaum noch trug, unter einen Holunderstrauch, der sich zu tief gebeugt hatte. Pfui, über's Hocken! rief sie, sprang auf und lief mit dem lustigen Bruder voran.

Das zurückgebliebene Paar unterhielt sich verständig, und in solchen Fällen nähert sich der Verstand auch wohl dem Gefühl. – Abwechselnd einfache natürliche Gegenstände zu durchwandern, mit Ruhe zu betrachten wie der verständige, kluge Mensch ihnen etwas abzugewinnen weiß, wie die Einsicht in's Vorhandene, zum Gefühl seiner Bedürfnisse sich gesellend, Wunder thut, um die Welt erst bewohnbar zu machen, dann zu bevölkern und endlich zu übervölkern, das alles konnte hier im Einzelnen zur Sprache kommen. Lucinde gab von allem Rechenschaft und konnte, so bescheiden sie war, nicht verbergen, daß die bequemlich angenehmen Verbindungen entfernter Partien ihr Werk seien, unter Angabe, Leitung oder Vergünstigung einer verehrten Mutter.

Da sich aber denn doch der längste Tag endlich zum Abend bequemt, so mußte man auf Rückkehr denken, und als man auf einen angenehmen Umweg sann, verlangte der lustige Bruder: man solle den kürzern, obgleich nicht erfreulichen, wohl gar beschwerlichern Weg einschlagen. Denn, rief er aus, ihr habt mit euren Anlagen und Anschlägen geprahlt, wie ihr die Gegend für mahlerische Augen und für zärtliche Herzen verschönert und verbessert; laßt mich aber auch zu Ehren kommen.

Nun mußte man über geackerte Stellen und holprichte Pfade, ja wohl auch auf zufällig hingeworfenen Steinen über Moorflecke wandern und sah, schon in einer gewissen Ferne, allerlei Maschinenwerk verworren aufgethürmt. Näher betrachtet, war ein großer Lust- und Spielplatz, nicht ohne Verstand, mit einem gewissen Volkssinn eingerichtet. Und so standen hier, in gehörigen Entfernungen zusammengeordnet, das große Schaukelrad, wo die Auf- und Absteigenden immer gleich horizontal ruhig sitzen bleiben, andere Schaukeleien, Schwungseile, Lusthebel, Kegel- und Zellenbahnen und was nur alles erdacht werden kann, um auf einem großen Triftraum eine Menge Menschen verschiedentlichst und gleichmäßig zu beschäftigen und zu erlustigen. Dieß, rief er aus, ist meine Erfindung, meine Anlage! und obgleich der Vater das Geld und ein gescheidter Kerl den Kopf dazu hergab, so hätte doch, ohne mich, den ihr oft unvernünftig nennt, Verstand und Geld sich nicht zusammen gefunden.

So heiter gestimmt kamen alle vier mit Sonnenuntergang wieder nach Hause.

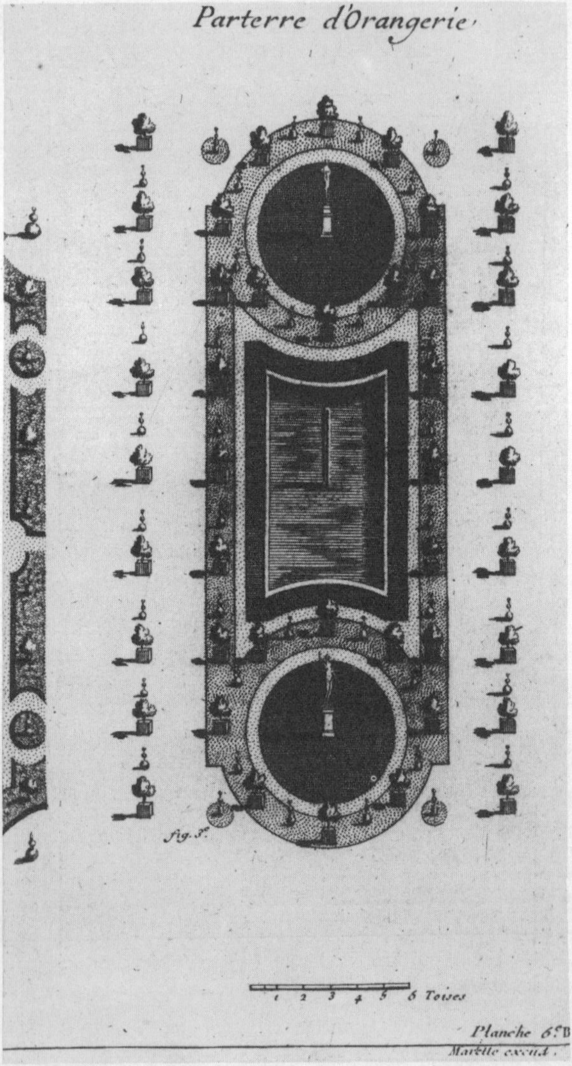
Parterre d'Orangerie
fig. 3e
1 2 3 4 5 6 Toises
Planche 6e B
Mariette excud.

II.
»Bewege durch den Garten stark die Einbildungskraft und Empfindung ...«

Alte und altmodische Gärten

CHRISTIAN FELIX WEISSE

Der Kinderfreund (1781)

Wir waren froh, als die Tafel zu Ende war, weil sie uns viel von dem Hauptparterr ihres Lustgartens erzählet hatte, von dem sie uns versicherte, daß über dessen Schönheit weder Herbst noch Winter einige Gewalt habe. Sie hatte Recht: denn das einzige Grün, was wir darinnen fanden, waren Taxus, Cypressen und Buchsbaum, die in Pfauen, Truthäne, Löwen, Tyger, Pyramiden und Korinthische Säulen geschnitzelt waren. Ein Haufen elende Bilder von Sandstein und gebranntem Thone, die Harlekine, Skaramutze, Herren in deutscher Kleidung mit wohl gekräuselten Perücken, und Damen in großen Fischbeinröcken vorstellten, stunden an den Ecken der in mancherley Figuren laufenden Beete. Diese trugen nicht etwa Bluhmen oder Bäumchen, sondern waren mit bunten Glas- und Porcellänscherbeln, Schlacken, Erzstufen, blauen, rothen und gelben Glaskugeln, geklopften Ziegel- und Schiefersteinen, gelben und weißen Sande belegt, und das Ganze sah wie ein altväterischer Conditoraufsatz von Marzipan aus. In jeder Ecke stund ein Pavillion von buntgefärbten Staketen mit hölzernen Posaunenengelchen, gemalten Soldaten und Schäfern und ich weiß selbst nicht was, verziert. Meine Kinder staunten freylich wohl das Neue dieses Drechslerladens an: aber sie hatten kaum die Neugierde befriedigt, so fragten sie ängstlich nach den in der Entfernung vorragenden Bäumen. Man sagte ihnen aber, daß das quervor ein über dem Graben liegender lumpichter Wald; das auf der rechten Seite, ein nichts bedeutender Küchengarten, und das zur linken, der Obstgarten sey: Dinge, die man freylich leider! auf dem Lande ertragen müsse.

Wilhelm Heinrich Wackenroder/
Ludwig Tieck

Joseph Berglinger (1797)

Neulich, lieber Pater, am Festtag, hab' ich einen köstlichen Abend genossen. Es war ein warmer Sommerabend, und ich ging aus den alten Thoren der Stadt hinaus, als eine muntere Musik aus der Ferne mit ihren lockenden Tönen mich an sich spielte. Ich ging ihr durch die Gassen der Vorstadt nach, und ward am Ende in einen großen öffentlichen Garten geführt, der mit Hecken, Alleen und bedeckten Gängen, mit Rasenplätzen, Wasserbecken, kleinen Springbrunnen und Taxuspyramiden dazwischen, gar reichlich ausgeziert, und mit einer Menge buntgeschmückter Leute belebt war. In der Mitte, auf einer grünen Erhöhung, lag ein offenstehender Gartensaal, als der Mittelpunkt des Gewimmels. Ich ging auf dem Platze vor dem Saale, wo es am vollsten war, auf und nieder, und mein Herz ward hier von den fröhlichsten und heitersten Empfindungen besucht.

Auf grünem Rasen saßen die Spieler, und zogen aus ihren Blasinstrumenten die muntersten, lustigsten Frühlingstöne hervor, so frisch wie das junge Laub, das sich aus den Zweigen der Bäume hervordrängt.

Ludwig Tieck

Franz Sternbalds Wanderungen (1798)

Als sie sich ein wenig erholt hatten, glänzten die Wolken schon vom Abendroth; sie gingen langsam weiter. – Sie zogen durch ein kleines, angenehmes Gehölz, und fanden sich auf einem runden, grünen Rasenplatz, vor ihnen lag ein Garten, mit einem Stakete umgeben, durch dessen Stäbe und Verzierungen man hindurchblicken konnte. Alles war artig eingerichtet, das Geländer war allenthalben durchbrochen gearbeitet, eiserne Thüren zeigten sich an etlichen Stellen, kein Palast war sichtbar. Dichte Baumgänge lagen vor ihnen, kühle Felsengrotten, Springbrunnen hörte man aus der Ferne plätschern. Alle standen still, in dem zauberischen Anblicke verloren, den niemand erwartet hatte: späte Rosen glühten ihnen von schlanken, erhabenen Stämmen entgegen, weiter ab standen dunkelrote Malven, die wie krause gewundene Säulen die dämmerndgrünen Gänge zu stützen schienen. Alles umher war still, keine Menschenstimme war zu vernehmen.

»Ist dieser Feengarten«, rief Roderigo aus, »nicht wie durch Zauberei hierher gekommen? Wenn wir mit dem Besitzer des Hauses bekannt wären, wie erquicklich müßte es sein, in diesen anmutigen Grotten auszuruhen, in diesen dunkeln Gängen zu spazieren, und sich mit süßen Früchten abzukühlen? Wenn wir nur einen Menschen wahrnähmen, der uns die Erlaubnis erteilen könnte!«

Indem wurde Ludoviko einige Bäume mit sehr schönen Früchten gewahr, die im Garten standen, große saftige Birnen und hochrote Pflaumen. Er hatte einen schnellen Entschluß gefaßt. »Laßt uns, meine guten Freunde«, rief er aus, »ohne Zeremonieen über das Spalier dieses Gartens steigen, uns in jener Grotte ausruhen, mit Früchten sättigen, und dann den Mondschein abwarten, um unsere Reise fortzusetzen.«

Jean Paul

Flegeljahre (1804)

Um 10 Uhr bracht' ihn Flitte dem Hofe näher: »wir gehen in die *champs élisées* und nehmen ein *déjeûner dinatoire.*« Es war ein bejahrter Fürstengarten, welcher den Weg zur ersten Chaussee im Lande gebahnt hatte. Unterwegs fingen zwar Warnungstafeln gegen Kinder und Hunde an; aber in den *champs élisées* wurde erst ordentlich alles verboten, besonders die elysischen Felder selber – in keinem Paradies gab es so viele verbotene Bäume und Frucht- und Blumen-Sperren – auf allen Gängen blühten oben oder keimten unten Kerker-Diplome und Aus- und Einwanderungsverbote – unter Expektanzdekreten der Züchtigung durchkreuzte jeder als ein lustwandelnder Züchtling das Eden und feierte Petri Kettenfeier im Gehen und strapazierte sich hinter seinem Rücken – mehr wie eine Wallfahrt durch Dante's Höllenkreise (der Himmel blieb nirgends als über dem Kopfe) denn als ein katholischer Bußgang durch Christi Leidens-Stazionen kam jedem unter dem schriftlichen Anschnauzen aller fluchenden Bäume und Tempel sein Lustwandeln vor – – ja der Mensch verstimmte sich zuletzt in den *champs* und kam fatigiert heraus.

War Walt je froh und frei: so wars in diesen Feldern; sein innerer Mensch trug ein Thyrsus-Stäbchen und rannte damit. Von allen diesen Warnungstafeln war nämlich nichts mehr da als die Tafel, das Holz, Stein, Blech; die Warnung aber war gut vermooset, verraset, versandet. Köstliche Freiheit und Freilassung beherrschte nun Eden, wie ihm Flitte beschwur und bewies. Die ganze Sperrordnung war blos in jenen Zeiten an der Tagesordnung gewesen, wo große und kleine Fürsten – ganz anders als jetzt die großen – (höflich zu sprechen) etwas grob gegen Unterthanen waren, und wo sie als Ebenbilder der Gottheit – welche darin eben nicht von dem Maler geschmeichelt wurde –, dem mehr jüdischen als evangelischen Gotte der damaligen Kanzeln ähnlich, öfter donnerten als segneten. »Was die Herrschaft jetzt etwa im Parke sehr lieb und gern hat,« sagte Flitte, »dieß ist schon besonders recht eingezäunt, so daß ohnehin niemand hinein kann.«

Beide nahmen ihr *déjeûner dinatoire*, Morgenbrod und Morgenwein, in einem offenen und lustigen Kiosk, unweit des Gartenwirths. Der Notar war erwähnter maßen seelig; – den auf- und absteigenden Tag- und Nachtgarten sammt dem leichten, wie herabgeflogenen Lustschlosse, das ein versteinerter Frühlingsmorgen schien, ferner die Wäldchen, woraus bunte Lusthäuschen wie Tulpen heraus wankten, deßgleichen die gemalten Brücken und weißen Statuen und die Regelschnüre vieler Hecken und Gänge – – das konnt' er dem Elsasser, dem ers zeigte, gar nicht feurig genug vorfärben, je länger er trank. Diesem gefiels natürlich; denn gewöhnlich führte er seine Claude-Lorrain's nur mit dem einzigen Wort und Striche wacker aus: süperb! – Jeder aber hat seine andere Hauptfarbe der Bewunderung; der eine sagt: englisch! – der andere: himmlisch! – der dritte: göttlich! – der vierte: ei der Teufel! – der fünfte: ei! –

Walt aber sagte, obwol zu sich: »dieß ist von Morgen an, oder ich irre entsetzlich, das wahre Weltleben Eleganter. Bin ich nicht wie in Versailles und in Fontainebleau; und Louis quatorze regiert zurück? Der Unterschied ist schwerlich erheblich. Diese Alleen – diese Beete – Büsche – diese vielen Leute am Morgen – dieser lichte Tag!« – Walten war nämlich, der Himmel weiß von welchen Frühblicken des Lebens, eine so romantische Ansicht von der Jugendzeit des galanten, liberalen, Länder, Weiber, Höfe besiegenden Ludwigs XIV. nachgeblieben, daß ihm dessen Jugend mit ihren Festen und Himmeln wie eine eigene Vorjugend schön als sanftes Feuerwerk in den Lüften vorschwebte und wie der freie frische Morgen eines im Negligé spazierenden Hofs – so daß ihn jeder Springbrunnen nach Marly warf, jede geschniegelte Allee nach Versailles und hohe Fontange-Kupferstiche an Schränken-Wänden ins damalige Königsschloß, ja sogar die ausgeschnittenen aufgepappten Bildchen auf seinem Schreibtische flogen mit ihm in jene lustige Hof-, wenn auch nicht lustige Völkerzeit. – »Ist nicht das Leben der Hofleute – hatt' er sich mehrmals gesagt – fortgehende Poesie (wenn anders die französischen Mémoires nicht lügen), ohne pressende Nahrungs-Qualen und in geflügelten Verhältnissen, und die Hofmänner können sich an jedem Musik-Abend verlieben und dann am Garten-Morgen mit den herrlichsten Geliebten spazieren gehen? O wie ihnen die Göttinnen blühen müssen im frischen schminkenden Morgenroth!«

Dadurch genoß er im Garten einen ganz andern, schon beerdigten; als Feuerwerk hing das phantastische Nachbild über dem liegenden Vorbild. Glücklicher Weise that ihm Flitte – der in jeder Gesellschaft stets eine neue suchte – den Gefallen, daß er mit dem Garten-Restauratör in ein Gespräch gerieth und ihn dadurch mit der köstlichen Einsamkeit zu einigen träumerischen Streifzügen beschenkte. Wie freudig that er diese! Er sah alles und dabei an – die grünen Schatten, von Sonnen-Funken durchregnet – die fernen Seen, einige wie dunkle Augenlieder des Parks, einige wie lichte Augen – die Barken auf Wassern – die Brücken über beide – die weißen hohen Tempel-Staffeln auf Höhen – die fernen, aber hell-herglänzenden Pavillons – und hoch über allen die Berge und Straßen draußen, die kühn in den blauen Himmel hinauf flogen –.

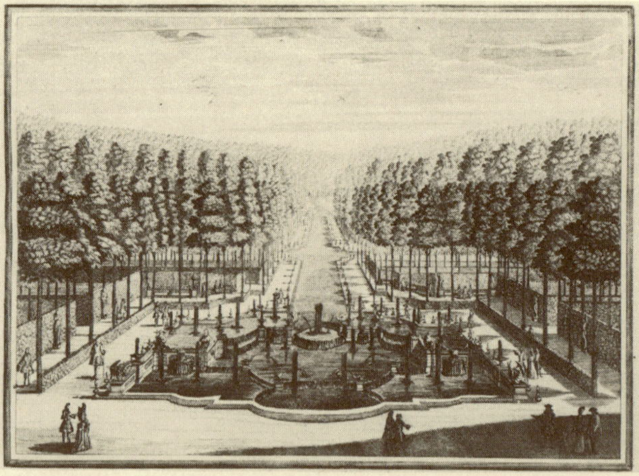

JOSEPH VON EICHENDORFF

Ahnung und Gegenwart (1815)

Meine frühsten Erinnerungen verlieren sich in einem großen, schönen Garten. Lange, hohe Gänge von gradbeschnittenen Baumwänden laufen nach allen Richtungen zwischen großen Blumenfeldern hin, Wasserkünste rauschen einsam dazwischen, die Wolken ziehen hoch über die dunkeln Gänge weg, ein wunderschönes kleines Mädchen, älter als ich, sitzt an der Wasserkunst und singt welsche Lieder, während ich oft stundenlang an den eisernen Stäben des Gartenthores stehe, das an die Straße stößt, und sehe, wie draußen der Sonnenschein wechselnd über Wälder und Wiesen fliegt, und Wagen, Reiter und Fußgänger am Thore vorüber in die glänzende Ferne hinausziehen. Diese ganze stille Zeit liegt weit hinter all' dem Schwalle der seitdem durchlebten Tage, wie ein uraltes wehmüthig süßes Lied, und wenn mich oft nur ein einzelner Ton davon wieder berührt, faßt mich ein unbeschreibliches Heimweh, nicht nur nach jenen Gärten und Bergen, sondern nach einer viel ferneren und tieferen Heimat, von welcher jene nur ein lieblicher Wiederschein zu sein scheint.

EDUARD MÖRIKE

Maler Nolten (1832)

Sie stiegen die breiten Stufen zur Gartenanlage hinab, und die Gräfin bezeugte auf eine drollige und neckische Art ihre Freude über die Leichtigkeit, womit sie auf der gefrorenen Schneedecke hinschlüpfen konnte, indeß ihr Begleiter zuweilen unversehens mit dem Fuße einsank. Aber all ihr munteres Wesen vermochte kaum etwas gegen den sinnenden Ernst des Malers. Sie kamen vor eine dunkle Gruppe hoher Forchen, welche den Eingang zu der sogenannten schönen Grotte vorbereiteten. Diese zog sich eine beträchtliche Länge unter einem reichbewachsenen Felsen fort und führte unmittelbar in den großen Saal der Orangerie. Nicht ohne vielen Sinn war die Sache so angelegt worden, um dem Spaziergänger eine höchst überraschende Szene zu bereiten, wenn man, besonders zu dieser Jahreszeit, aus dem todten Wintergarten in eine schauerliche Nacht eingetreten, nach etlichen hundert Schritten mit Einem Male einen hellgrünen, warmen Frühling zauberhaft aus breiten Glasthüren sich entgegenleuchten sah.

*

Es war ein schwüler Nachmittag. Nolten trat in ein sogenanntes Labyrinth. So heißen bekanntlich in der altfranzösischen Gartenkunst gewisse planmäßig, aber scheinbar willkürlich in einander geschlungene Laubgänge, mit einem einzigen Eingang, welcher sich schwer wieder finden läßt, wenn man erst eine Strecke weit in's Innere gedrungen ist, weil die grünen, meist spiralförmig um einander laufenden und durch unzählige Zugänge unter sich verbundenen Gemächer fast alle einander gleichen. Die Wege sind sehr reinlich gehalten, die Wände glatt mit der Schere geschnitten, ziemlich hoch und oben gemeiniglich offen. Der Maler schritt in diesen angenehmen Schatten, seinen Gedanken nachhängend, von Zelle zu Zelle, und nachdem er lange vergeblich auf das Centrum zu treffen gehofft hat, verfolgt er endlich eine bestimmte Richtung und gelangt auch bald in ein größeres rundes Gemach, worauf die verschiedenen Wege von allen Seiten zuführen; es ist oben bis auf eine schmale Öffnung überwölbt, und diese sanfte Dämmerung, die Einsamkeit des Plätzchens, wo kaum das Summen einer Fliege die tiefe süße Mittagsstille unterbrach, Alles stimmte vollkommen zu den Gefühlen unseres Freundes. Er sezte sich auf eine Bank und schlug die Mappe auf.

Joseph von Eichendorff

Dichter und ihre Gesellen (1834)

Fortunat wandte sich nun allein in den Garten, wo er zu seinem Erstaunen ringsumher nur architektonische Formen altmodischer Gänge, hohe feierliche Buchenalleen, Springbrunnen und künstliche Blumenbeete erblickte, von denen dunkelglühende Päonien und prächtige Kaiserkronen glänzten. Es war, als hätte ein wunderbarer Zauberer über Nacht seine bunten Signaturen über das Grün gezogen und säße nun selber eingeschlummert in dem Labyrinth beim Rauschen der Wasserkünste und träumte von der alten Zeit, die er in seine stillen Kreise gebannt.

Schon waren Schloß und Amtmannswohnung hinter Fortunat versunken, als er plötzlich einen wohlgekleideten jungen Mann bemerkte, der an den Marmorstufen eines einsamen Gartenhauses eingeschlafen war. Er wollte umkehren, aber der Schläfer, von dem Geräusch erweckt, fuhr so eben rasch auf, blickte verworren ringsumher und fragte Fortunat, wer er sei? Dieser erzählte nun sein nächtliches Abenteuer und seinen langgehegten Wunsch, diese Gegend einmal zum Angedenken des Dichtergrafen Victor zu durchstreifen. – Vortrefflich, erwiderte der andere, so will ich Sie sogleich herumführen! – Kennen Sie den Grafen Victor? fragte Fortunat. – Nicht sonderlich, erwiderte jener, doch weiß ich eben genug von ihm, um Ihnen hier überall genügende Auskunft zu geben.

Fortunat nahm das unerwartete Anerbieten dankbar

an und betrachtete, als sie nun mit einander weiter gingen, mit freudiger Ueberraschung das schöne, aber etwas bleiche und wüste Gesicht des Unbekannten, über das die Morgenlichter durch das Laub wunderlich wechselnde Scheine warfen. Er äußerte endlich seine Verwunderung über die, wie es schien, absichtlich und sehr sorgfältig festgehaltene Altmodigkeit dieses Gartens. – Der Graf, entgegnete sein Begleiter, will es so haben. Buxbaumene Kindlichkeit! Wie es in seiner Kindheit gewesen, so soll es hier ferner verbleiben, selbst dieselben Blumen müssen jährlich an denselben

Plätzen wieder gepflanzt werden, wie damals. – Er hat recht, sagte Fortunat, was soll ein Garten, wenn er nicht ein Gedicht von ganz bestimmtem Klange ist! In diesem einförmigen Plätschern der Wasserkünste, in dieser geisterhaften Symmetrie der Laubwände und stummen Marmorbilder ist eine Wehmuth, die einen wahnsinnig machen könnte.

Jetzt standen sie an dem Abhange des Berges, dessen obere Fläche das Schloß und der eigentliche Ziergarten einnahmen. Von der mit Epheu umrankten Felswand sah man hier plötzlich in tiefe Schluchten und Wiesenplätze hinab, wo in kühlen Schatten uralter Bäume Rehe und Damhirsche weideten, die scheu die Köpfe nach ihnen emporhoben und dann pfeilschnell im tieferen Dunkel verschwanden. – Sehen Sie da, rief Fortunat's Begleiter aus, das Großartige und Kühne dieser Composition. Ich betrete diesen Ort nie ohne Ehrfurcht vor dem seltenen Genius dieses Dichtergrafen, oder sagen wir es nur lieber grad' heraus: Dichterkönigs! besonders muß ich Sie hier auf jene leicht geschwungenen Brücken aufmerksam machen. Sie führen, wie Sie sehen, über die Wipfel der Bäume hinweg nach einzeln stehenden hohen abgerissenen Felsen hinüber, die, mit ihren bunten Gärtchen auf den Gipfeln wie funkelnde Blumenzinnen über Waldeseinsamkeit emporragen. Diesen Einfall hat der liebenswürdige Graf vor dem lieben Gott voraus, er legte diese hängenden Gärten an; das waren die Blocksberge seiner Phantasie. Hier pflegte er als Knabe, wenn ein Gewitter heraufzog und im Schlosse alles ängstlich durcheinander lief, vor der unermeßlichen Aussicht zu sitzen, mit den Beinen über dem Abgrunde baumelnd, bis ihm die ersten dicken Regentropfen an die seidenen Strümpfe klatschten…

Als Fortunat wieder die Anhöhe erreichte, traute er seinen Augen kaum. Der schönste Morgenglanz blitzte jetzt über die gezirkelten Rasenfiguren und Tulpenbeete, an den Statüen hingen Mieder, Poschen und Schleier umher, ein frischer Wind ging durch den Garten und ließ, die Zweige theilend, bald ein paar bloße Mädchenarme, bald ein ganzes zierliches Bildchen flüchtig erblicken. Und so glich der Garten mit den bunten Tüchern, die wie Frühlingsfahnen von den Büschen flatterten, mit den funkelnden Strahlen der Wasserkünste und dem heitern Sonnenhimmel darüber, auf einmal jenen alten Landschaften, wo alle Hecken von schwärmenden Nymphen wunderbar belebt sind.

III.
»Die Natur in ihrem festlichen Gewand«

Verschiedenerlei Lustörter

Johann Georg Zimmermann

Marienwerder (1785)

Längst war ich mit dem Erhabensten in der Natur bekannt, als ich zum erstenmale in meinem Leben einen Englischen Garten ganz nahe vor Hannover sah, und bald darauf noch einen weit grössern, eine Meile von da, in Marienwerder. Aber noch kannte ich die Kunst nicht, welche elende Sandhügel durch eine neue Art von Schöpfung in eine freundliche Landschaft verwandelt. Diese magische Kunst dringet so tief in die Seele. Mit dem reinsten dabey angebrachten Natursinn, erreget sie alle frohen Gefühle im Herzen, alles was durch Einsamkeit, ländliche Ruhe, und Absonderung von den Menschen befriedigt. Mit Thränen dankvoller Rührung erinnere ich mir einen Tag aus jenen ersten Zeiten meines Aufenthalts in Hannover, in denen kein anderes Gefühl in meiner Seele herrschte als die schwärzeste Melankolie, und das fürchterlichste Heimweh; ich kam in den kleinen Garten meines seligen Freundes, des Herrn von Hinüber, vor Hannover, und weg war für diesen Tag mein Heimweh.
Der Zauber war mir neu. Noch wußte ich nicht, daß sich auf einer ganz kleinen Fläche, die Natur in solcher reitzender Mannigfaltigkeit und edler Einfalt darstellen läßt. Noch hatte ich nicht erfahren, daß man auf den esten Blick, so weggerissen werden kann von allem was uns in der Stadt drückt, zu Arcadischer Wollust, von allen Gefühlen die uns des Lebens wieder froh machen. Noch segne ich den Tag, da ich dieß zuerst erfuhr.

Diese neue Vereinigung von Kunst und Natur, die man nicht in China sondern in England erfand, gründet sich auf den reinsten und richtigsten Geschmack für das Schöne in der Natur, und auf erfahrungsvolles und durchgeprüftes Gefühl der Wirkungen einer keuschen Phantasie in das Herz. Hirschfeld, dieser große Mahler der Natur, dieser sanfte und liebenswürdige Philosoph, der erste Deutsche der uns dieß alles durch seine Gartentheorie itzt lehret, ward dadurch einer der größten Wohlthäter Deutschlands.

Deutschenglische Gärten giebt es freylich an manchem Orte, in denen man nie aufhören kann zu lachen, und auch dieß ist eine Wohlthat. Oder sollte man nicht lachen, wenn man Pappelnwälder sieht, die kaum hinreichend wären einen Ofen auf einen Tag einzuheitzen; Maulwurfshaufen, die man Berge nennt; in Lebensgrösse auf Eisenblech gemahlte Menagerien von wilden und zahmen Thieren, Vögeln und Amphibien; zahlreiche und erstaunende Brücken über Meere, die ein paar Hühner aussaufen könnten; hölzerne Fische auf Canälen, in die jeden Morgen das Wasser gepumpt wird? Dieß alles ist weit unnatürlicher als der ehemalige elende Geschmack (*). Aber führet mich dagegen, in dem Garten des Herrn von Hinüber in Marienwerder, jeder Blick zu Gott, jede Aussicht zu erhabener Ruhe; sehe ich von jeder Bank dort, in freundliche, immer abwechselnde, und immer neue Gartenscenen; bin ich niemals in Marienwerder gewesen, ohne daß meinem Herzen wohl ward: o so grüble ich nicht gerne nach dem was anders seyn könnte, als es ist; und lasse mir kein Vergnügen durch kalte Geschmacksmeister weglachen.

Bilder der Ruhe, sie mögen nun durch Geschmack und Kunst erschaffen, oder wirklich in der Natur vorhanden seyn, bringen durch die Phantasie immer Ruhe ins Herz. Umgiebt mich von allen Seiten und in den angenehmsten Gestalten, sanfter Frieden; ladet ein ländlicher Aufenthalt meine ganze Seele zu sich ein; heisset er jeden quälenden Gedanken schweigen; bezaubert mich eine liebenswürdige Einsamkeit allmählig und unvermerkt mit solcher Gewalt, daß alles in mir in Gutmüthigkeit, Wohlwollen, Liebe, und Zufriedenheit mit meinem Loos übergeht: so danke ich Gott für meine Einbildungskraft, die mir zwar oft mein Leben trübt, aber die mir doch immer in der Einsamkeit einen Fels finden läßt, auf dem ich mich halte, und mit stillerm Schauer denke an den überstandenen Sturm.

(*) Nemlich der Holländische. Denn der Enthusiasmus für das Neue, reisset mich doch nicht so weit hin, daß ich deswegen die Spuren des Edlen und Schauerlichen und Anmuthigen, in manchem uralten Französischen Garten verkenne.

aus: Über die Einsamkeit

Johanna Schopenhauer

Oliva (1789)

Eine einzige alte Allee zu schwindelnder Höhe emporgewachsener geschorener Buchenhekken, deren Gleichen ich nie gesehen, zeichnet diesen Garten vor allen ihm ähnlichen aus; das grandioseste Rokoko, das sich erdenken läßt. Möge jetzt, wo Kloster Oliva durch den Tod seines letzten Mönchs verödet ist, der gute Genius des Ortes Wind und Frost davon abwehren, und nie dulden, daß eine mörderische Axt vernichtend ihm nahe.

Im schönsten Verhältniß ihrer Breite, zu der erstaunenswürdigen Höhe ihrer grünen Laubwände, durchschneidet diese Allee, von der Gartenfronte des Schlosses an, nicht nur die Länge des Gartens, sondern reicht noch wenigstens eine Stunde über denselben hinaus, bis dicht an das ferne Gestade der Ostsee, deren tiefblaue Wogen sie begrenzen. So scheint es wenigstens dem durch optische Kunst getäuschten Auge, und diese Täuschung schwindet nicht, bis man die Allee hinunter an die eigentliche durch ein breites Aha gebildete Grenze derselben gelangt. Das bedeutende, die Allee von einem ihr gegenüberliegenden Fichtenwäldchen trennende Stück Feld, so wie auch das nicht kleinere, auf der andern Seite des Gehölzes zwischen diesem und dem Meeresufer belegene, sind durch weise Berechnung der Grundfläche dem Auge völlig entzogen; der Wald so durchhauen, daß er wie eine ununterbrochene Fortsetzung der hohen Buchenwände der Allee und die Ostsee wirklich die äußerste Grenze derselben zu umspülen scheint.

Wenn man hier an die Stelle dieses Prachtstückes altfranzösischer Gartenkunst eine krausgewundene, von nordamerikanischem Gesträuch umschattete englische Anlage der neuern Zeit sich denkt, die allerdings als Umgebung eines bürgerlichen Landhauses ganz an ihrem Orte sich befindet, dann erst fühlt man, welche fast poetische Lebensweisheit in L e N ô t r e s Beginnen vorwaltete. Vornehme Leute müssen auch im Grünen sich vornehm ergehen können, und die ihre Paläste zunächst umgebenden Anlagen dürfen daher mit vollem Rechte nur als Übergang aus ihren Prunkgemächern in die freie Natur sich darstellen.

aus: Jugendleben und Wanderbilder

Ludwig Tieck

Sans-Pareil (1793)

Wir stiegen wieder auf und kamen nun in Zwernitz oder Sans-Pareil an. Die Gegend umher ist nicht im mindesten schön, aber von dem dortigen Garten werden Sie wahrscheinlich schon gehört haben, denn er ist sehr bekannt. Es war schon Abend, wir bestellten nun ein Abendbrot und gingen nun sogleich nach dem Garten; Sans-Pareil ist 4 Meilen von Erlangen. – Es ist wirklich eine sehr merkwürdige Erscheinung, daß hier in einem Walde eine Menge sehr großer Felsmassen ganz isoliert stehn, die von Natur Hütten und Grotten bilden, die Steine ragen kühn und wildverzerrt aus der Erde hervor und stehn unter Bäumen in einer Gegend, wo man sonst weiter gar nichts von Felsen sieht, ich habe noch wenig gesehn, was einen so abentheuerlichen Eindruck macht. – Nachher habe ich bemerkt, daß die ganze Gegend hier herum einen solchen Charakter hat, bis Streitberg (3 Meilen) findet man solche Felsen, sie werden aber nach und nach immer kleiner, und verschwinden endlich unter den gewöhnlichen Feldsteinen, nach Bayreuth zu ist es gerade eben so, eben so noch die Gegend von Culmbach. – Man fand diese Erscheinung hier bei Zwernitz auf einer Jagd und hat nun aus diesem Walde einen Garten gemacht, der äußerst feenhaft ist. Die großen Felsparthien im Walde, das große und wilde, das dadurch in der Phantasie hervorgebracht wird, ein gewisser Tunnel ist äußerst schön, – aber dadurch hat der Garten auch sehr viel Einseitiges, es ist kalt drin, man findet nichts als Wald und Felsen, um eine Aussicht zu haben, muß man sehr hoch steigen, – und in jedem Garten ohne Ausnahme geht doch immer die hohe, heilige Empfindung verlohren, die die Natur in uns hervorbringt, in Wörlitz hab' ich das so oft empfunden und hier war es wieder derselbe Fall – das Rauschen eines Waldes, ein Bach, der vom Felsen fließt, eine Klippe, die im Thale aufspringt, – es kann mich in einen Taumel versetzen, der fast an Wahnsinn grenzt; in Sans-Pareil ist gewiß so wenig Kunst als möglich, aber ich dachte doch beständig daran, daß ich in einem G a r t e n sei, von jedem Gange wußte ich, er führt mich zu einem andern Felsen, fände ich von ohngefähr alle diese Parthien in einem Walde, o dann würden sie mich unendlich mehr entzücken, ich suchte sie dann, aber in einem Garten läuft mir die Natur gewissermaßen immer mit all ihren Plätzen nach – und ist die Natur dann so auffallend sonderbar, wie hier, gränzt sie so sehr an's B i z a r r e, – dann findet bei mir wirklich kein eigentlicher Genuß der Schönheit statt. – Eine Parthie war, die mich doch ganz bezauberte, die Vulkanshöle, (alle Nahmen sind aus dem Télémaque genommen) es ist ein ordentliches kleines Thal, rundum von Felsenmassen eingeschlossen. – Ein kleines Theater ist im Garten auch im Freien angelegt, auf dem sonst gespielt ist, es ist ganz im Geschmack des Gartens, die Coulissen sind Steine, die mit vielen kleinen Steinen bunt gemacht sind, das Parterre besteht aus einer großen natürlichen Felsenhöle, die fast fürchterlich gewölbt ist, und unter der man gebückt hinaufgehn muß. – Für die Nacht und den Mondschein giebt es vielleicht nichts Schöneres, als diesen Garten, – illuminirt müßte er völlig zum Bezaubern sein. – Als wir heraustraten, schwebte noch so eben der letzte rothe Duft der untergegangenen Sonne um die Wälder, mit vielen verdorbenen Empfindungen ging ich zum Wirthshause zurück. – Das Essen war schlecht, ermüdet schlief ich desto besser.

Ludwig Tieck an August Ferdinand Bernhardi, Juni 1793

Karl Philipp Moritz

Villa Borghese (1794)

Die Villa Borghese ist jetzt mein liebster Aufenthalt. In ihren schattichten Wäldern mich zu verlieren, ihre sonnichten Anhöhen zu besteigen, und in ihren Lorbeerhainen umher zu irren, ist für mich ein Elysium. Schwerlich kann auch die Phantasie das fabelhafte Elysium in der Unterwelt sich schöner gebildet haben, als dieses wirkliche auf der Oberwelt.

Besonders hat mich ein Plätzchen angezogen, nicht weit von einem durch die Kunst gebildeten Teiche, in dessen Mitte, auf einer kleinen Insel, von dem Besitzer dieser Villa dem Gotte der Gesundheit ein Tempel erbaut ist. In einem dunkeln Gebüsche steht ein großer antiker Marmorsarg, worauf der Tod des Phaeton abgebildet ist, mit der Unterschrift: »magnis tamen excidit ausis«.

In Ansehung der Kunst, kann man die Arbeit an diesem Basrelief, wohl nicht unter die geschmackvollsten zählen; das ganze aber tut dem ohngeachtet, an dem Orte, wo es steht, eine vortreffliche Wirkung.

Man denkt sich hier den Sarg, in welchem die Asche des entschlummerten Jünglings liegt, der bei den rühmlichsten Vorsätzen, und den schimmerndsten Aussichten in die Zukunft, zu früh ein Raub des Todes wurde, und um welchen Eltern und Freunde trauern, die in ihm ihre schönsten Hoffnungen vernichtet sehen.

Die Stille und Einsamkeit, welche um dieses schöne Grabmal herrscht, die von Bäumen beschatteten kleinen Hügel in der Nähe, der stille Teich zur Linken, die Aussicht in das Tal, und auf die gegenüber liegenden sanften Anhöhen; dies alles begeisterte mich, zu dem Entwurf einer kleinen Zeichnung, die mir nicht schlecht geraten scheint, und welche ich Deiner Prüfung vorlege.

Ich war in meinen Gegenstand ganz vertieft, und hatte an meiner Zeichnung eben den letzten Strich vollendet, als ich mich umsah, und auf einer der Bänke, nicht weit vom Teiche des Äskulap, eine weißgekleidete weibliche Gestalt erblickte, deren braunes Haar sich in natürliche Locken rollte. Sie stand in demselben Augenblicke auf, und eilte schnell hinweg.

aus: Die neue Cäcilia

Friedrich Schiller

Hohenheim (1794)

Außer diesen ästhetischen Bemerkungen ist von demselben V. in diesem Kalender eine Beschreibung der großen Gartenanlage zu Hohenheim angefangen, davon uns derselbe im nächsten Jahre die Fortsetzung verspricht. Jedem, der diese mit Recht berühmte Anlage entweder selbst gesehen, oder auch nur von Hörensagen kennt, muß es angenehm sein, dieselbe in Gesellschaft eines so feinen Kunstkenners zu durchwandern. Es wird ihn wahrscheinlich nicht weniger, als den Rezensenten, überraschen, in einer Komposition, die man so sehr geneigt war, für das Werk der Willkür zu halten, eine Idee herrschen zu sehen, die, es sei nun dem Urheber oder dem Beschreiber des Gartens, nicht wenig Ehre macht. Die mehresten Reisenden, denen die Gunst widerfahren ist, die Anlage zu Hohenheim zu besichtigen, haben darin, nicht ohne große Befremdung, römische Grabmäler, Tempel, verfallene Mauren u. dgl. mit Schweizerhütten, und lachende Blumenbeete mit schwarzen Gefängnismauren abwechselnd gesehen. Sie haben die Einbildungskraft nicht begreifen können, die sich erlauben durfte, so disparate Dinge in ein Ganzes zu verknüpfen.

Die Vorstellung, daß wir eine ländliche Kolonie vor uns haben, die sich unter den Ruinen einer römischen Stadt niederließ, hebt auf einmal diesen Widerspruch, und bringt eine geistvolle Einheit in diese barocke Komposition. Ländliche Simplizität und versunkene städtische Herrlichkeit, die zwei äußersten Zustände der Gesellschaft, grenzen auf eine rührende Art aneinander, und das ernste Gefühl der Vergänglichkeit verliert sich wunderbar schön in dem Gefühl des siegenden Lebens. Diese glückliche Mischung gießt durch die ganze Landschaft einen tiefen elegischen Ton aus, der den empfindenden Betrachter zwischen Ruhe und Bewegung, Nachdenken und Genuß schwankend erhält, und noch lange nachhallet, wenn schon alles verschwunden ist.

Der Vf. nimmt an, daß nur derjenige über den ganzen Wert dieser Anlage richten könne, der sie im vollen Sommer gesehen; wir möchten noch hinzusetzen, daß nur derjenige ihre Schönheit vollständig fühlen könne, der sich auf einem bestimmten Wege ihr nähert. Um den ganzen Genuß davon zu haben, muß man durch das neu erbaute fürstliche Schloß zu ihr geführt worden sein. Der Weg von Stuttgart nach Hohenheim ist gewissermaßen eine versinnlichte Geschichte der Gartenkunst, die dem aufmerksamen Betrachter interessante Bemerkungen darbietet. In den Fruchtfeldern, Weinbergen und wirtschaftlichen Gärten, an denen sich die Landstraße hinzieht, zeigt sich demselben der erste physische Anfang der Gartenkunst, entblößt von aller ästhetischen Verzierung. Nun aber empfängt ihn die französische Gartenkunst mit stolzer Gravität, unter den langen und schroffen Pappelwänden, welche die freie Landschaft mit Hohenheim in Verbindung setzen, und durch ihre kunstmäßige Gestalt schon Erwartung erregen. Dieser feierliche Eindruck steigt bis zu einer fast peinlichen Spannung, wenn man die Gemächer des herzoglichen Schlosses durchwandert, das an Pracht und Eleganz wenig seinesgleichen hat, und auf eine gewiß seltene Art Geschmack mit Verschwendung vereinigt. Durch den Glanz, der hier von allen Seiten das Auge drückt, und durch die kunstreiche Architektur der Zimmer und des Ameublement wird das Bedürfnis nach – Simplizität bis zu dem höchsten Grade getrieben, und der ländlichen Natur, die den Reisenden auf einmal in dem sogenannten englischen Dorfe empfängt, der feierlichste Triumph bereitet. Indes machen die Denkmäler versunkener Pracht, an deren traurende Wände der Pflanzer seine friedliche Hütte lehnt, eine ganz eigene Wirkung auf das Herz, und mit geheimer Freude sehen wir uns in diesen zerfallenden Ruinen an der Kunst gerächt, die in dem Prachtgebäude nebenan ihre Gewalt über uns bis zum Mißgebrauch getrieben hatte. Aber die Natur, die wir in dieser englischen Anlage finden, ist diejenige nicht mehr, von der wir ausgegangen waren. Es ist eine mit Geist beseelte und durch Kunst exaltierte Natur, die nun nicht bloß den einfachen, sondern selbst den durch Kultur verwöhnten Menschen befriedigt, und indem sie den erstern zum Denken reizt, den letztern zur Empfindung zurückführt.

Was man auch gegen eine solche Interpretation der Hohenheimer Anlagen vielleicht einwenden mag, so gebührt dem Stifter dieser Anlagen immer Dank genug, daß er nichts getan hat, um sie Lügen zu strafen; und man müßte sehr ungenügsam sein, wenn man in ästhetischen Dingen nicht ebenso geneigt wäre, die Tat für den Willen, als in moralischen den Willen für die Tat anzunehmen.

Wenn das Gemälde dieser Hohenheimer Anlage einmal vollendet sein wird, so dürfte es den unterrichteten Leser nicht wenig interessieren, in demselben zugleich ein symbolisches Charaktergemälde ihres so merkwürdigen Urhebers zu erblicken, der nicht in seinen Gärten allein Wasserwerke von der Natur zu erzwingen wußte, wo sich kaum eine Quelle fand.

aus: Über den Gartenkalender auf das Jahr 1795

ERNST MORITZ ARNDT

Sans-Pareil (1798)

Wanderung nach Muggendorf den 20. Jun.

Um 10 Uhr wanderte ich mit einem Schneider aus Sans-Pareil, den der Zufall mit mir in Eine Schenke gebracht hatte, aus, und hatte an ihm einen treuen Führer durch alle möglichen Steige und Gehölze, bald auf bamberger, bald bayreuthischem Gebiet. Der Weg war schlimm – denn es hatte die ganze Nacht und den Morgen geregnet – und der Boden überdieß lettiger, als der vorher betretene, aber darum nicht fruchtbarer. Wir stiegen über Schönfeld und Gelbsreih bis Sans-Pareil fast immer bergan. Statt des Schwarzholzes standen auf diesem Wege häufiger Eichen, Buchen, Haseln und andere Arten, und außer dem gewöhnlichen Getreide auch schlechter Weizen, Linsen und Wicken. Die Gegend ist hoch und heißt mit besonderm Namen das Gebirg. Die vielen kleinen Steine im Felde und die zusammengehäuften Hügel von Steinen, mit Gesträuch umwachsen und hohen Buchen beschattet, erinnerten mich lebendig und wehmüthig an die Hügel meiner mütterlichen Insel. So nahm ich von meinem Schneider bey Sans-Pareil Abschied und ging in den großen Buchenwald ein, oder in den Wald der großen Buchen, denn er ist nicht groß. Er läuft von Westen nach Osten länglicht fort und mag nicht über 400 Fuß breit seyn. Hoch und schlank sind seine Bäume. Aber welche Steinmassen hast du, o ewige Natur, hier hingeworfen! mit welchen Gestalten und Gebilden hast du gespielt, als du dieses Paradies schufest! Schon ehe man in das Dunkel des Hains tritt, kündigen sich die Kalkblöcke einzeln auf dem Wege zwischen Gelbsreih und Wörnitz an; aber wie überrascht staunt man, wenn man die seltsamen Gestalten im Walde selbst nun vor sich erblickt? Ich hätte von der Fantaisie her hierauf etwas vorbereitet seyn sollen, aber ich war es nicht; alles traf ganz neu und gewaltig mein innerstes Wesen. Dazu stimmte dann auch alles zusammen. Der Himmel war düster und rauh, wie die Natur, fernher grollte der Donner und der Wind schüttelte die Gipfel der Bäume. Meine Seele war froh, aber nicht leicht, ich sah alle Dinge nur groß und furchtbar. So betrat ich dieses heilige Schattenreich, worin die alten Germanen sicher einmal gefeyert und geopfert haben. Wunderbar ward mir ums Herz, als ich die einzelnen großen Massen erblickte, die aus Zauberhänden als ein Spiel der Zauberey hingewälzt schienen. Nichts sagen will und mag ich von den Brockelhäusern am Eingange des Parks, nichs von den zierlichen Häuschen und Tempelchen im Walde auf den höchsten Felsenstücken. Laß sie zerfallen und zertrümmern, die große Natur bleibt und bedarf keiner Kunst.

Der vordere Theil des Hains besteht aus hohen Buchen ohne Unterholz. Diese umklammern zum Theil die Felsen und scheinen sie zu halten, indem sie ihre Spitzen mit den Wipfeln umspielen. Diese liegen in allerley Gruppen umhergestreut. Natur hat hie und da Grotten und Sessel gegraben, Kunst zuweilen verbessert, öfter verschlimmert. Ueber allen Ausdruck erhaben ist die Felsgruppe, die man Dianens Adler und Grotte, und Vulkans Grotte überschrieben hat. Man erbebt in seinem Innersten bey dem großen Anblick und kann doch nicht fort. Die Buchen berühren mit ihren Wipfeln

kaum die hohen Gewölbe und oben wachsen neue Buchen und Tannen aus dem Stein.
Widerlich sind hier die hölzernen Bänke und Tische und die Schnörkeleyen von Menschenhänden unten und oben; aber gottlob diese werden vermodert seyn, wenn der zwanzigste Enkel nach mir noch wallfahrtet, hier im großen Tempel der Natur anzubeten. Den zweyten Theil des Parks macht ein Reisholz, wie man hier sagt, aus; Eichen, Buchen, Haseln und anderm Gesträuch, welches mit schönen Gängen durchflochten ist. Auch hier sind am Ostende herrliche Felsen, und ich weiß nicht, ob ich die Felsgrotte der Sybilla und die Masse mit dem schimmernden Tempel droben nicht der im hohen Buchenholze vorziehe. Man hat von hieraus eine unbegränzte Aussicht in drey Winde, nur nicht in den Osten, da sind die Vorberge und Wälder zu hoch. Unten sind die lieblichsten Büsche, ein grüner Kranz, um die bemosten Felsklumpen gewoben. Unter dem schimmernden Tempelchen hat man nun außer den natürlichen noch künstliche Arkaden gemacht, mit Muschelwerk, Fratzen und Faunen und andern elenden Statüen. Das ärgert einen hier nur. Ich weidete mich lange in diesem köstlichen Aufenthalt der Schwärmerey und finstern Betrachtung, und schlenderte dann Erdbeeren (Rothbeeren) lesend und träumend fort, und saß so, ohne mich dessen zu versehen, bey einem Frauenzimmer unter einer dunkeln Wölbung auf einem Sessel aus Stein. Wir fuhren gewiß beyde gleich sehr zusammen und gafften uns stumm an, bis endlich zierliche Worte und Fragen kamen. Sie sprach mit gewaltiger Schwärmerey und den tiefen schwarzen Augen konnte man Wahrheit dieser Melancholie zutrauen; schwarze Haare hingen um den weißen Nacken. Aber dies war auch alles; das übrige schien

nach den Modellen gemacht, die mich unten in der Grotte so geärgert hatten. Ich blieb nur, so lange es der Wohlstand wollte, bey diesem unlieblichen Abentheuer, und machte mich dann hurtig, wie ein Gebissener fort, um meine alten Lieblingsplätze wollüstig noch einmal zu mustern.

aus: Bruchstücke aus einer Reise von Bayreuth bis Wien – Sommer 1798

Joseph von Eichendorff

Schwetzingen (1807)

Da jezt eben Hundstags-ferien waren so giengen wir beyde heute gantz allein gen halb 5 Uhr des Morgens zu Fuß von Heidelberg aus nach Schwetzingen zu. Regenbogen vor uns, hinter uns die heidelberger Berge (fast wie im Hartze) gantz mit Thaldämpfen bedekt. Peip of Tabako. Gegen halb 7 hatten wir Schwetzingen (kleiner offner Marktflek, fast wie Lauchsteadt) erreicht u. begaben uns nach eingenommenem Frühstüke sogleich in den hiesigen Großherzoglichen Garten, der (vom Kurfürsten Carl Theodor angelegt) 100 Morgen beträgt, jährlich, bloß um unterhalten zu werden, ...Gulden kostet, u. einer der berühmtesten Deutschlands ist. Altfränkisches u. nicht großes Schloß, durch das man hineingeht. Gleich beym Eintritt schönes Point de vue durch eine durchaus ausgehauene Allee auf den fernen blauen Donnersberg, grade symetrisch in der Mitte. Zu beyden Seyten des Schlosses schließen sich (wie die Portici an der Peterskirche) ungeheuere Orangeriepalläste an. Großes Bassin mit Statuen u. vielen Waßerkünsten. Ungeheuere, himmlische (meistens 22 Schritt breite) Alleen, sich nach allen Richtungen durchkreutzend (Hohenlohs Garten in Breslau eine elende Nachahmung davon). Wir umgiengen zuerst den Garten in seinem Umfange, wobey wir dann verschiedene Gräben u. Teichen, deren Ufer sehr schön mit Trauerweiden behangen sind, an einer alten Ruine, die wir bestiegen, u. wieder an einer anderen dergleichen etc. etc. Darauf ließen wir uns in das Innere der prächtigen Mosché u. der dazugehörigen Bäder führen, u. bestiegen auf einer gantz dunklen engen Wendeltreppe das eine von den säulenartigen Thürmchen, von dem wir die schönste Aussicht auf Speyer, Mannheim u. das Heidelberger Thal genossen. Das schöne Plätzchen: wo die stillen Bächlein gehen, u. der rinnende Felsen mit dem darauf sitzenden Faun. Unter diesem undurchdringlichen Schatten ruhten wir einige Zeit aus. Große Menge von Vögeln in diesem kühlen Dunkel spielend. Herrlicher Apollo-Tempel mit einem Vorhofe mit Sphinxen u. der Cascade, hinten schattigte Altanen. Daneben ein sehr kostbar decorirter Tempel, wobey fast die schönste Parthie, nemlich ein langer Bogengang mit Holtzgittern (gantz nach altem Geschmack, aber sehr schön) in deßen Mitte eine Waßerkunst mit rings umgebauten Vogelhäusern, u. kühlen, ausgelegten Grotten u. in deßen Hintergrunde endlich eine große, oben etwas gewölbte Mauer, ein wenig abstehend, mit vorgewachsenen Sträuchern, worauf eine Landschaft mit Waßer u. blauen Bergen, u. blauem Himmel bis oben hinauf, so täuschend gemahlt ist, daß man bis auf 8 Schritt durchaus glaubt man habe eine wirkliche Gegend von 10 Meilen vor sich. Da wir heute nicht förmlich zu Mittag eßen wollten, so begaben wir uns um 12 Uhr hinten aus dem Garten in das Wäldchen nach Speyer zu. Hier zogen wir uns, so viel als möglich, aus, strekten uns in den Schatten, Wilhelm schlief ein, ich rauchte. Große Hitze, bange ebne Gegend (die blauen Voghesen) mittägliche Ruhe u. Einsamkeit; viele u. schöne Schmetterlinge, Erinnerungen an Lubowitz. Nachdem wir nun so zwischen Traum u. Wachen bivouaquirt hatten, begaben wir uns endlich gen 3 Uhr durch den Garten in den Gasthof, verzehrten dort ein kaltes aber reichliches Mahl mit Wein u. Seltitzer Wasser, machten noch einige Excursionen in den Garten, wo wir die Großherzogin aus dem Schloße zur Guitarre singen hörten, u. traten nun bey Sonnenuntergang endlich wieder unseren Rückweg an, wobey die vielen Rükblike auf das Schwetzinger Schloß, das man noch weit über eine Stunde weit sieht.

aus: Pro memoria für den Monat Juli 1807

Johann Peter Eckermann

Goethes Garten (1824)

Montag, den 22. März 1824.

Mit Goethe vor Tisch nach seinem Garten gefahren.

Die Lage dieses Gartens, jenseits der Ilm, in der Nähe des Parks, an dem westlichen Abhange eines Hügelzuges, hat etwas sehr Trauliches. Vor Nord- und Ostwinden geschützt, ist er den erwärmenden und belebenden Einwirkungen des südlichen und westlichen Himmels offen, welches ihn, besonders im Herbst und Frühling, zu einem höchst angenehmen Aufenthalte macht.

Der in nordwestlicher Richtung liegenden Stadt ist man so nahe, daß man in wenigen Minuten dort seyn kann, und doch, wenn man umherblickt, sieht man nirgend ein Gebäude oder eine Thurmspitze ragen, die an eine solche städtische Nähe erinnern könnte; die hohen dichten Bäume des Parks verhüllen alle Aussicht nach jener Seite. Sie ziehen sich links, nach Norden zu, unter dem Namen des Sternes, ganz nahe an den Fahrweg heran, der unmittelbar vor dem Garten vorüberführt.

Gegen Westen und Südwesten blickt man frey über eine geräumige Wiese hin, durch welche, in der Entfernung eines guten Pfeilschusses, die Ilm in stillen Windungen vorbeygeht. Jenseits des Flusses erhebt sich das Ufer gleichfalls hügelartig, an dessen Abhängen und auf dessen Höhe, in den mannigfaltigen Laub-Schattirungen hoher Erlen, Eschen, Pappelweiden und Birken; der sich breit hinziehende Park grünet, indem er den Horizont gegen Mittag und Abend in erfreulicher Entfernung begrenzet.

Diese Ansicht des Parkes über die Wiese hin, besonders im Sommer, gewährt den Eindruck, als sey man in der Nähe eines Waldes, der sich Stundenweit ausdehnt. Man denkt, es müsse jeden Augenblick ein Hirsch, ein Reh auf die Wiesenfläche hervorkommen. Man fühlt sich in den Frieden tiefer Natureinsamkeit versetzt, denn die große Stille ist oft durch nichts unterbrochen, als durch die einsamen Töne der Amsel oder durch den pausenweise abwechselnden Gesang einer Walddrossel.
Aus solchen Träumen gänzlicher Abgeschiedenheit erwecket uns jedoch das gelegentliche Schlagen der

Thurmuhr, das Geschrey der Pfauen von der Höhe des Parks herüber, oder das Trommeln und Hörnerblasen des Militairs der Caserne. Und zwar nicht unangenehm; denn es erwacht mit solchen Tönen das behagliche Nähegefühl der heimatlichen Stadt, von der man sich meilenweit versetzt glaubte.

Zu gewissen Tages- und Jahres-Zeiten sind diese Wiesenflächen nichts weniger als einsam. Bald sieht man Landleute, die nach Weimar zu Markt oder in Arbeit gehen und von dort zurückkommen; bald Spaziergänger aller Art längs den Krümmungen der Ilm, besonders in der Richtung nach Oberweimar, das zu gewissen Tagen ein sehr besuchter Ort ist. Sodann die Zeit der Heuerndte belebt diese Räume auf das Heiterste. Hinterdrein sieht man weidende Schafherden, auch wohl die stattlichen Schweizerkühe der nahen Oeconomie.

Heute jedoch war von allen diesen die Sinne erquikkenden Sommer-Erscheinungen noch keine Spur. Auf den Wiesen waren kaum einige grünende Stellen sichtbar, die Bäume des Parks standen noch in braunen Zweigen und Knospen; doch verkündigte der Schlag der Finken, so wie der hin und wieder vernehmbare Gesang der Amsel und Drossel das Herannahen des Frühlings.

Die Luft war sommerartig, angenehm; es wehte ein sehr linder Südwestwind. Einzelne kleine Gewitterwolken zogen am heitern Himmel herüber; sehr hoch bemerkte man sich auflösende Cirrus-Streifen. Wir betrachteten die Wolken genau und sahen, daß sich die ziehenden geballten der untern Region gleichfalls auflösten, woraus Göthe schloß, daß das Barometer im Steigen begriffen seyn müsse.

Goethe sprach darauf sehr viel über das Steigen und Fallen des Barometers, welches er die Wasserbejahung und Wasserverneinung nannte. Er sprach über das Ein- und Ausathmen der Erde nach ewigen Gesetzen; über eine mögliche Sündfluth bey fortwährender Wasserbejahung. Ferner: daß jeder Ort seine eigene Atmosphäre habe, daß jedoch in den Barometerständen von Europa eine große Gleichheit Statt finde. Die Natur sey incommensurabel, und bey den großen Irregularitäten sey es sehr schwer das Gesetzliche zu finden.

Während er mich so über höhere Dinge belehrte, gingen wir in dem breiten Sandwege des Gartens auf und ab. Wir traten in die Nähe des Hauses, das er seinem Diener aufzuschließen befahl, um mir später das Innere zu zeigen. Die weißabgetünchten Außenseiten sah ich ganz mit Rosenstöcken umgeben, die, von Spalieren gehalten, sich bis zum Dach hinaufgerankt hatten. Ich ging um das Haus herum und bemerkte zu meinem besonderen Interesse an den Wänden in den Zweigen des Rosengebüsches eine große Zahl mannigfaltiger Vogelnester, die sich von vorigem Sommer her erhalten hatten und jetzt bey mangelndem Laube den Blikken frey standen. Besonders Nester der Hänflinge und verschiedener Art Grasemücken, wie sie höher oder niedriger zu bauen Neigung haben.

Goethe führte mich darauf in das Innere des Hauses, das ich vorigen Sommer zu sehen versäumt hatte. Unten fand ich nur e i n wohnbares Zimmer, an dessen Wänden einige Karten und Kupferstiche hingen; deßgleichen ein farbiges Portrait Goethe's in Lebensgröße und zwar von M e y e r gemalt bald nach der Zurückkunft beyder Freunde aus Italien. Goethe erscheint hier im kräftigen mittleren Mannesalter, sehr braun und etwas stark. Der Ausdruck des wenig belebten Gesichtes ist sehr ernst; man glaubt einen Mann zu sehen, dem die Last künftiger Thaten auf der Seele liegt.

Wir gingen die Treppe hinauf in die oberen Zimmer; ich fand deren drey und ein Cabinetchen, aber alle sehr klein und ohne eigentliche Bequemlichkeit. Goethe sagte, daß er in früheren Jahren hier eine ganze Zeit mit Freuden gewohnt und sehr ruhig gearbeitet habe.
Die Temperatur dieser Zimmer war etwas kühl und wir trachteten wieder nach der milden Wärme im Freyen. In dem Hauptwege in der Mittagssonne auf- und abgehend, kam das Gespräch auf die neueste Literatur, auf Schelling, und unter andern auch auf einige neue Schauspiele von Platen.
Bald jedoch kehrte unsere Aufmerksamkeit auf die uns umgebende nächste Natur zurück. Die Kaiserkronen und Lilien sproßten schon mächtig, auch kamen die Malven zu beyden Seiten des Weges schon grünend hervor.
Der obere Theil des Gartens, am Abhange des Hügels, liegt als Wiese mit einzelnen zerstreut stehenden Obstbäumen. Wege schlängeln sich hinauf, längs der Höhe hin und wieder herunter, welches einige Neigung in mir erregte mich oben umzusehen. Goethe schritt, diese Wege hinansteigend, mir rasch voran und ich freute mich über seine Rüstigkeit.
Oben an der Hecke fanden wir eine Pfauhenne, die vom fürstlichen Park herübergekommen zu seyn schien; wobey Goethe mir sagte, daß er in Sommertagen die Pfauen durch ein beliebtes Futter herüberzulocken und herzugewöhnen pflege.
An der andern Seite den sich schlängenden Weg herabkommend, fand ich von Gebüsch umgeben einen Stein mit den eingehauenen Versen des bekannten Gedichtes:

»Hier im Stillen gedachte der Liebende
seiner Geliebten.«

und ich hatte das Gefühl, daß ich mich an einer classischen Stelle befinde.
Ganz nahe dabey kamen wir auf eine Baumgruppe halbwüchsiger Eichen, Tannen, Birken und Buchen. Unter den Tannen fand ich ein herabgeworfenes Gewölle eines Raubvogels; ich zeigte es Goethen, der mir erwiederte, daß er dergleichen an dieser Stelle häufig gefunden, woraus ich schloß, daß diese Tannen ein beliebter Aufenthalt einiger Eulen seyn mögen, die in dieser Gegend häufig gefunden werden.
Wir traten um die Baumgruppe herum und befanden uns wieder an dem Hauptwege in der Nähe des Hauses. Die so eben umschrittenen Eichen, Tannen, Birken und Buchen, wie sie untermischt stehen, bilden hier einen Halbkreis, den innern Raum grottenartig überwölbend, worin wir uns auf kleinen Stühlen setzten die einen runden Tisch umgaben. Die Sonne war so mächtig, daß der geringe Schatten dieser blätterlosen Bäume bereits als eine Wohlthat empfunden ward. »Bey großer Sommerhitze, sagte Goethe, weiß ich keine bessere Zuflucht als diese Stelle. Ich habe die Bäume vor vierzig Jahren alle eigenhändig gepflanzt, ich habe die Freude gehabt, sie heranwachsen zu sehen und genieße nun schon seit geraumer Zeit die Erquickung ihres Schattens. Das Laub dieser Eichen und Buchen ist der mächtigsten Sonne undurchdringlich; ich sitze hier gerne an warmen Sommertagen nach Tische, wo denn auf diesen Wiesen und auf dem ganzen Park umher oft eine Stille herrscht, von der die Alten sagen würden: daß der Pan schlafe.«
Indessen hörten wir es in der Stadt zwey Uhr schlagen und fuhren zurück.

aus: Gespräche mit Goethe in den letzten Jahren seines Lebens

Heinrich Heine

Tuilerien (1831)

Bedenklicher als alle Gespenster, die im Innern des Schlosses lauern mögen, sind die Thorheiten, die sich bey seinen Außenwerken offenbaren. Ich rede von den famösen fossés des Tuileries. Diese waren lange Zeit der Hauptgegenstand der Unterhaltung, sowohl in Salons als in Carrefours, und noch immer liegen sie im Bereiche der bittersten und feindseligsten Besprechung. Als noch vor der Gartenfacade der Tuilerien die hohen Bretterwände standen, die den Augen des Publikums jene Arbeiten verhüllten, hörte man darüber die absurdesten Hypothesen. Die meisten meinten, der König wolle das Schloß befestigen und zwar von der Gartenseite, wo einst am 10. August das Volk so leicht eindringen konnte. Es hieß sogar, der Pontroyal würde deßhalb abgebrochen. Andere meinten, der König wolle nur eine lange Mauer aufrichten, um sich selbst die Aussicht nach der Place de la Concorde zu verdecken; dieses jedoch geschehe nicht aus kindischer Furcht, sondern aus Zartgefühl; denn sein Vater starb auf der Place de Grève, die Place de la Concorde aber war der Hinrichtungsplatz für die ältere Linie. Indessen wie dem armen Ludwig Philipp so oft Unrecht geschieht, so auch hier. Als man jene mystischen Bretterwände vor dem Schlosse wieder niederriß, sah man weder Befestigungswerke noch Schutzmauern, weder Schanzgräben noch Bastionen, sondern eitel Dummheit und Blumen. Der König hatte nemlich, bau-

süchtig wie er ist, den Einfall gehabt, vor dem Schlosse einen kleinen Garten für sich und seine Familie von dem größern öffentlichen Garten abzuscheiden, diese Abscheidung war nur durch einen gewöhnlichen Graben und ein Drahtgitterwerk von einigen Fuß Höhe ausgeführt worden, und in den ausgestochenen Beeten standen schon Blumen, ebenso unschuldig wie jene Gartenidee des Königs selbst.
Casimir Périer soll aber über diese unschuldige Idee, die ohne sein Vorwissen ausgeführt worden, sehr ärgerlich gewesen seyn. Denn jedenfalls veranlaßt sie den gerechten Unmuth des Publikums über die Verunstaltung des ganzen Gartens, eines Meisterstücks von Le Notre, das eben durch sein großartiges Ensemble so sehr imponirt. Es ist gerade, als wollte man einige Scenen aus einer Racineschen Tragödie ausscheiden. Englische Gärten und romantische Dramen mag man immerhin ohne Schaden, oft sogar mit Vortheil verkürzen; Racines poetische Gärten aber mit ihren sublim langweiligen Einheiten, pathetischen Marmorgestalten, gemessenen Abgängen und sonstig strengem Zuschnitt, eben so wenig wie Le Notres grüne Tragödie, die mit der breiten Tuilerien-Exposizion so großartig beginnt, und mit der erhabenen Terrasse, wo man die Katastrophe des Concordeplatzes schaut, so großartig endigt, kann man nicht im mindesten verändern, ohne ihre Symmetrie, und also ihre eigentliche Schönheit zu zerstören.

aus: Französische Zustände

Eduard Mörike

Obermarchthal (1831)

Von Öpfingen bis Ehingen (woselbst ein Priesterseminar) und dann nach Unter- und Obermarchthal ist die herrlichste Landschaft. Wir sahen von ferne ein Gewitter drohen und kamen wie geflogen im letztern Orte an. Dies ist Taxissche Besitzung mit einem weitläuftigen Schlosse, das der Fürst in zehn Jahren kaum einmal sieht. Welch eine Lust, so ein paar Zimmer nur einen Sommer lang mit Dir bewohnen zu dürfen! Dabei sind vortreffliche Gartenanlagen, von denen man auf e i n e r Seite jäh in ein malerisch Tälchen blickt, wo sich die Donau, unter schöner Krümmung und mit breitem Wörth, zwischen Mühlen und bebuschten Felsen durchzieht. Vor dem Abendessen spazierten wir noch in den Garten. Man kann sich eigentlich darin verwirren: der eine Teil ist englisch, der andere im altfranzösischen Geschmack, alles aufs reinlichste vom Gärtner unterhalten. Eine Gesellschaft hiesiger Honoratioren spielte auf dem Kegelgraben. Ich stahl mich bald beiseite, um in den Schauern dieser fürstlichen Einsamkeit zwischen hohen Tannen und blühendem Jasmin der Muse wieder zu begegnen, der ich vor drei Jahren auf demselben Platz ein klein Sonett (an Maler Wächter) verdankt hatte; doch forderte ich ihr diesmal nichts ab.

Wie feierlich rauschten die Wipfel der schlanken Forchen! Man glaubte den Adel jenes edeln Fürstenhauses in der Bewegung dieser Zweige zu erkennen. Wie sanft der Strom dazwischen sich vernehmen ließ! Wie weckte dies alles die Sehnsucht nach Dir! – In einigen Bosketts erging ich mich wohl eine halbe Stunde ganz mit den Empfindungen eines Parisers aus dem Zeitalter Ludwigs XIV. Da sind die dichten Laubwände glatt nach dem Scherenschnitt gewachsen, und man geht wie durch lauter saubere Gemächer, die in höchster Symmetrie einander korrespondieren. Dazwischen sind Blumenrondells, aus denen ich beiligendes Blättchen mit dem lebhaftesten Gedanken an die Geliebte pflückte; es muß noch duften, wenn es zu Dir kommt.

Eduard Mörike an seine Braut Luise Rau am 17. 7. 1831

Ludwig Tieck

Werneck (1834)

Nach Tische verließ die Gesellschaft Würzburg und begab sich nach dem Lustschlosse Werneck. Im Garten dieses ehemals fürstbischöflichen Schlosses sind noch einige schöngeflochtene Berceaus, nach alter französischer Art, und Ferdinand ergoß sich in Lobpreisungen dieser jetzt verschmähten Gartenkunst, für welche er eine fast übertriebene Vorliebe zeigte. Nichts so Entzückendes, rief er aus, als ein solches dichtgeflochtenes hohes Gewölbe von glänzendem, jungem Buchenlaub. Die Sonnenhitze kann nicht durchdringen, und man wandelt wie in einem lebendigen Saale oder dem Schiff einer Kirche, dessen Wölbung das glänzende Licht in Smaragden verwandelt. Die erfrischende Kühle spielt durch den weiten, langen Raum; im Sturm und Regen ist der Gartenfreund hier wie im Schlosse selbst gesichert. Um zu lesen oder ein vertrautes Gespräch zu führen, ist ein solcher Gang vorzüglich geeignet, ja er erzeugt durch das Offene, Heitere und zugleich Abgeschlossene Vertrauen, und das auffallend Künstliche dieser Bogenwölbung, so innigst mit der Baumschönheit verbunden, ist so lieblich und phantastisch, daß es wie von selbst Poesie und zarte Wunderträume erregt. Preise man nur nicht so unmäßig jene monotonen, melancholischen englischen Gärten, die weit eher ein Rückschritt zur Barbarei zu nennen sind, als daß sie die echte, höhere Gartenkunst sich rühmen dürften. *aus: Eine Sommerreise*

Hermann Fürst Pückler Muskau

Würzburg (1835)

Vorgestern kam ich in Würzburg an, dessen Umgegend mir eben so kahl erschien als der Bergkessel schön, in dem die Stadt selbst liegt. Noch an demselben Abend besuchte ich den Schloßgarten, und dieser so wie die Pracht und Größe der Residenz versetzten mich in Staunen und in einen wahren Enthusiasmus, denn ich ahnete gar nicht, etwas Aehnliches hier zu finden. Das Local des Gartens ist in hohem Grade günstig, die Lage geschickt, die Fruchtbarkeit üppig, die Behandlung durchaus großartig und die Erhaltung vortrefflich. Man findet Alles; die schönsten Exemplare alter und seltner Bäume, Sträucher und Pflanzen, sinnig mit adäquatem Bauwerk, Fontainen und Statuen gemischt, Blumenparterres, schattige Berceaus, frische Rasenstücke, vortreffliche Kieswege – wahrlich ein königlicher Garten im vollen Sinne des Worts. Wäre es nöthig, mich hierüber zu belehren, hier hätte ich mich unwidersprechlich überzeugen müssen, daß für grandiose, regelmäßige Paläste durchaus auch nur ein architektonischer Gartengeschmack paßt, und zugleich sieht man, daß ohngeachtet dieser strengen Symmetrie es dem genialen Künstler dennoch leicht wird, ihr eine große Mannigfaltigkeit zu geben, ja selbst dem Spiel und der baroken Laune ihren Tummelplatz anzuweisen.

Wir wissen in Deutschland zu wenig was wir haben. Daher gestehe ich meine Überraschung. Ich habe in Eng-

land in diesem Styl nichts gesehen, was dieses Ensemble überträfe. Nimm Dir dies zur Lehre, liebe Bianca, und unternimm nächstens eine Reise hierher, vielleicht siehst Du Dir etwas für Dein Zauberschloß ab, an des schönen Salzburgs Grenzen.
Der Garten bildet einen Halbkreis und erhebt sich gradatim bis an die alten Festungswerke und tiefen jenseitigen Stadtgräben. Dort führen herrliche Lindenalleen auf den Wällen entlang von einem Ende des Halbkreises bis zum andern, und während man im übrigen Garten nur ihn selbst und das Schloß sieht, hat man von hier oben die eigenthümlichsten, mit nichts Anderem zu vergleichenden Aussichten auf die Gegenstände außerhalb, deren origineller Charakter durch die besondere Lage der Stadt, ihrer Kirchen und Schlösser hervorgebracht wird. Was mich oft auf altdeutschen und italiänischen Bildern als wunderbar und phantastisch angezogen, ich aber für übertrieben und unnatürlich gehalten, hier schien es mir verwirklicht.

aus: Vorletzter Weltgang von Semilasso

Karl Immermann

Schönbusch bei Aschaffenburg (1837)

Der Schloßverwalter gab mir den Schlüssel zur Terrasse und zum Garten, der den Abhang des Bergs rings um das Schloß bedeckt. Die nächsten Environs des Gebäudes sind fortgesetzte grüne architektonische Linien, Laubgänge, Berceaus und ein allerliebster in vielen Winkeln und Abstufungen sich forterstreckender gemauerter Gang zwischen zwei Wänden, deren Oeffnungen freie Durchblicke gewähren, und welche von blühenden Schlinggewächsen in Erdkasten bekleidet werden. So wird man nach und nach zu freien englischen Parthien übergeführt, und aus diesen gelangt man durch einen prächtigen, düstern, vertieften Gang in das Schöne-Thal, einen Spazierort der Aschaffenburger. Von der Terrasse hatte ich den köstlichen Ueberblick über die Rebenhügel zu beiden Seiten, den im Abendlichte glänzenden Main, auf dem Holzkähne hin- und herfuhren, nach den bebuschten Anhöhen und den Vorbergen des Spessart jenseits. Die Landschaft war göttlich, und sah ich nun zurück, so brannte das rothe Schloß, wie ein Zauberpalast in glühenden Farben. Ich war sehr froh. Es ist überhaupt der größte Vortheil des Reisens, daß das Schöne einmal wieder die ganz freie Seele, aus der alle Falten der Erinnerung weggeglättet sind, trifft. Dieses Glück compensirt die Unbequemlichkeiten in reichem Maße.

aus: Memorabilien Herbst 1837

Bettina von Arnim

Muskau (1834)

Einmal schrieben Sie mir: »Wer meinen Park sieht, der sieht in mein Herz.« – Es war im vorigen Jahr in der Mitte September, daß ich am frühen Morgen, wo eben die Sonne ihre Strahlen ausbreitete in diesen Park eintrat; es war große Stille in der ganzen Natur, reinliche Wege leiteten mich zwischen frischen Rasenplätzen, auf denen die einzelnen Blumenbüsche noch zu schlafen schienen; bald kamen geschäftige Hände ihrer zu pflegen, die Blätter, die der Morgenwind abgeschüttelt hatte, wurden gesammelt und die verwirrten Zweige geordnet; ich ging noch weiter an verschiedenen Tagen und zu verschiedenen Stunden nach allen Richtungen, so weit ich kam, fand ich dieselbe Sorgfalt und eine friedliche Anmuth, die sich über alles verbreitete. So entwikkelt und pflegt der Liebende den Geist und die Schönheit des Geliebten, wie Sie hier ein anvertrautes Erbtheil der Natur pflegen. Gern will ich glauben, daß dies der Spiegel Ihres tiefsten Herzens sei, da es so viel Schönes besagt; gern will ich glauben, daß das einfache Vertrauen zu Ihnen nicht minder gepflegt und geschützt sei als jede einzelne Pflanze Ihres Parks. Dort hab' ich Ihnen auch aus meinen Briefen und dem Tagebuch an Goethe vorgelesen, Sie haben gern zugehört; ich gebe sie Ihnen jetzt hin, beschützen Sie diese Blätter wie jene Pflanzen, und so treten Sie abermals hier zwischen mich und das Vorurtheil derer, die schon

Wilhelm Schirmer, Blauer Blumengarten in Muskau

jetzt noch eh sie es kennen dies Buch als unecht verdammen und sich selbst um die Wahrheit betrügen.

aus: Goethes Briefwechsel mit einem Kinde (Zueignung: Dem Fürsten Pückler)

Johanna Schopenhauer

Der Englische Garten München (1839)

An den Hofgarten stößt der englische Garten, der jedoch eigentlich schon außerhalb der Stadt liegt. Dieser große, hübsche und schattige Garten, im englischen Geschmack angelegt, wird sehr durch einen Fluß belebt, der durch ihn hinströmt; einige Partien des Gartens, besonders die am Wasser gelegenen, sind höchst lieblich. Von einem Chinesischen Thurm aus, der darin erbaut ist, hat man eine freundliche weit ausgebreitete Aussicht auf die Stadt und das Schloß Nymphenburg, auf die umliegende Gegend und die fern blauenden Gebirge Tyrols. Dieser Garten gehört dem Fürsten, er steht jedoch dem Publikum offen, und ist vor sechzehn Jahren von dem bekannten Grafen Rumford angelegt, der damals in Bayerschen Diensten stand. Mir gefiel ein Anschlagzettel am Eingange, in welchem der Fürst die Spaziergänger bittet, einander nicht durch ewiges Grüßen beschwerlich zu fallen; er selbst soll auch hier spazieren gehen, bloß von einem treuen Pudel begleitet.

III.
»Die Natur in ihrem festlichen Gewand«

»Hier ists iezt unendlich schön...«
Wörlitz

Friedrich von Matthisson

Der Hügel (1778)

Segen Gottes dem Mann, Segen des Enkels ihm,
Und die Thräne des Danks ferner Jahrhunderte,
Welcher schattende Wipfel
Dir, o fröhlicher Hügel, gab!

Und das duftende Grün deiner Gesträuche, die,
Zweig geschlungen in Zweig, labende Kühlung streun,
Und das Schnekkengewinde
Deines blühenden Hekkengangs.

Ueberirrenden Bliks, schauet mein Aug' umher,
Ob kein Taxusgebild oder ein Buchsbaumrand
Deine Schönheiten fälsche,
Und, o Freude! ich späh' umsonst!

Ungeschminkte Natur, eben so wunderschön
Als in deinem Gefild, glückliches Schweizerland,
Deinen blumichten Thalen,
Und bewipfelten Felsenreihn,

Weilt im Maiengewand, mütterlichliebevoll,
Nachtigallen im Schoos, Blumen um ihrer Stirn,
Hier im traulichen Schatten
Melancholischen Fichtengrüns,

Winkt und lächelt mir zu, winket und lächelt sanft,
Schüttelt Blüthen herab, säuselt um mich herum,
O ich folge, ich folge,
Allbelebende Göttin, dir!

Der Hügel

Sieh! den Hügel hinan leitet die Göttin mich,
Auf dem einsamen Pfad dämmernder Schattennacht,
Zeigt des fröhlichen Hügels
Ganze Fülle der Schönheit mir!

Laubgewölbe voll Duft, welche dem Rastenden
Kühlung bieten und Ruh', Rasen dem Schlummerer,
Ueberhüllet von Geisblatt
Oder rankendem Wintergrün;

Und vom Gipfel herab, blühend wie Edens Flur,
Das gesegnete Land, welches im Goldpallast
Und in dörflicher Hütte
Himmelselige Wohner nährt!

Sag, o Hügel, mir an, warest vom Anbeginn
Du von Düften bewölkt? sproßten dir Blumen auf?
Und entwehte die Kühle
Deinem zitternden Laube stets?

Baumlos ragtest du einst, naket und dürftig auf,
Sparsam keimte dein Gras unter dem Sand' hervor,
Disteln zischten im Winde,
Und dein Gipfel war schattenleer!

Aber Blumen entblühn, Lauben bekleiden sich,
Bäume treiben empor, lachender Mai beginnt,
Wenn im Herzen des Edlen
Nachweltliebe zu Thaten keimt.

Solche Seelen belohnt, wenn in der Rasengruft
Ihre Hülle von Staub lange der Ernte reift,
Manches fühlenden Mädchens
Einsamdankende Zähre noch.

Segen Gottes dem Mann, Segen des Enkels ihm
Und die Thräne des Danks ferner Jahrhunderte,

Welcher schattende Wipfel
Dir, o fröhlicher Hügel, gab.

Das Nympheum: »Ein romantischer Buschhügel im chinesischenglischen Garten zu Wörliz bey Dessau; unten am Fuß mit einer Steinhalle, die in den Hügel hineingewölbt ist, und oben auf dem Gipfel mit einem heckeneingefaßten Viereckplaz, wohinauf ein Buschgang leitet, der sich wendeltreppenmäßig um den Hügel herumwindet.«

C. C. L. Hirschfeld

Der Garten zu Wörlitz (1785)

Der Garten zu Wörlitz bey Dessau gehört, im Ganzen betrachtet, zu den edelsten Anlagen in Deutschland, wie der Besitzer zu den besten Fürsten, ein Vater seiner Unterthanen, ein Freund der Menschen und ein Kenner der Künste. Er hat sein Land mit Gebäuden und Gärten verschönert, die lange Denkmäler seines eben so feinen als männlichen Geschmacks seyn werden. Das Landhaus ist sehr schön, in einem edlen Stil, der, einige Kleinigkeiten ausgenommen, mit einer reizenden Harmonie im Ganzen und in einzelnen Theilen herrscht. Der Garten hat allerdings auch viele Schönheiten, die zum Theil ein Werk der Ueberlegung sind, zum Theil aber der Lage und den zufälligen Umständen zugehören. Er ist ganz zu der Klasse der angenehmen zu rechnen, reich an Munterkeit und Heiterkeit der Durchsichten. Der Fluß mit seinen verschiedenen abgeleiteten Gewässern, die Inseln, die Brücken, die Ueberfahrten, die Pflanzungen, und die in freyen und edlen Wendungen zwischen ihnen fortlaufenden Gänge wetteifern, die Reize dieses Gartens zu vollenden. Nur Schade, daß er anfängt, sich hie und da in das Seltsame zu verirren. Man braucht den rohen Eisenstein so häufig, und versucht dadurch Felsen nachzuahmen, oder bringt ihn mit behauenen Steinen oder platten Wänden in einen ganz besondern Contrast, Auch liebt man das Gothische mehr, als der Charakter der Anlage zu verstatten scheint; fast alle Gebäude, große und kleine, werden nach dieser Bauart aufgeführt.

aus: Theorie der Gartenkunst

NOVALIS

Reisejournal (1793)

Gutes Muthes entfloh ich am 15. April früh um acht Uhr mit meinem Hofmeister, Herrn Zachariä, und dem Bedienten David unserm dumpfen Musensitz in einer leichten Chaise mit zwey Pferden Extrapost...

Um 11 waren wir in dem angenehmen Wörlitz, dessen Garten auch jezt, da noch kein grünender Baum seine mit Blättern und Blüthen bekleideten Zweige in den blauen Wasserspiegel tauchte, durch seine in- und ausländischen todten Hölzer melancholisch schönen Spaziergang bildete. Wir benuzten diese interessanten Gartenparthieen und besahen die nunmehr großentheils fertige Anlage und den Stein, eine sich aus dem See erhebende Felsmasse, die aus ungeheuren sächsischen und anhältischen Feldsteinen zusammengesezt ist und die verschiedenartigsten Dinge in sich vereinigt, als z.B. mehrere irreguläre über den See gesprengte, finstere Gewölbe (vielleicht eine Nachahmung der Fingalshöhle); die Ruinen eines Amphitheaters; eine Bergspitze, deren Erleuchtung sie als einen feuerspeyenden Berg darstellt; einen Wasserfall; mehrere im Felsen angebrachte Zimmer und auf einem besonderen Felsen, an einen zerfallenen Thurm gelehnt, ein in römischem Geschmack gebautes und meublirtes Haus. Die ganze Idee ist originell und unstreitig etwas bizarr, und läßt sich vielleicht am besten als Ausführung eines von Wieland in einem seiner Gedichte erfundenen Feenschlosses erklären; eine Muthmaßung, die ich von einem guten Freund habe. Nachdem wir im neuen Gasthof ganz gut zu Mittag gespeist hatten, fuhren wir auf der schönen Chaussee, die durch kleine Eichenwäldchen, Wiesen, Dörfer und Felder in angenehmer Abwechselung hinläuft, nach Dessau, wo wir im »Ring« abtraten …

Friedrich Wilhelm Joseph Schelling

Wörlitz (1796)

Theuerste Eltern!
Vorige Woche machten wir eine kleine Reise auf den berühmten fürstlichen Lustgarten Wörlitz und von da nach Dessau. Ich werde Ihnen wieder einige kleine Reisebemerkungen mittheilen...
Natürlich werde ich Ihnen nur das merkwürdigste erzählen – oder vielmehr was mir das merkwürdigste schien.
Durch ein schattiges, immer dichter werdendes Gebüsch kommt man in ein Labyrinth – so heißt es – ein Gewölbe von unbehauenen, mit Moos bewachsenen Steinen. Am Eingang steht eine Inschrift: Wandrer wähle deinen Weg mit Weisheit! Allein es ist keine Wahl gelassen; es ist gar kein anderer als der unterirdische Weg da. Man geht eine kurze Zeit in dem Gewölbe, und sieht sich plötzlich aufgehalten. An der Wand steht wieder eine Inschrift: Kehre schnell zurück Wanderer, allein man braucht diese Ermahnung nicht, der Weg ist zu Ende und die Mauer spricht lauter als die Inschrift. Man kehrt zurück und findet endlich einen geheimen Gang, oben die Inschrift: Die Wahl ist schwer, aber entscheidend. Mich dünkt, man ließe den Wandrer selbst wählen, ohne ihn mit beständigen Ermahnungen zu beglücken. Der neue Weg soll wahrscheinlich beschwerlich und schauerlich sein. Das sollte man drunter setzen, wie es schlechte Maler mit ihren Gemälden machen. Denn der Weg ist zwar eng und geht etwas

bergan – aber beschwerlich gewiß nicht, und überdieß so kurz, daß man keiner Aufmunterung bedarf. Ehe man müde wird, hat man ihn zurückgelegt. Dieß ist doch lächerlich? Nichtsdestoweniger werden Sie in allen Reisebeschreibungen von diesem Labyrinth viel Aufsehens finden.

Der unterirdische Gang führt in die elysäischen Felder. Auch dieß ist widernatürlich. Man sollte doch vorher noch auf einem Fluß übersetzen. – Auch sah ich im Gehölz nirgends Aeneas goldnen Ast, und die docta Sibylla fehlte uns vollends ganz.

Die elysäischen Felder selbst entschädigen für das Lächerliche dieses Eingangs. – Ein runder Platz, von hohen Ulmen umschattet, mit Platanen und Acacien bepflanzt, wo man kein Geräusch mehr vernimmt – alles stille ist – wo man gerne des Lebens Sorgen vergäße, wenn sie nicht mit Gewalt nachfolgten. In der That ist dieß das einige, was den Wandrer erinnert, daß er noch nicht im wahren Elysium ist. Ungern verläßt man den Platz, und es ist darauf angelegt, den Wandrer lange zurückzuhalten, denn nur mit Mühe findet man den Ausweg. – Weiterhin führt das Gebüsch in eine kleine Rotunde, von Büschen umgeben – sie scheint dem einsamen Denken gewidmet zu sein. Sie enthält drei Nischen, in einer steht Lavater's Bildniß (mit einer Zuschrift, die diesen bescheidenen Frömmler charakterisiert: Daß mein Sinn dem deinen gleiche! – Will denn Lavater, daß sein Sinn dem Sinn jedes rohen Wittenberger Studenten oder Handwerksburschen, der ihn hier sieht, gleich sei?) – in der andern Gellert's Büste – die dritte ist leer – wer wohl dahin kommen mag?

Noch ist in dieser Partie des Gartens merkwürdig das gothische Haus, das wirklich in ächt gothischem Geschmack aufgeführt ist. Unten ist ein Saal, ausgeziert mit altdeutschen Gemälden, die für einen Kenner ohne Zweifel wichtig wären. Um den Tisch herum lagern sich oder stehen altdeutsche Ritter in Lebensgröße, mit vollständiger Waffenrüstung – wie zum Auszuge auf eine Fehde bereit. Eine Wendeltreppe führt höher, wo wir nicht hin kamen, weil da die – Maitresse des Fürsten wohnt, ein allerliebstes Mädchen, die Tochter eines Jägers, die wir in Jägerkleidung sahen, da sie eben beschäftigt war, die zahmen Hirsche und Rehe im Zwinger zu füttern. Doch genug – ich eile weiter, denn sonst wird des Beschreibens kein Ende.

F. W. J. Schelling an seine Eltern, Leipzig, den 1. Juli 96

Friedrich Hölderlin

An eine Fürstin von Dessau (1798)

Aus stillem Hauße senden die Götter oft
Auf kurze Zeit zu Fremden die Lieblinge,
Damit, erinnert, sich am edlen
Bilde der Sterblichen Herz erfreue.

So kommst du aus Luisiums Hainen auch,
Aus heiliger Schwelle dort, wo geräuschlos rings
Die Lüfte sind und friedlich um dein
Dach die geselligen Bäume spielen,

Aus deines Tempels Freuden, o Priesterin!
Zu uns, wenn schon die Wolke das Haupt uns beugt
Und längst ein göttlich Ungewitter
––– über dem Haupt uns wandelt.

O theuer warst du, Priesterin! da du dort
Im Stillen göttlich Feuer behütetest,
Doch theurer heute, da du Zeiten
Unter den Zeitlichen seegnend feierst.

Denn wo die Reinen wandeln, vernehmlicher
Ist da der Geist, und offen und heiter blühn
Des Lebens dämmernde Gestalten
Da, wo ein sicheres Licht erscheinet.

Und wie auf dunkler Wolke der schweigende
Der schöne Bogen blühet, ein Zeichen ist
Er künftger Zeit, ein Angedenken
Seeliger Tage, die einst gewesen,

An eine Fürstin von Dessau

So ist dein Leben, heilige Fremdlingin!
Wenn du Vergangnes über Italiens
Zerbrochnen Säulen, wenn du neues
Grünen aus stürmischer Zeit betrachtest.

Sophie Mereau

Der Garten zu Wörlitz (1798)

Was für ein Zauber weilt auf dieser Stelle?
Welch holder Wahn schleicht in die Brust sich ein?
Sanft weht das Laub, harmonisch rauscht die Welle,
Und süße Bilder wanken durch den Hain.

Wie wallt das Thal, bewegt von leichten Schatten,
Von klarer Flut und Sonnenschein geküßt,
Wie lieblich hier sich Lust und Ruhe gatten!
Wie selbst der Herbst die Fluren milder grüßt!

Schon schmilzt, wo dort des Tempels Säulen glänzen,
Der Weide Grün zu leichtem gelbem Flor,
Hier hebt sich noch mit frischen Farbenkränzen
Der Eiche Laub in Jugendkraft hervor.

Am fernen Hügel, wo der See sich kräuselt,
Glüht mancher Busch, von Purpur übermahlt,
Indeß in blauer Luft die Pappel säuselt,
Das schöne Haupt von Silberglanz umstrahlt.

Wie ist auf diesem zart bewegten Spiegel,
Wo Phöbus mild in jeder Welle lacht,
Die Fahrt so schön! wir landen froh am Hügel,
Und uns umfängt des Haines sanfte Nacht.

Platanen wölben am umschirmten Teiche
Ein Schattendach für heißer Sonne Glut,
Sie neigen tief herab die schönen Zweige,
Und küssen sanft die still verklärte Flut.

Welch' Jubeln tönt von jenem Ufer wieder?
Ein buntes Völkchen legt mit heiterm Sinn
Im hellen See die grauen Netze nieder,
Und schwebt auf leichten Kähnen her und hin.

Was sind sie hier, wo Lust und Freiheit wohnen,
Wo süsser Friede unsre Stirn umkränzt,
Die Freuden, die in Königsstädten thronen,
Die stolze Pracht, die in Pallästen glänzt?

Ein heitrer Geist beseelet hier und hebet
den todten Stoff zur Harmonie empor,
Und aus dem stillen Zwang der Regel strebet
Natur mit freier schöner Kraft hervor.

Auch hier wohnt Kunst: oft keimt aus öden Steinen
Ein kleiner Garten wie durch Zaubermacht,
Und, ungesehen dort dich auszuweinen,
Winkt dir der Grotte heimlich stille Nacht.

Am schwanken Seil springt über feuchte Gründe
Der Brücke Bogen leicht mit dir hinweg,
Und unvermerkt durch lockendes Gewinde
Führt heimlich dich ein unwirthbarer Steg.

Und immer tiefer senkt in stille Grüfte,
Wohin ein dürftig Licht nur sparsam fällt,
Der Pfad sich ein, und drängt sich durch die Klüfte,
Die nur ein lockres Band zusammenhält.

Bis, wo die Felsen sich in Büschen enden,
Ein Gärtchen dich umfängt, wo sich das Licht,
Umschirmt von steilen, moosbedeckten Wänden,
In milder Dämmerung schwermüthig bricht.

Hier fasset dich mit leichtem Geisterwehen
Ein stilles Grauen, dem getäuschten Sinn
Scheint alles todt, du wirfst dich ungesehen
Und traurig auf bemooste Steine hin.

O fliehe nicht der sanften Trauer Stunden,
Verschmähe nicht der Wehmuth ernste Lust!
Die Einsamkeit thaut Balsam auf die Wunden,
Und jedes Herz schlägt sanfter in der Brust.

Oft bricht sich durch der Schwermuth düstern Schleier
Ein heil'ger Stral, der Hoffnung göttlich Kind,
Der Muth erwacht, die Herzen schlagen freier,
Die doch im Ahnden nur hienieden glücklich sind.

Jean Paul

Des Luftschiffers Gianozzo Seebuch (1800)

Die Knospe meines Rosentags blätterte sich weiter auf. Um 10 Uhr senkt' ich mich in Lilar nieder. Die junge, erst vor einigen Wochen verheirathete Frau führte mich zu meinem alten Freund Dian, der sich im Flötenthal abkühlte. Wir tranken tapfer wieder. Er sah mich nie so glühend. »Im Winter (sagt' ich) ist bei dem Volke die größte Armuth; nur der warme Geist ist ein reicher. Aber hier ists zu heiß, ich kühle meinen Wein oben im Himmel«. – Auf! Auf! rief ich und fuhr aus dem prächtigen Garten davon, den leider noch keiner unserer erbärmlichen Reiseskribenten nur mit Einem Dintentropfen abgemalt.

Um 12 Uhr sank ich in Fantaisie bei Baireut zum Essen nieder. Blühendes, tönendes, schattendes Thal! – Wiege der Frühlingsträume! Geisterinsel des Mondlichts! Und deine Eltern, die Berge, die in dich hereinblicken, sind so reizend wie ihr Kind in seinem Kranz. Fort von der Lust zu der Lust!

Um 6 Uhr sank ich im Seifersdorfer Thale zum Goutieren nieder. Es war schon ein Josaphats Thal von Schatten; das Abendlicht lief als vergoldetes Leistenwerk um die Berge. Stilles, reiches Thal! du umschließest, wie ein geschmückter bräutlicher Busen, mit Blumen und Hügeln das Herz eng und süß, und es pocht feuriger im schönen Gefängnis. Fort, fort, der Südost fliegt gerade über Wörlitz.

Mit der Sonne sank ich da in den wechselnden Garten,

dessen Aussichten wieder Gärten sind. Da war mir, als gehe die Sonne eben auf; alle Tempel blitzten wie von Morgenlicht – erfrischender Thau überquoll den Boden, und die Morgenlieder der Lerchen flogen umher. – Lange, sonnentrunkne Perspektiven liefen wie glänzende Rennbahnen der Jugend, wie Himmelswege der Hoffnung hin – das goldne Alter des Tags, der Morgen, schien meinem schönen Wahne umzukehren. Ach, kein Morgen und keine Jugend stehet von Todten auf ohne eine Nacht. Die langgegliederten Schatten standen wie angelandete Geister der Nacht an den Ufern und überfielen bald die verlassene Welt. Aber ich sehnte mich nach meiner Sonne zurück und stieg wieder auf, um ihr nachzusehen, wie sie hinter die letzten Gebürge fällt.

IV.
»Denn, notabene! In einem Park Muß alles ideal sein . . .!«

Parodien von alten und neuen Gärten

Christian Felix Weisse

Auf einen zu künstlichen Garten (1772)

Dein Garten ist sehr schön geschmückt!
Hier Statuen und dort Cascaden;
Die ganze Götterzunft, hier Faunen, dort Najaden,
Und schöne Nymphen, die sich baden:
Und Gold, vom Ganges hergeschickt,
Und Muschelwerk und güldne Vasen,
und Porcellan auf ausgeschnittnen Rasen,
Und buntes Gitterwerk, und – eines such ich nur –
Ists möglich, daß was fehlt? Nichts weiter – Die Natur.

in: Hirschfeld, Theorie der Gartenkunst

Justus Möser

Das englische Gärtgen (1773)

Was das für eine Veränderung ist, meine liebe Großmama! Sollten Sie jetzt Ihre kleine Bleiche, worauf Sie in Ihrer Jugend so manches schönes Stück Garn und Linnen gebleichet –, sollten Sie den Obstgarten, worin Sie, wie Sie mir oft erzählet haben, so manche Henne mit Küchlein aufgezogen –, sollten Sie das Kohlstück, worauf der große Baum mit den schönen rotgestreiften Äpfeln stand, suchen: nichts von dem allen würden Sie mehr finden. Ihr ganzer Krautgarten ist in Hügel und Täler, wodurch sich unzählige krumme Wege schlängeln, verwandelt; die Hügelgen sind mit allen Sorten des schönsten wilden Gesträuches bedeckt, und auf unsern Wiesen sind keine Blumen, die sich nicht auch in jenen kleinen Tälergen finden. Es hat dieses meinem Manne zwar vieles gekostet, indem er einige tausend Fuder Sand, Steine und Lehmen auf das Kohlstück bringen lassen müssen, um so etwas Schönes daraus zu machen. Aber es heißt nun auch, wenn ich es recht verstanden, eine Shrubbery oder, wie andre sprechen, ein englisches Boskett. Ringsherum geht ein weißes Plankwerk, welches so bunt gearbeitet ist wie ein Drellmuster, und mein Mann hat eine Dornhecke darum ziehen lassen müssen, damit unsre Schweine sich nicht daran reiben mögten. Von dem auf der Bleiche angelegten Hügel kann man jetzt zwei Kirchtürme sehen, und man sitzt dort auf einem chinesischen Kanapee, worüber sich ein Sonnenschirm von verguldetem Bleche befindet. Gleich dabei soll jetzt auch eine chinesische Brücke, wozu mein Mann das neueste Modell aus England erhalten, angelegt und ein eigner Fluß dazu ausgegraben werden, worin ein halb Dutzend Schildkröten, die bereits fertig sind, zu liegen kommen werden. Jenseits der Brücken, gerade da, wo der Großmama ihre Bleichhütte war, kommt ein allerliebster kleiner gotischer Dom zu stehn, weil mein Mann Goterich Dom heißt. Wie ich vermute, hat er diese Idee aus dem Garten zu Stowe genommen, worin der Lord Tempel so viele Tempel angelegt hat. Der Dom wird zwar nicht viel größer werden als das Schilderhäusgen, worin der Onkel Toby mit dem Korporal Trim (doch Sie werden dieses nicht verstehn, Sie haben den Tristram Shandy nicht gelesen) die Belagerungen in seinem Garten kommandierte. Aber die gotische Arbeit daran wird doch allemal das Auge der Neugierigen an sich ziehen, und oben drauf kommt ein Fetisch zu stehen. Kurz, Ihr gutes Gärtgen, liebe Großmama, gleicht jetzt einer bezauberten Insel, worauf man alles findet, was man nicht darauf suchet, und von dem, was man darauf suchet, nichts findet. Mögten Sie doch in Ihrem Leben noch einmal zu uns kommen und alle diese Hexereien mit ansehen können! Sie waren sonst eine so große Bewunderin der Bären und Pfauen von Taxus, womit in Ihrer Jugend die fürstlichen Gärten geschränkt waren; was für ein Vergnügen würde es Ihnen nun nicht sein zu sehen, durch was für erhabene Schönheiten diese altfränkischen Sachen verdrängt worden! Sie müssen aber bald kommen; denn wir werden noch vor dem Winter nach Schevelingen reisen, um den englischen Garten zu sehen, welchen der Graf von Bentink dort auf den Sanddünen angelegt hat. Alles, was die Größe der Kunst dort aus dem elendesten Sande gemacht hat, das, denkt mein Mann, müsse auf einem guten Ackergrunde gewiß geraten; und er bedauret nichts mehr, als daß er die Sandhügel so mühsam anlegen muß, welche dort die See aufgespület hat. Von Schevelingen gehen wir dann vielleicht nach England und so weiter nach China, um die große eiserne Brücke, den porcellainen Turm von neun Stockwerken und die berühmte Mauer in Augenschein zu nehmen, nach deren Muster mein Mann noch etwas hinten bei dem Stickbeerenbusche, wo Sie Ihre Krausemünze stehen hatten, anzulegen gedenket. Wenn Sie aber kommen: so bringen Sie uns doch etwas weißen Kohl aus der Stadt mit; denn wir haben hier keinen Platz mehr dafür. Ich bin in der ungeduldigsten Erwartung etc.

Anglomania Domen.

Matthias Claudius

Serenata, im Walde zu singen (1774)

Solo.

Wenn hier nur kahler Boden wär,
Wo itzt die Bäume stehn,
Das wäre doch bey meiner Ehr!
Ihr Herr'n nicht halb so schön.

Denn wäre um uns her kein Baum,
Und über uns kein Zweig,
Denn wäre hier ein kahler Raum,
Und ich marschirte gleich.

So bin ich wie ein Fisch im Meer,
Und bleibe gerne hier.
Vivant die Bäume um uns her!
Der Zweig hier über mir!

a due voci.

Und zählen kann ein Mensch sie nicht,
Sind ihrer gar zu viel;
Und jeder macht es grün und dicht.
und jeder macht es kühl.

a tre voci.

Und jeder steht so stolz und kühn,
Und streckt sich hoch hinan,
Dünkt sich, die Stelle sey für ihn
Und thut sehr wohl daran.

Recitativo.
Es pflegen wohl die reichen Leut
Auch Wald zu machen gern;

Fugato.

Da pflanzen denn, die Läng' und Breit,
Die klug – und weisen Herr'n
In eine lange Reihe hin
Gar künstlich Baum und Strauch;
Und meinen denn in ihrem Sinn,
Sie hätten's würklich auch.

Recitativo.

Noch kömmt ihr Gärtner Lobesan,
Den sie zu ha'n geruhn,
Und schneidet mit der Scheere d'ran,
Wie Schneidermeister thun.

Tutti.

Jedoch ihr Wald ist Schneiderscherz,
Trägt nur der Scheere Spur,
Und nicht das grosse volle Herz
Von Mutterlieb Natur!

Tuttissimi.

Und nicht das grosse volle Herz
Von Mutterlieb Natur!
Ist purer puter Schneiderscherz,
Trägt nur der Scheere Spur.

Choral.

Hoch sitzt im Sopha der Baron,
Der Schweizer an der Thür,
Die Fürsten sitzen auf dem Thron,
Und wir, wir sitzen hier,

Auf bloßer Erde, feucht und kalt!
Und wir, wir sitzen hier,
Und freun uns über diesen Wald,
Und danken Gott dafür.

Johann Martin Miller

Siegwart, Eine Klostergeschichte (1776)

Das Nöthigen zum Trinken wollte auch kein Ende nehmen, so daß Kronhelm endlich einen Spaziergang im Garten vorschlug. Die Amtmännin wollte Anfangs nicht recht dran, weil es jetzt im Garten gar zu unordentlich aussehe; sie suchte es so lange zu verzögern, als möglich, weil sie heimlich Befehl gegeben hatte, daß man die Taxusbäume erst beschneiden sollte. Endlich, als sie die jungen Leute nicht mehr aufhalten konnte, gieng man hinunter. Kronhelm muste sie aus Höflichkeit am Arm führen. Sie zierte sich erst lange, weil sie glaubte, es sey wider die Lebensart, einen Edelmann zu bemühen. Siegwart führte ihre beyden Töchter, und der Amtmann Theresen. Bey der Gartenthüre sperrte sie sich lang voranzugehen, und doch konnte sie wegen ihres Reifrocks, nicht zugleich mit Kronhelm hineingehen. Sie sah ängstlich nach den Taxusbäumen, die noch nicht gänzlich beschnitten waren. Hinter ein paar standen Kerls, und hielten sich versteckt; und sobald die Gesellschaft den Gang hinunter war, so fiengen sie wieder an, mit der Schere zu beschneiden, bis sie fertig waren. Drauf kamen zween Baurenkerls in Livree; brachten Sessel; setzten sie, auf Befehl der Amtmännin in der Terasse nieder, und brachten dann auch einen Tisch und Wein. Kronhelm konnte sich des Lachens kaum enthalten; er muste sie immer führen, und doch war es ihm kaum möglich, sie, mit ihrem weiten Reifrock, durch die engen Heckengänge durchzubringen.

Johann Wolfgang Goethe

Triumph der Empfindsamkeit (1777)

Vierter Act.

Andrasons Schloss, eine rauhe und felsige Gegend, Höhle im Grunde. (Mandandanens Kammerdiener als Askalaphus tritt auf mit einem Reverenz, und spricht den Prologus.)

Herrn und Frauen allzugleich,
Merkt wohl, das hier ist Pluto's Reich,
Und ich, wie ich mich vor euch stelle,
Das ich zuerst bedeuten muß,
Ich nenne mich Askalaphus,
Und bin Hofgärtner in der Hölle.

Die Charge ist hier unten neu:
Denn ehmals war Elysium dadrüben,
Die rauhen Wohnungen dahüben,
Man ließ es eben so dabei.

Nun aber kam ein Lord herunter,
Der fand die Hölle gar nicht munter,
Und eine Lady fand Elysium zu schön.
Man sprach so lang, bis daß der seltne Gusto siegte
Und Pluto selbst den hohen Einfall kriegte,
Sein altes Reich als einen Park zu sehn.

Da schleppen nun Titanen ohne Zahl,
Den alten Sisyphus mit eingeschlossen,
Rastlos geschunden und verdrossen,

Gar manches schöne Berg und Thal
Zusammen.
Aus den fluthenden Flammen
Des Acherons herauf
Müssen die ewigen Felsen jetzt!
Und, gält's tausend Hände,
Sie werden an irgend einem Ende
Als Point de vue zurecht gesetzt.

Um Eins nur ist es Jammerschade,
Um's schöne Erdreich in Elysium!
Aber es ist keine Gnade,
Wir gehn damit ganz sündlich um.
Sonst dankt man Gott, wenn man die Steine
Vom Acker hat;
Aber hier! sechs Meilen herum sind keine
Zu finden mehr, und wir haben es noch nicht satt;
Damit verschütten wir den Boden,
Wo das weichste Gras,
Die liebsten Blümchen blühen, und warum das?
Alles um des Mannichfaltigen willen.
Ein frischer Wald, eine feine Wiese,
Das ist uns alles alt und klein;
Es müssen in unserm Paradiese
Dorn und Disteln sein.

Dafür aber auch graben wir in den Hainen
Elysiums die schönsten Bäume aus,
Und setzen sie, wo wir es eben meinen,
An manche leere Stelle
Herüber in die Hölle,
Um des Cerberus Hundehaus,
Und formiren das zu einer Capelle.

Denn, Notabene! in einem Park

Muss alles Ideal sein,
Und, Salva Venia, jeden Quark
Wickeln wir in eine schöne Schal' ein.
So verstecken wir zum Exempel
Einen Schweinestall hinter einem Tempel;
Und wieder ein Stall, versteht mich schon,
Wird geradeswegs ein Pantheon.
Die Sach' ist, wenn ein Fremder drin spaziert,
Dass alles wohl sich präsentirt;
Wenn's dem denn hyperbolisch dünkt,
Posaunt er's hyperbolisch weiter aus.
Freilich der Herr vom Haus
Weiß meistens wo es stinkt.

Wie ich also sagte: unsre elysischen Bäume
Schwinden wie elysische Träume,
Wenn man sie verpflanzen will.
Ich bin zu allen Sachen still:
Denn in einem Park ist alles Prunk;
Verdorrt ein Baum und wird ein Strunk,
Ha! sagen sie, da seht die Spur,
Wie die Kunst auch hinterdrein der Natur
Im Dürren ist. – Ja leider stark!
Was ich sagen wollte: zum vollkommnen Park
Wird uns wenig mehr abgehn.
Wir haben Tiefen und Höhn,
Eine Musterkarte von allem Gesträuche,
Krumme Gänge, Wasserfälle, Teiche,
Pagoden, Höhlen, Wieschen, Felsen und Klüfte,
Eine Menge Reseda und andres Gedüfte,
Weimuthsfichten, babylonische Weiden, Ruinen,
Einsiedler in Löchern, Schäfer im Grünen,
Moscheen und Türme mit Kabinetten,
Von Moos sehr unbequeme Betten,

Obelisken, Labyrinthe, Triumphbogen, Arkaden,
Fischerhütten, Pavillons zum Baden,
Chinesisch-gothische Grotten, Kiosken, Tings,
Maurische Tempel und Monumente,
Gräber, ob wir gleich niemand begraben –
Man muss es alles zum Ganzen haben.
Ein einziges ist noch zurücke,
Und darauf ist jeder Lord so stolz:
Das ist eine ungeheure Brücke
Von Holz
Und Einem Bogen von Hängewerk,
Die ist unser ganzes Augenmerk.
Denn erstlich kann kein Park bestehn
Ohne sie, wie wir auf jedem Kupfer sehn.
Auch in unsern toleranten Tagen
Wird immer mehr drauf angetragen,
Auf Communikation, wie bekannt,
Dem man sich auch gleich stellen muß;
Elysium und Erebus
Werden vice versa tolerant.

Wir freuten uns der Brücke schon;
Doch leider Acheron und Pyriphlegethon
Speien ewige Flammen,
Da fehlt's uns an gescheidten Leuten;
Und bringen wir die Brücke nicht zusammen,
So will der ganze Park nichts bedeuten;
Das Costume leidet weder Erz noch Stein,
Von Holz muß so eine Brücke sein.

Aber warum ich komme! ohne Zeit zu verlieren:
Pluto's schönes junges Weib
Geht gewöhnlich hierher spazieren,
Denn drin ist nicht viel Zeitvertreib.
Da sucht sie bei den armen Todten
So schöne Gegenden, wie auf Siciliens Boden;

Wir haben's aber nur in Gedichten.
Dann fragt sie täglich nach herrlichen Früchten;
Wir haben aber keine zu reichen:
Pfirschen, Trauben, darnach liefen wir weit;
Holzbirn', Schlehen, rothe Beerchen und dergleichen
Ist alles, was bei uns gedeiht.

(Zwei höllische Geister bringen einen Granatenbaum in einem Kübel.)

Drum hab' ich zu einem Treibhaus gerathen
Und brüte, zum Exempel, diese Granaten
In einem frostbedeckten Haus
Mit unterirdischem Feuer aus;
Den will ich in die Erde kleben,

(Er macht alles zurecht wie er's sagt)

Mit Felsen, Rasen, Moos umgeben,
Daß meine Königin vermeine,
Es wüchse alles aus dem Steine,
Und, wenn sie den Betrug verspürt,
Den Künstler lobe, wie sich's gebührt.

(Ab.)

JEAN PAUL

Die unsichtbare Loge (1792)

Aber wir wollen wieder ins stille Land unsern beiden Freunden nach.

Sie mußten vor dem alten Schlosse vorbei, das wie ein Adams Rippe das neue ausgeheckt, das seinerseits wieder neue Wasseräste, ein sinesisches Häuschen, ein Badhaus, einen Gartensaal, ein Billard u.s.w., hervorgetrieben hatte. Im neuen Schlosse wohnte die Residentin von Bouse, die diesen architektonischen Fötus das ganze Jahr nicht zweimal bewunderte. Hinter dem zweiten Rücken des Schlosses fing sich der englische Garten mit einem französischen an, den die Fürstin stehen lassen, um den Kontrast zu benützen oder um den zu vermeiden, in welchem sich ein brillantierter Gala-Pallast neben die patriarchalische Natur im Schäferkleide postiert. Wer nicht vor den beiden Schlössern vorbei wollte: konnte durch ein Fichtenwäldchen in den Park gelangen und vorher in eine Klausnerei, deren Väter der alte Fürst und sein Favorit-Kammerherr gewesen waren. Beide waren in ihrem Leben nicht einen halben Tag allein gewesen, außer wenn sie sich auf einer Jagd oder s o n s t verirrten; – daher wollten sie doch allein sein und setzten deßwegen (was fragten sie darnach, daß sie ein Plagiat und einen Nachdruck der vorigen Baireuter Eremitage veranstalteten?) neun Häuserchen aufs Papier, nachher auf den Tisch und endlich auf die Erde, oder vielmehr neun bemooste Klafter Holz. In diesen ausgehöhlten Vexier-Klaftern steckte sinesisches Ameublement, Gold und ein lebendiger Hofmann, wie man etwa in lebendigen Baumstämmen auf eine lebendige Kröte mit Erstaunen stößet, weil man nicht sieht, wo ihr Loch ist. Die Klafter umrangen eine Klause, die man – weil am ganzen Hof keine Seele zu einem lebendigen Einsiedler Ansatz hatte – einem hölzernen anvertrauete, der still und mit Verstand darin saß und so viel meditierte und bedachte, als einem solchen Manne möglich ist. Man hatte den Anachoreten aus der Scheerauischen Schulbibliothek mit einigen aszetischen Werken versehen, die für ihn recht paßten und ihn zu einer Abtödtung des Fleisches ermahnten, die er schon hatte. Die Großen oder Größten werden entweder repräsentiert oder repräsentieren selber; aber sie s i n d selten etwas, andere müssen für sie essen, schreiben, genießen, lieben, siegen, und sie selber thun es wieder für andere; daher ist es ein Glück, daß sie, da sie zum Genuß einer Einsiedelei keine eigne Seele haben und keine fremde finden, doch hölzerne Geschäftträger, welche die Einsiedelei für sie genießen, bei Drechslern auftreiben; aber ich wünschte nur, die Großen, die nie mehr Langeweile erleiden als bei ihrer Kurzweile, ließen auch vor ihre Parks, vor ihre Orchester, ihre Bibliotheken und ihre Kinderstuben solche feste und unbelebte Geschäft- und Himmelträger oder Genuß-Curatores absentis und Schönwetterableiter machen und hinstellen, entweder in Stein gehauen oder blos in Wachs bossiert.

In die Decke der Klause sollte (wie an der Decke der Grotte beim Kloster S. Felicita) hinlängliche Baufälligkeit, sechs Ritzen und ein Paar Eidexen, die daraus fallen, eingemalet werden. Der Maler war auch schon auf Reisen, blieb aber so lange darauf und aus, daß sich die Sache zuletzt selber hinauf malte und gleich offnen

Menschen nichts war, als was sie schien. Allein als die künstliche Einsiedelei sich zu einer natürlichen veredelt hatte, war sie längst von allen vergessen. Ich halt' es daher mehr für Persiflage als für reine Wahrheit, daß der Kammerherr – wie so viele Oberscheerauer sagten – Holzwürmer hätte zusammen fangen und in den Stuhl des Eremiten impfen lassen, damit die Thiere statt der Haarsägen und Trennmesser daran arbeiteten und den Sessel früher antik machten – wahrhaftig das Gewürm beißet jetzo Stuhl und Mönch um! Noch lächerlicher ists, wenn man einem vernünftigen Mann weiß machen will, anfangs hätte der architektonische Kammerherr ein künstlich laufendes Räderwerk mit einem Mausfell kouvertiert und papillotiert, damit die Kunst-Eidexe oben eine Korrespondenz-Maus unten hätte und so für Symmetrie hinten und vorn gesorgt wäre, hernach hätte der Herr sich der Natur genähert und über eine lebendige rennende Maus ein künstliches zweites Mausfell als Überrock und Frack gezogen, damit Natur und Kunst in einander steckten – lächerlich! Mäuse fahren zwar stets um den Einsiedler herum, aber sicher nur in Einer Unterzieh-Haut...

JOHANN WOLFGANG VON GOETHE

Haus – Park (1797)

Liebe Mutter, die Gespielen
Sagen mir schon manche Zeit,
Daß ich besser sollte fühlen
Was Natur im Freien beut.
Bin ich hinter diesen Mauern,
Diesen Hecken, diesem Bux,
Wollen sie mich nur bedauern
Neben diesem alten Jux.

Solche schroffen grünen Wände
Ließen sie nicht länger stehn;
Kann man doch von einem Ende
Gleich bis an das andre sehn.
Von der Scheere fallen Blätter,
Fallen Blüthen, welch ein Schmerz!
Asmus, unser lieber Vetter,
Nennt es puren Schneiderscherz.

Stehn die Pappeln doch so prächtig
Um des Nachbars Gartenhaus;
Und bei uns wie niederträchtig
Nehmen sich die Zwiebeln aus!
Wollt ihr nicht den Wunsch erfüllen –
Ich bescheide mich ja wohl!
Heuer nur, um Gotteswillen,
Liebe Mutter, keinen Kohl!

Clemens Brentano

Godwi oder Das steinerne Bild der Mutter (1800)

Ich war angekommen und lief durch die Menge durch, und es ward mir nicht schwer, mich allein zu denken; denn wir sind nie mehr allein, als bey einer Menge von Umständen, die ganz und gar verschieden von uns sind. In den Eindrücken der Anlagen liegt Pracht, Reiz, Rührung und Beruhigung abwechselnd, und der Fehler nach meiner Meynung liegt in der zu großen Aehnlichkeit dieser Eindrücke mit dem Augenblicke und seinen Freuden, die nur einen Augenblick brauchen, es nicht mehr zu seyn. Jedes Einzelne ist nur Einzelnes, indem es das vergangene Einzelne verschluckt. Man kann hier nichts als dem Tode der Vergangenheit nachweinen, durch die Geburt der Gegenwart überrascht werden, und kommt man zu sich selbst, so ist ihr Leben höchstens noch das Nachundnach des Verschwindens. So ist auch hier durch die Zusammenstellung aller dieser Verschiedenheiten keine Gegenwart, man sieht nicht, man sieht nur nach und entgegen. Den schweigenden Geist der Musik, den mir ein marmorner Faun, der in der größten Vollkommenheit auf einem hohen Felsen zwischen Gebüschen ausgehauen ist, zu ahnden giebt, zerstört der Körper der Musik, der mir aus den Glöckchen am chinesischen Hause sinnlich entgegengaukelt. Der Reiz einer mediceischen Venus, dessen Zauberlicht durch die Schatten kosender Zweige hervorbricht, erfüllt mich mit den Schauern der Kunst und der Natur. Die Lüge der Kunst ist so unausstehlich wahrscheinlich, daß die reizendste, seltenste Möglichkeit durch die Verführung der Unmöglichkeit mich in Begierden durchzittert, ich möchte mich in diese steinerne Fluth stürzen, daß die Wogen des Genusses über mir zusammenschlügen, und kann doch nichts fühlen, nichts sehen als den Satyr meiner getäuschten Sinnlichkeit, der allmächtig meine Vernunft wie eine weinende zarte Nymphe davon schleppt. Lüstern folgen meine Blicke meiner Begierde, die trunken über die Wellenlinie der Grazie hintaumelt und an der gefährlichsten Stelle hinter dem Aste einer Zypresse entweicht: so hängt die Angst der Nachwehen um die Schläfe des Genusses – O warum muß der Trank der Freude ein heller Trank seyn, daß man bey dem kleinen Maaße, das uns gereicht ist, immer den Boden sieht? Sollte man nicht, wie Diogenes, den Becher wegwerfen, und lieber aus seiner Hand trinken, die selbst vom Rausche zittert; nicht lieber den Rausch aus dem Becher trinken, der selbst berauscht ist, da wir nicht schwimmen können, um uns in der allgemeinen Masse zu erfreuen, deren Tiefe uns keinen Boden sehen läßt? Weg mit dir, Freudenstörer! schrie ich den Zypressenast an, und dieß ist wahrlich das Zweckmäßigste, was ich in meinem Leben gesagt habe, sowie das Zweckmäßigste, wo nicht das Mäßigste, was ich in meinem Leben gelesen habe, die Worte sind: Weg mit dem dummen Halstuch, was soll das dumme Halstuch! Weg mit dir, Freudenstörer! Wer über dem Zählen der Falten auf der Stirne der Zukunft die Küsse der Gegenwart unzählig zu machen vergißt, der wird alt und blind, ehe er die Fülle seiner Jugend erblickte. Wer nicht nehmen will, weil er befürchtet, eine Lücke zu machen, der wird auch nie hingeben, um eine Wunde auszufüllen. Wohl dem, der in dem Leben durch seinen

Genuß eine so tiefe Spur zurückläßt, als die Lücke ist, die er im Grabe ausfüllen muß. Der Zweig ist weg, eine Hütte steht vor mir, ich schreite träumend zu, trete hinein, und stehe unter einem halben Dutzend alter Männer, die sich sehr ernsthaft ansehen; ich entschuldige mich, ziehe den Hut ab, sie sperren die Mäuler auf und sprechen nicht – Husch fliegt dem einen ein Vogel aus dem Munde, ich schaue auf und finde mich unter einem halben Dutzend hölzerner Philosophen der Vorzeit, die zur Dauer mit Oelfarbe angestrichen sind. Platon, der den Männern mit Baßstimme die Gefühle der lebendigen Orgelpfeifen in Rom unterschieben wollte, hatte sich ein Sperling mit allen Freuden seines Ehebetts in den offnen Mund einquartirt. Nie habe ich einen stummern Lehrer gesehen, nie ist einem Lehrer Stoff der Selbstverleugnung und die Wahrheit so in den Mund gelegt worden. Meine verfolgte Begierde war mit dem Sperling davon geflogen, und ich nahm mir vor, mich hier keiner Laune mehr zu überlassen, weil das Ganze für Menschen erschaffen ist, die weder froh noch traurig, sondern amüsirt und zerstreut werden sollen. Ich setzte mich auf eine Bank an einer Einsideley, und sah die ungeheure Menge von Menschen um mich her wandeln, die mich in die ödeste Einsamkeit versetzten, weil sie mich alle nichts angingen. Plötzlich geschahen einige Schüsse. Es lebe der Fürst! es lebe Casimir, der Fürst! hallte die ganze Wüste wieder, und strömte dem andern Ende des Gartens zu. Es war mir wie einem ehrlichen Muselmann zu Muthe, der die Wüste Arabiens hinter sich hat, und der Moschee des großen Propheten schon entgegen sieht. Ich ging ruhig den Pfad gegen die Moschee hinauf. Chinesische Brükken trugen mich über tosende Kataracte. Das ewige Stürzen, Wogen und Schäumen flieht und kömmt, wie die unendliche Zeit. Ich hänge mitten darin, auf das schwache Geländer der Treppe gestützt, Tropfen spritzen mir in das Gesicht, und erwecken mich aus meinem dumpfen Dahinbrüten, ach! nur so wenige Tropfen, nur Tropfen mir! – Ich weiß nicht, was ich gefühlt habe, bis mich eine Gestalt, die durch die Säulengänge der prächtigen Moschee, wie die süße Trunkenheit der Andacht und der allmächtige Zauber des Traums einer Religion, hinwallte, mich durch ihre fast handgreifliche Wahrscheinlichkeit aus meinen sonderbaren Reflexionen über die schreckliche Zeit erweckte.

gestern waren wir im großen Irrgarten, wo mir besonders der große Christoffel gefallen hat, der steht auf einem hohen Berge und guckt in die Welt hinein, und aus seinen Augen gucken wieder Leute hinaus, denn sein Kopf ist hohl und seine Augen sind ungeheure Schalusieladen. Er ist von eitel Kupfer, und wenn man lauter Pfennige davon schlüge, könnte fast jeder Bettler einen im Lande bekommen; das will was sagen! Da sind auch viele Statuen, aber sie sind alle in steinerne Betttücher gehüllt, oder unverschämt nackigt, und haben keine Augäpfel, was gegen alle Moralität und Natur ist. Wasser springt von allen Seiten, und man kann gar nicht evitiren, etwas naß zu werden. Tabak darf darinne nicht geraucht werden, auch darf man keine Stecken schneiden.

DOROTHEA VEIT (SCHLEGEL)

Florentin (1801)

... und endigte mit dem Anliegen: der Graf solle ihm Unterricht in der neuesten Verbesserungs-Methode geben.
Um ihn etwas zu besänftigen, und ihn von seiner Mutlosigkeit zu heilen, erinnerte ihn der Graf an seine Verschönerungen des Parks, des Gartens und des Wohnhauses.– Ja, ja, sagte er mit Selbstzufriedenheit, das ist freylich Etwas! Es hat mir doch auch, muß ich sagen, viel Arbeit und Kopfzerbrechen und viel schweres Geld gekostet. Nun freylich! so etwas wie mein Ermenonville, meinen Otaheitischen Pavillon, meine chinesischen Brücken, dergleichen haben sie noch nicht ausgeführt, das ist wahr! Apropos, ich muß Ihnen doch erzählen: ich habe von meinem Neffen, der vorigen Sommer von seiner Reise um die Welt zurückgekommen, eine ganz vortreffliche und genaue Zeichnung von den Egyptischen Pyramiden erhalten, die ich, sobald ich mit meinem Vesuv zu Stande bin, eben so nachzuahmen gedenke; unter uns, die hoffe, es soll gewiß ein Meisterwerk und ein seltnes Stück werden. Dabey habe ich den Gedanken, in diesen Pyramiden ein Monument für mein seliges Lottchen zu stiften. Ich habe auch schon den Platz mit Trauerweiden und wilden Rosen bepflanzen lassen, und der Neveu will die alten Inschriften, die er mitgebracht hat, hinein besorgen. Dahin will ich mich dann in melancholischen Stunden in die Einsamkeit begeben, mich meinen Gedanken über-

lassen, und das Andenken meines lieben seligen Lottchens feyern.

Jetzt meynte ich aber nur die Oekonomie, Ihre Verbesserung des Ackerbaues, und das ehrbare folgsame Betragen Ihrer Bauern. Sehen Sie, das war's, dahin bringe ich's mit aller Arbeit nicht.

Jean Paul

Flegeljahre (1804)

Der Agent führte Klotharn vor die Glanz-Partieen des Parks in der Absicht, Ehrenflinten und -säbel da von Grafenhand zu empfangen – vor Kinderstatuen unter Thurm-Bäumen – vor Herkules-Würggruppen unter Blumen; aber den Grafen griff nichts an. Neupeter zählte das »schöne Geld« aufs Rechenbret hin, das ihm die Bildsäulen schon gefressen, besonders einige der feinsten, die er gegen Regenwetter in ordentliche wasserdichte Über- oder Reitersröcke eingewindelt, und bracht' ihn vor eine eingekleidete Venus im Wachtrock. Klothar schwieg. Neupeter ging weiter im Versuche und Garten, er setzte eigenhändig seinen Park herunter gegen einen in England und erhob z. B. Hagley's seinen darüber; »aber« sagt' er, »die Engländer haben auch die Batzen dazu.« Der Graf widerlegte nichts. Blos Walt bemerkte: »am Ende werde doch jeder Garten, sei er noch so groß, kurz jede künstliche Eingränzung klein und ein Kindergärtchen in der unermeßlichen Natur; nur das Herz baue den Garten, der noch zehnmal kleiner sein könne als dieser«.

Darauf fragte der Kaufmann den Grafen, warum er nicht aufgucke, z. B. an die Bäume, wo manches hänge. Dieser sah auf; weiße Zolltafeln der Empfindung waren von Raphaelen darangeschlagen zum Überlesen; »bei Gott, meine Tochter hat sie ohne fremde Hülfe ersonnen,« sagte der Vater, »und sie sind sehr neu und hochtragend geschrieben, so glaub' ich.« Der Graf stand vor den nächsten Gefühls-Bretern und Herz-Blättern poetischer Blumen fest; auch der Notar las den an die Welt wie an Arznei-Gläschen gebundnen Gebrauchzettel herab, welcher verordnete, wie man schöne Natur einzunehmen habe, in welchen Löffeln und Stunden. Walten gefiel die Gefühls-Anstalt, es waren doch Antritts- oder Oster-Programmen der Frühlings-Natur, Frachtbriefe der Jahrs-Zeiten, zweite, heimlich abgedruckte Titelblätter der Natur-Bilderbibel.

Dennoch strich Klothar stumm darunter hinweg. Aber Walt sagte, begeistert von den Baum- Not- und Hülfs-Täfelchen: »Alles ist hier schön, die Partieen, die Bäume und die Tafeln. Wahrhaftig man sollte die Poesie verehren, auch bis ins Streben darnach. Freilich wird nur die höchste, die griechische, gleich den Schachten der Erdkugel immer wärmer, je tiefer man dringt, ob sie gleich auf der Fläche kalt erscheint; indeß andere Gedichte nur oben wärmen.«– »Mein Mietsmann, Herr Notar Harnisch – sagte schnell der über dessen Nähe und Kecke verdrüßliche Neupeter, als der Graf ihn bedeutend ansah. Der Lac da um Ermenonville herum – so lässet meine Frau den Teich nennen, weil sie sich auf Gärten versteht, da sie aus Leipzig ist – der Teich, sag' ich, ist blos um die Insel herumgeführt, die ich um meinen seligen Vater, einen Kaufmann wie wenige, aufschütten lassen. Die Statue drinnen, das ist er selber nun.«– Auf der Teich-Insel sah unter Trauer- und Pappel-Bäumen allein, gleichsam wie ein Robinson, der alte seel. Christhelf Neupeter in Stein gebracht herüber, übrigens in seinem Börsen-Habit ausgehauen, wiewol die in Marmor übersetzte Beutelperücke und die petrifizierten Wickelstrümpfe und Rockschöße dem magern Manne nicht das leichte Aussehen gaben, das er nackt hätte haben können.

»Sagen Sie nur heraus, wie Ihnen der ganze Park und Quark vorkommt?« fragte Neupeter der Sohn. »Was bedeutet noch die hölzerne wunderbare Pyramide (fragte der die Insel und den See umkreisende Graf), die mit der Basis halb über dem Wasser schwebt?« Dem Hofagenten gefiel die Frage; er versetzte schelmisch: »In die Pyramide kann man ordentlich hineingehen durch eine Thüre.« – »Cestius Pyramide?« sagte Walt halblaut.– Der Graf verstand den merkantilischen Schelm nicht. »Nun, es dient nun so«, erläuterte er weiter, froh über die Einkleidung jener Verkleidung, »bei der oder jener Gelegenheit – wenn mans eben braucht – ein Mensch trinkt Mittags viel, besieht sich den Garten, und nun natürlich...«

»God d –« sagte der verständigte Graf im Feuer, »ich muß in die Pyramide« und gab, des Agenten satt, das Zeichen des Zurückbleibens. Ein Regenbogen – darein war die Holz-Brücke durch Farben verkleidet – führte an die Pyramide. Der unschuldige Notar dachte zu zart, um alles zu verstehen. (.....)

Ein zarter Genius war es, der den einsamen Gottwalt vom Betreten des Regen- und Brücken-Bogens zurücklenkte durch die Eröffnung der – Wahrheit. Anderthalb Garten-Gänge prallte davor der Jüngling zurück, den schon der vornehme Tafel-Zynismus mit den nackt gezognen Zahnstochern geärgert; – ohne doch auf den Agenten zu zürnen, daß er auf die väterliche Pappel-Insel eine solche Spitzsäule pflanzen können; er hatte oft zu viel Liebe, um Geschmack zu haben, wie andere umgekehrt.

Joseph von Eichendorff

Ahnung und Gegenwart (1815)

Nach mehreren einsamen Tagereisen, wobei auch die schönen Nächte zu Hülfe genommen wurden, kamen sie endlich immer höher auf das Gebirge. Die Gegend wurde immer größer und ernster, kaum noch lagen einzelne Hirtenhütten in den tiefen dunkelgrünen Schluchten hin und her zerstreut, es war eine grenzenlose Einsamkeit, nebenaus oft Streifen von unermeßlicher Aussicht. Ihre Herzen wurden wieder stark und weit und voll kühler Freudenquellen.

Da erblickten sie sehr unerwartet mitten in der Wildniß einen niedrigen zierlichen Zaun von weißem Birkenholz, dem es ordentlich Mühe zu kosten schien, die wilde Freiheit der Natur, die überall ihre grünen festen Arme wie zum Spotte ungezogen durchstreckte, im Zaume zu halten. Sie lachten einander Beide bei dem ersten Anblicke an, denn überraschender konnte ihnen nichts kommen, als gar eine moderne englische Anlage in dieser menschenleeren Gegend. Sie ritten längs des Zaunes hin, aber nirgends war die geringste Spur eines Einganges. Sie wußten wohl, daß sie bereits in dem großen Walde sein mußten, den Erwin sterbend meinte, auch waren sie nach der langen Tagereise begierig, endlich einmal Menschen, Speise und Trank wieder zu finden, sie banden daher ihre Pferde an und sprangen über den Zaun hinein.

Ein niedlicher Schlangenpfad, mit weißem Sande aus-

gestreut, führte sie dort bis an ein großes dichtes Gebüsch von meist ausländischen Sträuchern, wo er sich plötzlich in zwei Arme theilte. Sie schlugen nun jeder für sich allein einen derselben ein, um so desto eher zu einer erwünschten Entdeckung zu gelangen. Doch diese schmalen Pfade gingen seltsam genug in einem ewigen Kreise immerfort um sich selber herum, sodaß die beiden Grafen, je emsiger sie zuschritten, zwar immer ganz nahe blieben, aber einander niemals erjagen oder zusammenkommen konnten. Einige Male, wo die Gänge sich plötzlich durchkreuzten, stießen sie unverhofft aneinander, trennten sich von neuem und standen endlich, nachdem sie sich beinahe müde geirrt, auf einmal wieder vor dem Zaune, an demselben Orte, wo sie ausgelaufen waren.
Sie lachten und ärgerten sich zugleich über den sinnreichen Einfall. Doch machte sie diese kleine Probe aufmerksam und neugieriger auf die ganze sonderbare Anlage. Sie nahmen daher noch einmal einen beherzten Anlauf und drangen nun mitten durch das dicke Gehege gerade hindurch. Da kamen sie bald auf einen freien Platz zu einem Gebäude. Ihre Augen konnten sich bei dem ersten verwirrenden Anblick durchaus nicht aus dem labyrinthischen, höchst abenteuerlichen Gemisch dieses Tempels herausfinden, so unförmlich, obgleich klein, war Alles über- und durcheinander gebaut. Den Haupteingang nämlich bildete ein griechischer Tempel mit zierlichem Säulenportal, welches sehr komisch aussah, da alles überaus niedlich und nur aus angestrichenem Holze war. Sie traten hinein und fanden in der Halle einen hölzernen Apollo, der die Geige strich, und dem der Kopf fehlte, weil nicht mehr Raum genug dazu übrig geblieben war. Gleich aus dem Tempel trat man in einen geschmackvollen Kuh-

stall nebst einer vollständigen holländischen Meierei in der neuesten Manier, aber alles leer. Ueber der Meierei hing, wie ein Bienenkorb, eine Art von schwebender Einsiedelei. Den zweiten Eingang bildete ein viereckiger Thurm, wie bei den alten Burgen, der eine Ruine vorstellen sollte und auf dessen Mauer hin und her Blumentöpfe mit Moos umherstanden. Ueber das ganze Gemisch hinweg endlich erhob sich ein feingeschnitztes buntes chinesisches Thürmchen, an welchem unzählige Glöcklein im Winde musizirten. Unter diesem Thürmchen in dem innersten Gemache saß inmitten des getäfelten Bodens ein unförmlicher kleiner Chinese von Porzellan mit untergeschlagenen Beinen und dickem Bauche, und wackelte einsam fort mit dem breiten Kahlkopfe, als der einzige Bewohner seines unsinnigen Palastes.

Nein, das ist zu toll! sagte Leontin, was gäb' ich drum, wenn wir den Phantasten von Baumeister noch selber in seinem Zauberneste überraschten! Das ist ja ein wahrer Surrogat-Tempel für allen Geschmack auf Erden.

Währenddeß waren sie endlich in dem letzten Gemache des Gebäudes angekommen, welches mit großen goldenen Buchstaben »Gesellschafts-Saal« überschrieben war. Sie erstaunten auch wirklich beim Eintritte nicht wenig über die ungeheure Gesellschaft, denn Wände und Decken bestanden daselbst aus künstlich geschliffenen Spiegeln, die ihre Gestalten auf einmal ins Unendliche vervielfältigten. Ihr Kopf war ganz überfüllt und verwirrt von dem Gesehenen. Kein Mensch war in der weiten Runde zu hören, es graus'te ihnen fast, länger in dieser Verrückung so einsam zu verweilen, und sie begaben sich daher schnell wieder ins Freie.

Sie durchstrichen darauf noch den anderen Theil des Parks, der auf die alltäglichste Art mit Trauerweiden, Baumgrüppchen, Brückchen usw. angefüllt war. Auch die üblichen Aushängetafeln mit Inschriften waren im Ueberfluß vorhanden, nur mit dem Unterschiede, daß hier alle von einer ungeheuern Länge und Breite waren, sodaß sie die jungen Bäume, an denen sie befestigt, fast bis auf die Erde herunterzogen. Unsere Reisenden verweilten verwundert hin und wieder, und lasen unter Andern: »Wachsen, Blühen, Staubwerden«.– Gleich daneben stand auf einer andern Tafel die erste Strophe von: »Freuet euch des Lebens!« usw. nebst einigen andern Zoten.

So von groben Bäumen verfolgt, waren sie endlich am andern Ende des sonderbaren Parks angekommen, wo derselbe wieder durch ein niedliches Zäunchen von dem Walde geschieden war. Noch eine ungeheure Inschrift begrüßte sie dort folgendermaßen: »Gefühlvoller Wanderer! stehe still und vergieße einige Thränen über deine Narrheit!« Darunter stand nur noch halbleserlich mit Bleistift geschrieben: »Und dann kehre wieder um, denn mir bist du doch nur langweilig.« Nicht ohne Bedeutung, wie es schien, stieß diese letzte Partie des Gartens, welche besonders kleinlich aus allerlei Zwergbäumen nebst einem kaum bemerkbaren Wasserfalle bestand, auf einmal an den dunkelgrünen Saum des Hochwaldes. Zwischen Felsen stürzte dort ein einfacher Strom gerade hinab, als wollte er den ganzen Garten vernichten, wandte sich dann am Fuße der Höhe plötzlich wie aus Verachtung wieder seitwärts in den Wald zurück, dessen ernstes, ewig gleiches Rauschen gegen die unruhig phantastische Spielerei der Gartenanlage fast schmerzlich abstach, sodaß die beiden Freunde überrascht stillstanden. Sie sehnten sich recht in die große ruhige kühle Pracht hinaus und athmeten erst frei, als sie wirklich endlich wieder zu Pferde saßen.

Hermann Fürst Pückler Muskau

Briefe eines Verstorbenen (1828)

Dies wissen auch die an den Bergufern weidenden Kühe recht wohl, die man immer an solchen Stellen einsam ruhen und wiederkauen sieht. Ich betrachtete heute lange ein solches Thier, wie es auf einer ganz isolirten Felsenspitze, die Contoure schroff sich gegen die Luft abzeichnend, stand – unbeweglich, bis auf die leise Arbeit seiner Kinnladen, und nur zuweilen mit dem Schwanz sich an die Seite schlagend. Wie schön, dachte ich mir, könnte ein Künstler ein solches Bild kolossal und zum Apis erhoben, und auch mit dem Mechanismus dieser einfachen Bewegungen versehen, nachahmen, und welche Acquisition wäre dies für einen deutsch-englischen Park in der Heimath! z. B. in Cassel, dem Herkules gegenüber, oder gar in Wörlitz auf dem feuerspeienden Berge weidend. Gewiß eine verdienstvolle Idee, die du fruchtbar zu machen suchen mußt. Erinnerst Du Dich noch Clemens Brentano, als ihm und dem genialen Schinkel der Graf L. die Aussicht von seinem Jagdschlosse zeigte, von wo man eine anmuthige aber flache Waldgegend übersieht, und nun zu den beiden Herren gewandt, der Graf diese etwas einfältig fragte, auf welche Art wohl hier eine recht große Verschönerung anzubringen sey? Brentano verfiel in tiefes Sinnen, und nach einiger Zeit sagte er langsam, den erwartungsvoll zuhörenden Gönner mit seinen kuriosen Augen ernsthaft anstarrend: »Wie wäre es, Herr Graf, wenn Sie ein Gebürge aus Brettern aufführen, und dasselbe mit blauer Oelfarbe anstreichen ließen? – Solches aber, wenn auch nicht so grell und handgreiflich, geschieht im lieben Vaterlande noch täglich, selbst ohngeachtet des neuen Berliner Gartenvereins.

Ludwig Tieck

Der Jahrmarkt (1832)

Warum es mich am meisten schmerzt, sagte die Kranke, daß ich diese schöne Reise nicht mitmachen kann, ist jener reizende Park, auf dem halben Wege zur Stadt, den ich nun auch diesmal nicht genießen und in Augenschein nehmen werde; die vielen Thränenweiden und Trauerbirken, die Eremitenhäuschen, die süßen, kleinen Wasserfälle, alle diese herrliche Kunst-Natur hätte ich wohl einmal recht in der Nähe sehen mögen, da mich die Beschreibung immer schon so sehr entzückt hat. Wie mehr könnte ich mich nachher in den himmlischen Park des Hesperus oder des Titan hinein phantasiren, wo ich schon jede Staude und jede Weihmuthskiefer zu kennen glaube, die man nach meinem Gefühl auch lieber Wehmuths-Tannen nennen sollte (...)

An der Mittagstafel waren Alle vergnügt und fast ausgelassen. Man trank fleißig von dem Wein, den der Amtmann mitgenommen hatte. Titus erzählte wieder, was er unten vernommen hatte, und freute sich vorzüglich, den weltberühmten Garten in Schönhof nun morgen wirklich mit seinen Augen zu ersehn. Mehr als ein Wunder der Natur, sagte er unter andern, hat der reiche Baron dort möglich gemacht. Wasserfälle, hohe, steilrechte, wo vorher kein Wasser anzutreffen war, Felsen, schwindelnd hoch, hat er aufgebaut, so daß man in der Schweiz zu sein glaubt, und umgekehrt hat er wieder ungeheuer tiefe Abgründe ausgegraben, in die man kaum hinein zu blicken wagt, und über die der Wandersmann nur auf Kettenbrücken zitternd schreitet. Majestätische Eichen wechseln mit finstern Tannen, herrliche Buchen mit mächtig hohen Weiden, und alle fremden, seltenen Gewächse dazwischen. Man kann nichts so Seltsames ersinnen, was er nicht ausgeführt hätte. Chinesische Häuser mit ganz schmalen bunten Treppen und vergoldeten Thürmchen, in welchen Glockenspiele hängen: alte Ritterburgen, dann wieder Ruinen, Labyrinthe, in denen man sich verirret und in unterirdische Gänge geräth; Bergwerke, kristallene Höhlen, ja selbst ein feuerspeiender Berg, groß, wie der Aetna selber, ist angebracht. Vor diesem ist eine englische Herzogin neulich in Ohnmacht gefallen, ein alter dicker Herr hat von dem gothischen Thurm vor vier Wochen gar nicht wieder herunter gewollt, ein so entsetzlicher Schwindel hat ihn befallen, man hat ihm müssen die Augen verbinden, und nachher ist er sehr künstlich an Stricken wieder herab gelassen worden. Es soll, mit einem Wort, so viel himmlischer Genuß, so viel zu sehen sein, daß es kaum auszuhalten ist. Ich habe es nicht für möglich gehalten, daß sich dergleichen einrichten ließe.

Die Kunst, sagte der Amtmann, ist in unsern Tagen gewiß zu einer außerordentlichen Höhe gelangt. Es wird unsern Nachkommen kaum noch etwas zu thun übrig bleiben(...)

Als man die große Allee hinunter gekommen war, sagte der Baron: hier, meine Verehrten, werden Sie nun in mein Labyrinth eintreten. Es soll gleichsam den dunkeln, ungewissen Ursprung unsers Lebens bezeichnen. – Die Eingänge waren sehr niedrig und eng, alle mußten sich bücken. Drinne war es finster, und man stieß an die engen, gemauerten Wände. In der Mitte war der

Raum etwas breiter, und von hier gingen wieder kleine Straßen nach verschiedenen Gegenden. Man trat endlich, nachdem Alle ziemlich lange gebückt hatten wandeln müssen, in's Freie, und der Baron fing wieder an: wir treten nun, nach jener Finsterniß, in das heitere Thal der Kindheit. – Es war ein kleines grünes Fleckchen voller Frühlingsblumen, und mit blühenden Gebüschen umkränzt. Halt! rief plötzlich der Herumführende: einer von Ihrer werthen Gesellschaft fehlt! Der Herr wird mir ganz gewiß zu früh in's Elysium gerathen; er hat den falschen Weg links genommen. Erlauben Sie, daß ich den Verirrten wieder aufsuche und erwarten Sie mich hier.

Er ging schnell in das Labyrinth zurück, und man hörte ihn rufen. Titus war es, der sich auf unerlaubten Wegen davon gemacht hatte. Artlich! schmunzelte der Pfarrer: daß es aus jenem finstern Labyrinth einen Weg giebt, der sogleich in's Elysium führt, wohin so manche Kinderseele unmittelbar nach der Geburt, einige sogar früher, eilen. Wir aber wandeln auf dem gewöhnlicheren Wege durch Kindheit und Jugend. Sie mußten eine geraume Zeit auf der kleinen Stelle warten, endlich traten der Baron und Titus aus den engen Gängen wieder vor. Der gute Herr, sagte der Edelmann, war schon durch Elysium und Tartarus hin gesprungen, ganz gegen allen Plan und Zusammenhang.

Die Schönheiten, erwiederte Titus, sind so vielfach, und so neben einander gedrängt, daß man sich entzückt und betäubt zwischen allen diesen herrlichen Contrasten verirrt. Festgehalten und zugleich fortgestoßen, zaudert man und eilt, und hat das irdische und ewige Leben übersprungen, ehe man nur weiß, was man thut. Das ist eben die Eigenschaft der ächten Schönheit, daß man sich ganz in sie hinein stürzt, und das persönliche Bewußtsein darüber einbüßt. Der Baron trocknete sich den Schweiß ab, und erzählte ihnen das Charakteristische von diesem Thal der Kindheit; sie kamen hierauf in die Ebene der Jugend, in welcher junge Bäume standen und keine Blumen. Etwas aufwärts mußte man zum Manns-Alter steigen, wo man eine Aussicht auf Tempel und Hütten hatte, dann kam man noch höher in die reifen Jahre, welche Tannen bezeichneten; ganz oben stand man endlich im Greisesalter, wo alle Aussicht mit Sträuchen bedeckt war, rundumher abgestorbene Bäume, von denen selbst vielen die Rinde abgeschält war, unten sah man von einer Seite in einen kleinen Kirchhof hinein, der voller Gräber und schwarzer Kreuze war.

Herr Baron, sagte der Pfarrer begeistert, das hätte ich mir niemals gedacht, daß ein Garten so erbaulich sein könne. Wahrlich, das nenne ich Philosophie! Und so innig mit der Kunst vermählt! Und diese Kunst wieder ein und dasselbe mit der Natur! Ich sollte meinen, das eben sei die allerhöchste Vollendung!

Es freut mich, sagte der Baron, daß sie so ganz in meine Ideen einzugehn vermögen; man hat so selten die Freude, daß ächte, tiefe Denker uns näher treten. – Er zog einen Drath und man hörte eine Glocke. Auf einem kürzeren Wege rannte jener geschmückte Bediente herbei, welchem der Führer eilig einige Worte in's Ohr sagte, worauf sich dieser wieder eben so schnell entfernte.

Was Sie bisher gesehn haben, fing der Führer wieder an, war eine allgemeine Einleitung, gleichsam eine Symphonie zu dem Gedicht meines Gartens. Jetzt treten wir in die Geschichte der Menschheit.

Abseits lenkte ein bequemer Steig, und man gelangte in eine kleine umbuschte Gegend, mit einem dorischen

kleinen Tempel aus Holz, welcher einige Figuren enthielt, die den griechischen nachgebildet waren. Auch in den Gebüschen zeigten sich einige Statuen. So sind wir denn in Griechenland, sagte der Führer. Ein einfaches, schönes Leben, eine veredelte Natur, ein sinniger Cultus. Von hier gelangt man durch diesen sich schlängelnden Weg in das Elysium, wie jene Menschen es sich dachten. Es war ein ziemlich heitrer Raum, voll Blumenbeete, ein Schattengang daneben, hinter welchem sich gleich der Tartarus befand. Hier waren künstliche Felsen gebaut und Grotten erschaffen; vor der einen lag der dreiköpfige Cerberus, mit weit geöffnetem Rachen. Die Pfarrerin trat erschrocken einen Schritt zurück, aber der Baron führte sie selbst, wohlgefällig lächelnd dem Höllenhunde vorüber, welcher nur aus Holz und mit kräftigen Farben übermalt war.
Man sah hier ebenfalls gemalt den Ixion auf seinem Rade, und in einer Grotte links Pluto und Proserpina. Die eine Grotte hatte Fenster mit farbigem Glase, und die ganze Gegend umher schien im dunkelrothen Feuer zu brennen. Dieser Platz gefiel der Gattin des Pfarrers vorzüglich; sie war kaum zu bewegen, die Grotte und ihre Täuschung wieder zu verlassen.
So kam man in die chinesische Gegend, die voller Hügel, Häuserchen, kleiner Treppen und Thürme war, alles aus Latten geschnitzelt und mit grellen Lackfarben überzogen. So wie die Luft sich bewegte, ertönten eine Menge kleiner Glockenspiele. Kleine Figuren standen auf den Gallerieen, und einige Pagoden saßen nickend und wackelnd. Beim Himmel! rief der Amtmann aus; ich bin heut wie im Himmel selbst! Was braucht der Mensch noch zu reisen, oder Bücher zu lesen, oder Gemälde zu sehn, wenn er alles viel besser hier in Natura vor sich erblicken und erleben kann! Verehrter Herr

Baron, Sie sind wahrhaftig mehr als ein Tausendkünstler!

Ich würde Sie, antwortete der Baron, einen nach dem andern dort auf den höchsten chinesischen Thurm hinaufführen, wenn nicht neulich ein dicker, unbeholfener Mann das Geländer und die Treppe zerbrochen hätte. Er beachtete die Künstlichkeit nicht, und lehnte sich zu handfest auf die leicht geschnitzte Gallerie. Er wäre fast unglücklich geworden und herabgestürzt.

Wer keinen Spas versteht, sagte der Amtmann, der sich gern gefällig machen wollte, muß sich mit solcher künstlichen Natur nicht einlassen.

Spas nennen Sie das? fragte der Baron etwas empfindlich; ich habe es ernsthaft genug gemeint.

Der Herr Amtmann, fiel Titus ein, will damit nur sagen, daß sich einer geziemlich betragen muß, und vorbereitet sein, um Schein und Wirklichkeit, die in der ächten Kunst immerdar durch einander spielen und sich gegenseitig unterstützen, gehörig zu würdigen. Für Schein, Nachahmung, pflegt der Herr immer Spas zu sagen.

Jetzt betraten sie die türkische Gegend mit einigen Moscheen und Minarets; von da gelangten sie in das christlich-gothische Zeitalter: eine Ritterburg präsentirte sich, mit Giebeln, Thürmen und bunt gemalten Fenstern: geharnischte Männer, von Holz, standen am Eingange. Gegen über war eine Ruine. Im Ritterschloß fanden sie ein elegantes Frühstück, zu welchem sie der Wirth mit vieler Freundlichkeit einlud.

Alle waren von den vielen Genüssen wie betäubt, und der Wein, so wie die kalten Hühner behagten ihnen nach der Wanderung und Anstrengung sehr. Durch das einfache und freundliche Wesen ihres Wirthes waren sie alle heiter und guten Muthes geworden, und der

Pfarrer hatte großes Vertrauen gewonnen, da der Baron ihn für einen tiefen Denker erklärt hatte.
Unmittelbar hinter der Ruine lag ein kleiner Garten mit beschnittenen Hecken, die französische Zeit darstellend; daneben war ein Fleck, wo Taxus in Pyramiden, Obelisken, ungestalten Frauen und Männern verschnitten war, eben so die Bäume, deren Rinde man gefärbt hatte, und zwischen denen Pyramiden von Glaskügelchen standen, von welchen die Sonne blendend zurück stralte. Der Boden bestand aus farbigem Sande.
Allerliebst! rief die Pfarrerin; so artig ist es nicht einmal in meiner Putzstube!
Die vollendete Unnatur, erläuterte der Baron, hat auch einen gewissen Reiz: auch wird dadurch der Sinn für Natur wieder um so mehr geläutert und geschärft.
Als man den Ort verlassen hatte, von dem sich die Pfarrerin auch nur sehr ungern trennte, sagte der Führer: jetzt besuchen wir nun die Gegenden der menschlichen Leidenschaften und Gemüthsstimmungen, und zwar zuerst die Grotte der Sirenen.
Es war ein Gartensaal, der rings mit Spiegeln belegt war: in Nischen waren Sirenen von Stein, übermalt, angebracht, die aus den Brüsten und dem Munde Wasser spritzten: eine Wasserorgel erklang, um ihren Gesang anzudeuten. In der Mitte war ein Felsen, der ebenfalls Wasser ausströmte, und an diesem stand ein Mann, den Ulysses bezeichnend, festgebunden. Fritz wollte die Sirenen etwas mehr in der Nähe besehn, und so wie er einen dunkleren Quaderstein betrat, erhoben sich aus den Wänden, dem Fußboden und dem Felsen tausend feine Stralen, die ihn alle, wie eine Wasserlaube umhüllten, und ihn mehr durchnäßten, als ihm erwünscht sein mochte. Alles erstaunte, und Fritz stand in seinem Tropfbade unbeweglich. So ergeht es, rief der Baron,

denen, die ihren Leidenschaften folgen, und den verführerischen Sirenen zu nahe treten. – Er drückte an einen Knopf am Felsen und die Wasserstralen versiegten plötzlich.

Fritz ward ausgelacht und der Vater sagte zu ihm: merke dir diese Lehre, mein Sohn, sie kann dir für dein ganzes Leben nützlich sein! Geh dem Stein immer aus dem Wege, der dich so pudelnaß machen kann; du hast nun erfahren, was die Leidenschaften mit uns für ein Spiel treiben.

Ja, sagte Fritz, wenn der Stein immer so gezeichnet wäre, wie der da, so könnte man leicht tugendhaft sein. Und doch muß man erst auf ihn treten, um durch die Erfahrung gewitzigt zu werden, daß er den Schalk im Nacken hat.

Jetzt kamen sie in einen Raum, dicht von Trauerbirken, Thränenweiden und Weimuthskiefern eingeschlossen. Dies ist das Thal der Thränen, sagte der Baron, es gränzt an den Saal der Sinnlichkeit und Leidenschaft. Von da stiegen sie aufwärts zu einer ziemlichen Höhe, und standen dann an einem künstlich gemachten Absturz. Dies, fuhr der Baron fort, ist die Höhe der Verzweiflung: nur ein schmales, schwankendes Brett, das in Ketten hängt, führt über diesen schauderhaften, schwindelnden Abgrund. Ich muß sie bitten, einzeln und Mann für Mann hinüberzugehn, weil diese Brücke nicht auf eine große Last berechnet ist. Fritz, dem es nach dem Unheil, das die Leidenschaften ihm erregt hatten, am nöthigsten that, die Gegend der Verzweiflung zu verlassen, hüpfte über die schwankende, klirrende Brücke hinüber. Dann folgte Rosine ihrem Lieblinge artig nach, ihr folgte der Amtmann, dann Titus, der sich keck in die Mitte der Brücke hinstellte und mit begeistertem Auge dreist in den Abgrund schaute, dann ging der Pfarrer bedächtig hinüber, dessen Gattin aber zögerte, und klagte, ihr Schwindel lasse diese Passage nicht zu. Altes Närrchen! rief der Pfarrer vom jenseitigen Ufer herüber, es ist ja nicht höher als unsre Bodentreppe! Mache doch keine Umstände! du kletterst ja auch zuweilen zum Taubenschlag hinauf, und das ist denn doch wohl schlimmer. Sie faßte sich ein Herz und betrat das schaukelnde Brett. Der Gatte streckte ihr von drüben, so weit er es vermochte, den Arm entgegen, und zog die Kreischende, so wie sie nur die Mitte erreicht hatte, mit Gewalt zu sich, der Freiherr machte den Beschluß.

Nun sind wir, fing er jenseits an, auf dem Gebiet der Tugend. – Hinter Gebüschen that sich ein kleiner ebner Fleck auf, rund um mit Ruhestellen besetzt. In der Mitte stand auf einem Fußgestell von Rasen die Büste des Sokrates.

Alle setzten sich nach den überstandnen Mühseligkeiten, um auszuruhn. Hier, fing der Pfarrer an, sollten nun unmaßgeblich philosophische und moralische Diskurse geführt werden, nachdem wir durch des Himmels Hülfe die Leidenschaften, die Thränen, und die Verzweiflung überstanden haben.

Nach der Ruhe wanderte man durch die Natur, welche die Natur selbst darstellte, mit den Beschäftigungen der Menschen vereinigt. Weiß angestrichene Steine und Sand, ohne Baum und Strauch waren die Polarländer: dann stieg man zum mäßigen Himmelsstriche, den ein kleines Kornfeld bezeichnete: man kam an eine Mauer, an welcher ein Weinstock hinaufrankte: nun erhob man sich wieder zu den Bergen. Sehn Sie, rief der Baron, hier links die Fülle der Wasserfälle. Er hatte wieder eine Glocke gezogen, und, reichlich genug, stürzte Wasser in vielen Rinnen hinab, über eingefugte Steine und zwischen Gras und Gebüschen. Er trieb aber selbst zum Weitergehn, weil er wußte, daß nach einigen Minuten das Wasser ausbleiben würde, welches nur künstlich gesammelt war, und erst in vier und zwanzig Stunden wieder springen konnte.

Als sie weiter gingen, machte er sie auf einige ausländische Stauden aufmerksam, dann folgten sie seiner Einladung, sich wieder auf eine Ruhebank niederzulassen. Nachdem sie sich umgesehn, gesprochen und sich gestärkt hatten, erhoben sie sich wieder, aber die Pfarrerin stieß zu Aller Schrecken einen lauten Schrei aus, denn unmittelbar hinter ihr, stieg, wie aus einem Schacht, auf einer Leiter ein Bergmann mit einer Mulde voll Erz auf der Schulter. Der Baron freute sich, daß die gut gefärbte und geschnitzte Figur nicht vorher war bemerkt worden.–

Nun zog sich der Weg abseits durch mehrere Gewächshäuser, die so künstlich eingerichtet waren, daß man nicht gleich die Gläser und Oefen bemerkte. Diese, die immer heißer wurden, stellten die tropischen Länder vor, hier sah man dann die Früchte und wundersamen Stauden des Südens, Aloe, Cactus, Palmen und Ananas.

Schweißbetrieft verließen alle die tropischen Länder, um sich im deutschen Klima wieder zu erholen. Man ging an einem Fichtenwalde hin, und plötzlich zog der Baron wieder eine Glocke, die weithin durch den Garten schallte. Wir bekommen ein Gewitter, sagte er dann, und wir werden etwas eilen müssen. Man wendete sich in den Wald, und erblickte in einiger Entfernung eine Hütte von Moos, mit einem Crucifix, Todtenkopf und einem einfachen Lager. Der Baron schüttelte heftig mit dem Kopfe und kehrte dann, ohne sich der Einsiedelei zu nähern, mit der Gesellschaft wieder um, welche seine Verstimmung, die er deutlich genug zeigte, nicht begriff. Als man wieder an die Tannen gelangt war, faßte er in die Zweige und zog zwei, dreimal noch viel stärker, als vorhin, dann stand er murrend eine Weile still, und ging langsam, und wie es schien, vorsätzlich zaudernd, noch einmal nach der Gegend jener Einsiedlerhütte, die sie nur eben verlassen hatten.

Als sie wieder zur Eremitenhütte hinzogen, sahen sie einen Einsiedler in brauner Kutte mit langem schwarzen Barte vor dem Crucifixe knieen. Dann las er in einem Brevier, bekreuzte sich und stand auf. Ach! rief die Pfarrerin: dies ist noch die hübscheste Puppe von allen! Sie schrie aber laut auf vor Schrecken, als der Eremit sich jetzt zu ihnen kehrte und sie mit demüthiger Andacht begrüßte. Der Baron wendete sich stumm mit einem auffordernden Blicke zu seiner Gesellschaft und kniete nieder, Fritz und Rosine folgten schnell dem Beispiel, der Amtmann und die Predigerin zögernd, doch Gottfried trat mißtrauisch zurück und sah es aus der Ferne kopfschüttelnd mit an, wie der Eremit Allen die Hände segnend auf das Haupt legte, und über jeden das Zeichen des Kreuzes machte. Noch sonderbarer erschien ihm die Handlung, als bei einer rascheren Bewegung dem Eremiten eine Tabackspfeife aus dem Gewande fiel. Als sie weiter gegangen waren, eilte der Baron noch einmal schnell zurück, und der mißtrauische Pfarrer glaubte die Worte, im zornigen Tone gesprochen, zu vernehmen: »Trunkenbold! – Immer saufen! – Die verdammte Tabackspfeife!« – Von dem, was der Eremit erwiderte, war gar nichts zu verstehn, auch kam der Baron bald mit einer verdrüßlichen Miene zu seiner Gesellschaft zurück. Ich habe es vorgezogen, sagte er, indem sie weiter gingen, einen wirklichen Einsiedler in jene Hütte hinein zu stiften, als einen nachgemachten hinein zu setzen. Dieser betet wirklich und lebt vom Getümmel der Welt entfernt in diesem Walde, bei einfacher Kost, in frommer Andacht.

Auch im Winter? fragte der Prediger. – Ihm ist, erwiederte der Baron, für die strengere Jahreszeit ein Häuschen nebenan eingerichtet worden. Doch eilen wir, bevor das Gewitter uns überrascht: – Er zog wieder eine Glocke an, und als sie um die Ecke bogen, standen sie vor einem kleinen dunkeln Hügel, der von lauter Eisenschlacken aufgehäuft zu sein schien. Mit lautem Donner und Krachen sprang aus dem Gipfel plötzlich eine Feuer-Explosion, und streute die Funken weit umher. Die Frau des Predigers fiel auf den starken Amtmann, der hinter ihr stand, denn sie war einer Ohnmacht nahe.

Der Baron, sehr zufrieden mit der Wirkung seines feuerspeienden Berges, beruhigte und tröstete die noch immer zitternde Alte. Ich habe Sie übermäßig ermüdet und angestrengt, sagte er dann freundlich, eilen wir in das Haus, das Gewitter ist ganz nahe, und machen Sie mir das Vergnügen, an meinem Tische, bei heiteren Gesprächen, wieder einige Kräfte zu sammeln.

Alle dankten für die übergroße Freundlichkeit des Barons und nur dem gewandteren Titus gelang es, einige wirklich verbindliche und höfliche Redensarten anzubringen. Der Baron war sehr aufgeräumt, daß sein Garten so großen Beifall fand, und sagte: das Gewitter hat es mir unmöglich gemacht, Ihnen noch einige kleinere Parthien zu zeigen, Ihnen, zum Beispiel, den Anblick des Weltmeers, mit einigen Kriegsschiffen zu vergönnen, welches künstlich durch Perspektive, Malerei und etlichen ganz feinen Modellen nur möglich ist, aber doch täuschend wirkt. Othahiti und Amerika haben wir auch überspringen müssen. Sie haben die Vielseitigkeit bewundert, so wie die Menge von Gegenständen. Ich sollte wohl mein Geheimniß nicht selber verrathen, aber ich versichere Sie, es ist alles mit großer Kunst so zusammen gedrängt, daß Sie ohngefähr nur eine halbe Stunde brauchen, um den Park von außen zu umwandeln.

Ueber diese Vollendung und enge Gebundenheit der Kunst konnte der beredte Titus nicht Worte genug finden, um sein Erstaunen wie seine Bewunderung gehörig auszudrücken.

Sie waren nahe am Hause, und der Baron sagte: Diese letzte Explosion des feuerspeienden Berges war zugleich für den Koch das Zeichen, daß er anrichten solle. – Er führte sie in den Speisesaal, in welchem die Gerichte schon auf dem Tische standen, und entfernte sich, um sich umzukleiden. So vertraut die Gesellschaft in den Stunden des Vormittags mit dem Besitzer des Gutes geworden war, so fühlte sie sich doch jetzt wieder in Gegenwart der reichen Livreen in Verlegenheit. Diese nahm noch zu, als ein vornehmer Herr, geschmückt mit Orden und einem großen Sterne, eintrat, und sich ihnen näherte. Erst nach der Anrede erkannten die Fremden ihren Freund wieder und setzten sich mit ihm zu Tische.

Man war heiter und Jedermann wurde gesprächig, selbst Rosine, die vieles von ihrer kleinen Wirthschaft zu erzählen wußte. Titus machte sich dadurch beim Wirthe beliebt, daß er immer wieder in einer neuen Wendung das Lob des Gartens und eine Schmeichelei für den Gründer desselben zu finden wußte. Gestört wurde die Gesellschaft durch den Gärtner, welcher sich in einer dringenden Angelegenheit zu dieser ungewöhnlichen Stunde anmelden ließ. Er trat mit erhitztem Gesicht herein und meldete mit allen Zeichen des Schreckens, daß der Eremit, wie man überzeugt sein müsse, weggelaufen sei. Weggelaufen! der undankbare Trunkenbold! rief der Baron. Er nahm den Brief, den der Eremit zurückgelassen hatte, aus den Händen des Gärtners, und überlas ihn mit den Geberden des Zornes. Auch noch grob ist der schlechte Mensch! sagte er dann: Wilhelm! fuhr er fort, indem er sich gegen den Bedienten wendete, der nach dem Kammerdiener der vornehmste schien; es bleibt nichts übrig, als daß du einige Tage den Einsiedler spielen mußt, denn auf morgen hat sich Graf Kleeborn mit seiner Familie ansagen lassen, bis ich mir einen andern wirklichen Eremiten wieder angeschafft habe; es soll sogleich eine Anzeige in die öffentlichen Blätter gesetzt werden, daß diese Stelle bei mir offen ist.

Wilhelm schien über diese Anmuthung nichts weniger als vergnügt zu sein. Der Gärtner entfernte sich wieder, und der Baron war, so lange die Mahlzeit noch währte,

verstimmt. Doch erneute er den Wunsch, daß man ihm, auf der Rückreise, wiederum das Vergnügen des Besuches gönnen möge: diesen Wunsch legte er besonders Titus recht dringend an's Herz, der auch feierlich versprach, das Glück, das ihm die Bekanntschaft eines so großen und edlen Mannes gegönnt habe, gewiß zu benutzen und seine Besuche zu wiederholen, um dieses Elysium näher kennen zu lernen.

Sophie Tieck-Bernhardi

Evremont (1836)

Seine näheren Bekannten schlugen nun der Gesellschaft einen Spaziergang in den Park vor. Die Damen betrachteten ihre Kleider und wären gern zurück geblieben; da aber die ganze Gesellschaft aufbrach, mußte man sich fügen. Der Baron führte mit unendlicher Selbstzufriedenheit den Zug an, leitete die Gesellschaft in der That durch anmuthige Anlagen, die wohl befriedigt haben würden, wenn man sie einfach, ohne immer zum Bewundern gezwungen zu werden, hätte besuchen dürfen; da er selbst aber sich bei einer jeden schönen Aussicht überrascht und entzückt zeigte, und behauptete, daß er sie jetzt zum ersten Male bemerkte, obgleich seine näheren Bekannten diese Ueberraschung schon oft mit ihm getheilt hatten, so wurde das Vergnügen der Gesellschaft sehr vermindert. Auf dem Bache, der den Park durchschlängelte, zeigten sich von Zeit zu Zeit Kähne mit Menschen, die beschäftigt waren zu fischen. Der Baron schalt auf die Freiheit, die sie sich genommen hatten, machte aber gegen seine Gäste die Bemerkung, daß die Unverschämtheit dieser Menschen doch dazu beitrüge, in die Landschaft Leben zu bringen, und daß er sich gern seine Fische stehlen ließe, da dieser Umstand seinen Gästen zufällig den angenehmen Anblick des regen Lebens in den grünen Buchten verschaffte: Die Gäste lobten die Wirkung, die die Fischerkähne machten, und bewunderten die Großmuth des Barons, der sich den

Diebstahl um der malerischen Wirkung Willen gefallen lasse. Die Fischer ließen sich mit Ruhe schmälen und brachten, nachdem sie ihr Geschäft vollendet hatten, die Fische in die Küche des Barons, wie es ihnen schon am vergangenen Tage war befohlen worden. Bei der weiteren Fortsetzung des Spaziergangs gerieth der Baron auf einmal außer sich, denn eine Heerde auserlesen schönen Rindviehes weidete an dem Abhange eines Hügels; er beklagte sich heftig über die Frechheit des Hüters, daß er sich erlaube, die Heerde dorthin zu treiben und seine junge Anpflanzung dadurch zu zerstören. Diejenigen unter den Gästen, die den Baron weniger kannten, hielten seinen Zorn in der That für ernstlich und fürchteten für den Hüter der Heerden; seine vertrauteren Bekannten aber machten ihn darauf aufmerksam, welche schöne Wirkung die weidende Heerde zwischen den grünen Bäumen mache, und diese Bemerkung beruhigte ihn sichtlich; er machte nun selbst auf die Schönheit des Viehes aufmerksam, auf den angenehmen Eindruck, den das Geläute der vielen Glocken mache, und unterließ es um so lieber auf die Bitte einiger Freunde, den Hüter rufen zu lassen, um ihn auszuschelten, weil er nicht wissen konnte, ob der nicht in seiner Dummheit den erhaltenen Befehl als Entschuldigung angeführt haben würde. Diese, wie der Baron behauptete, unangenehme Ueberraschung war kaum vorüber, als ein anderer Gegenstand seine ganze Aufmerksamkeit in Anspruch nahm. Man hörte die Töne einer Flöte, die kunstreich genug geblasen wurde, um eine angenehme Wirkung im Freien zu machen, und bald entdeckte man auf einem ziemlich großen Grasplatze weidende Schafe, deren Hüter, ein Knabe von etwa fünfzehn Jahren, der Virtuose war. Der Baron ließ es sich nicht merken, daß er

den jungen Menschen hatte unterrichten lassen, und bewunderte die außerordentliche Gabe der Natur mit allen seinen Gästen.
Endlich war Alles erschöpft, womit der Baron überraschen und in Erstaunen setzen zu können glaubte, und er führte seine Gäste nach dem Schlosse zurück.

Joseph von Eichendorff

Prinz Rococco (1854)

Prinz Rococco, hast die Gassen
Abgezirkelt fein mit Bäumen
Und die Bäume scheeren lassen,
Daß sie nicht vom Wald mehr träumen.

Wo sonst nur gemein Gefieder
Ließ sein bäurisch Lied erschallen,
Muß ein Papagei jetzt bieder
Vivat Prinz Rococco! lallen.

Quellen, die sich unterfingen,
Durch die Waldesnacht zu tosen,
Läss'st du als Fontainen springen
Und mit goldnen Bällen kosen.

Und bei ihrem sanften Rauschen
Geht Damöt bebändert flöten,
Und in Rosenhecken lauschen
Daphnen fromm entzückt Damöten:

Prinz Rococco, Prinz Rococco,
Laß dir rathen, sei nicht dumm!
In den Bäumen, wie in Träumen,
Gehen Frühlingsstimmen um.

Springbrunn in dem Marmorbecken
Singt ein wunderbares Lied,

Deine Taxusbäume recken
Sehnend sich aus Reih und Glied.

Daphne will nicht weiter schweifen,
Und Damöt erschrocken schmält,
Können beide nicht begreifen,
Was sich da der Wald erzählt.

Laß die Wälder ungeschoren;
Anders rauscht's, als du gedacht,
Sie sind mit dem Lenz verschworen,
Und der Lenz kommt über Nacht.

V.
»Der Springbrunnen plaudert noch immerfort Von der alten schönen Zeit . . .«

Verwilderte und verzauberte Pracht

Sophie Tieck-Bernhardi

Ein Mährchen (1797)

Als Rosalinde fertig war, wurde sie zur Königin geführt, diese nahm sie mit sich in den Garten des Palastes und die Prinzessin erstaunte von neuem. Ein Bach floß durch die Mitte des Gartens und theilte ihn, eine silberne Brücke, deren Geländer mit Rubinen besetzt war, vereinigte ihn wieder; hohe Palmbäume mit goldnen Blättern standen am Ufer des Baches, diese Blätter der Bäume waren so lang, daß sie sich in das Wasser tauchten, wenn ein Wind sie bewegte, und wenn sie sich wieder heraushoben, schütteten sie Wassertropfen, die sogleich zu Edelsteinen wurden, in das weiche hohe Gras des Ufers. Mit kindischem Entzükken sah Rosalinde diesem Spiel zu, sie schrie freudig auf, als sich die Steine im Grase immer vermehrten und immer schöner glänzten. Sie gingen über die Brücke, und eine Allee silberner Birken nahm sie auf, zwischen jeder Birke stand eine Statue von hellblauem Marmor; Rosalindens Auge konnte noch nicht das Ende dieser Bäume und Bilder erreichen.

»Gefällt es Dir bei mir, mein Kind« fragte die Königin. »Ach ja«, versetzte die Prinzessin, »wenn nur meine Amme da wäre, daß sie in diesen Gängen mit mir spielen, meine schönen Kleider sehn, und mir aus den Steinen am Wasser ein Halsband und Armbänder machen, oder sie in meine Haare flechten könnte.«

Novalis

Heinrich von Ofterdingen (1802)

Am herrlichsten nahm sich auf dem großen Platze vor dem Palaste der Garten aus, der aus Metallbäumen und Kristallpflanzen bestand, und mit bunten Edelsteinblüten und Früchten übersäet war. Die Mannigfaltigkeit und Zierlichkeit der Gestalten, und die Lebhaftigkeit der Lichter und Farben gewährten das herrlichste Schauspiel, dessen Pracht durch einen hohen Springquell in der Mitte des Gartens, der zu Eis erstarrt war, vollendet wurde. Der alte Held ging vor den Toren des Palastes langsam vorüber. Eine Stimme rief seinen Namen im Innern.

Ludwig Achim von Arnim

Armut, Reichtum, Schuld und Buße der Gräfin Dolores (1810)

Auch scheint bei näherer Besichtigung alles an diesem Palaste den zerstörenden Elementen überlassen; der Wohlstand, der darin lange einheimisch gewesen sein mag, hat sich durch viele gewaltsame Auswege Luft gemacht, um zu verschwinden; die Fenster des untern Geschosses sind meist eingeschlagen, oder mit innern Fensterladen notdürftig geschlossen; das lückenvolle Dach hat große Stücken der Gesimse losweichen lassen; die Laden der Dachfenster schlagen im Winde nachlässig auf und zu; das zierliche eiserne Geländer, das den Vorhof schließt, ist des größten Teils seiner vergoldeten Blätter von mutwilliger Hand beraubt; die eisernen Türen liegen ausgehoben daneben, vom hohen Grase überwachsen; die Wände sind von Kindern mit Soldaten und von Soldaten mit den Namen ihres Regiments bezeichnet. Der Reisende sieht ärgerlich davon weg und nach dem Lustgarten, der den Palast umschließt und hinter demselben zu einer prachtvollen Anhöhe sich erhebt. Alles grünt da, alles singt, alles ist wild verwachsen, das Auge unterscheidet nicht, ob das halb eingestürzte Haus auf dem Gipfel des Berges eine absichtliche oder zufällige Ruine; neben den amerikanischen Sträuchern stehen wenige amerikanische Kartoffeln, wahrscheinlich in kindischer Nachahmung des Feldbaus; in den öden großen Baumgängen springen wilde Kaninchen schnell verschwindend umher, sie treiben da ungestört ihren kleinen Bergbau, wie die Vögel ihren Luftbau der Nester auf allen dichteren Baumwipfeln. Arme halbnackte Kinder, wahrscheinlich aus den Nachbarhütten, jagen sich in dem ausgetrockneten Bette des Springbrunnens, nachdem sie ihre Ziegen an Pfählen zwischen den einzelnen Schnörkeln des Buxbaums angebunden haben, der auf dem großen Platze hinter dem Palaste, wie eine von der Hand des Schicksals halbausgewischte bedeutende Schrift, den Reisenden lange vergeblich raten läßt, bis eins der Kinder alles mit ein paar Worten erklärt, es heiße Hektor und Sophie, die Vornamen des Grafen und der Gräfin von P..., die dieses Schloß erbaut. Diese Kinder, diese Ziegen und ein paar Lämmer, die sich menschenfreundlicher zu jenen halten, reinigen den Garten von Kraut und Unkraut, von Blumen und Dornen.

Johann Wolfgang von Goethe

Dichtung und Wahrheit (1811)

Denn nun lag das bunteste Gartenparterre vor meinem Blick. Es war in verschlungene Beete getheilt, welche zusammen betrachtet ein Labyrinth von Zierrathen bildeten; alle mit grünen Einfassungen von einer niedrigen, wollig wachsenden Pflanze, die ich nie gesehen; alle mit Blumen, jede Abtheilung von verschiedener Farbe, die ebenfalls niedrig und am Boden, den vorgezeichneten Grundriß leicht verfolgen ließen. Dieser köstliche Anblick, den ich in vollem Sonnenschein genoß, fesselte ganz meine Augen; aber ich wußte fast nicht, wo ich den Fuß hinsetzen sollte: denn die schlängelnden Wege waren auf's reinlichste von blauem Sande gezogen, der einen dunklern Himmel, oder einen Himmel im Wasser, an der Erde zu bilden schien; und so ging ich, die Augen auf den Boden gerichtet, eine Zeit lang neben meinem Führer, bis ich zuletzt gewahr ward, daß in der Mitte von diesem Beeten- und Blumen-Rund ein großer Kreis von Cypressen oder pappelartigen Bäumen stand, durch den man nicht hindurchsehen konnte, weil die untersten Zweige aus der Erde hervorzutreiben schienen. Mein Führer, ohne mich gerade auf den nächsten Weg zu drängen, leitete mich doch unmittelbar nach jener Mitte, und wie war ich überrascht, als ich in den Kreis der hohen Bäume tretend, die Säulenhalle eines köstlichen Gartengebäudes vor mir sah, das nach den übrigen Seiten hin ähnliche Ansichten und Eingänge zu haben schien.

E.T.A. Hoffmann

Der goldene Topf (1813)

Anselmus schritt getrost hinter dem Archivarius her; sie kamen aus dem Korridor in einen Saal oder vielmehr in ein herrliches Gewächshaus, denn von beiden Seiten bis an die Decke hinauf standen allerlei seltene wunderbare Blumen, ja große Bäume mit sonderbar gestalteten Blättern und Blüten. Ein magisches blendendes Licht verbreitete sich überall, ohne daß man bemerken konnte, wo es herkam, da durchaus kein Fenster zu sehen war. Sowie der Student Anselmus in die Büsche und Bäume hineinblickte, schienen lange Gänge sich in weiter Ferne auszudehnen. – Im tiefen Dunkel dicker Zypressenstauden schimmerten Marmorbecken, aus denen sich wunderliche Figuren erhoben, Kristallenstrahlen hervorspritzend, die plätschernd niederfielen in leuchtende Lilienkelche; seltsame Stimmen rauschten und säuselten durch den Wald der wunderbaren Gewächse, und herrliche Düfte strömten auf und nieder. Der Archivarius war verschwunden, und Anselmus erblickte nur einen riesenhaften Busch glühender Feuerlilien vor sich. Von dem Anblick, von den süßen Düften des Feengartens berauscht, blieb Anselmus festgezaubert stehen.

Joseph von Eichendorff

Das Marmorbild (1817)

Lange war er so umhergeirrt. Die Vögel schwiegen schon, der Kreis der Hügel wurde nach und nach immer stiller, die Strahlen der Mittagssonne schillerten sengend über der ganzen Gegend draußen, die wie unter einem Schleier von Schwüle zu schlummern und zu träumen schien. Da kam er unerwartet an ein Thor von Eisengittern, zwischen dessen zierlich vergoldeten Stäben hindurch man in einen weiten prächtigen Lustgarten hineinsehen konnte. Ein Strom von Kühle und Duft wehte den Ermüdeten erquickend daraus an. Das Thor war nicht verschlossen, er öffnete es leise und trat hinein.

Hohe Buchenhallen empfingen ihn da mit ihren feierlichen Schatten, zwischen denen goldene Vögel wie abgewehte Blüthen hin und wieder flatterten, während große seltsame Blumen, wie sie Florio niemals gesehen, traumhaft mit ihren gelben und rothen Glocken in dem leisen Winde hin und her schwankten. Unzählige Springbrunnen plätscherten, mit vergoldeten Kugeln spielend, einförmig in der großen Einsamkeit. Zwischen den Bäumen hindurch sah man in der Ferne einen prächtigen Palast mit hohen schlanken Säulen hereinschimmern. Kein Mensch war ringsum zu sehen, tiefe Stille herrschte überall. Nur hin und wieder erwachte manchmal eine Nachtigall und sang wie im Schlummer fast schluchzend. Florio betrachtete verwundert Bäume, Brunnen und Blumen, denn es war ihm, als sei das Alles lange versunken, und über ihm ginge der Strom der Tage mit leichten klaren Wellen, und unten läge nur der Garten gebunden und verzaubert und träumte von dem vergangenen Leben.

E. T. A. Hoffmann

Datura fastuosa (1823)

Er gelangte vor das breite Gittertor eines Gartens, aus dem ihm balsamische Düfte entgegenströmten. Er schaute hinein und blieb im tiefsten Erstaunen festgewurzelt stehen.

Ein mächtiger Zauber schien die Bäume, die Gebüsche der entferntesten verschiedensten Zonen hieher versetzt zu haben, die im buntesten Gemisch der seltsamsten Farben und Gestaltungen üppig prangten, wie dem heimatlichen Boden entsprossen. Die breiten Gänge, die den magischen Wald durchschnitten, faßten fremde Gewächse, Stauden ein, die Eugenius nur dem Namen, der Abbildung nach gekannt, und selbst Blumen, die er wohl gezogen im eignen Treibhause, erblickte er hier in einer Fülle und Vollendung, wie er sie nie geahnet. Durch den Mittelgang konnte er hinschauen bis zu einem großen runden Platz, in dessen Mitte aus einem Marmorbecken ein Triton Kristallstrahlen hoch in die Höhe spritzte. Silberpfauen stolzierten daher, Goldfasane badeten sich in dem Feuer der Abendsonne. – Nicht gar zu fern vom Tor blühte eine Datura fastuosa (schöner Stechapfel) mit ihren herrlich duftenden großen trichterförmigen Blumen, in solch glanzvoller Pracht, daß Eugenius mit Scham an die ärmliche Gestaltung dachte, die dasselbe Gewächs in seinem Garten zeigte. Es war das Lieblingsgewächs der Professorin, und allen Unmut vergessend, dachte Eugenius eben: »Ach! – könnte die gute Mutter solch eine Datura in den Garten bekommen!« – Da schwebten, wie von den Abendlüften getragen, süße Akkorde eines unbekannten Instruments aus den fernen Zaubergebüschen, und leuchtend stiegen die wunderbaren Himmelstöne einer weiblichen Stimme empor. – Es war eine jener Melodien, die nur die Liebesbegeisterung des Südens aus der tiefsten Brust hervorzurufen vermag, es war eine spanische Romanze, die die Verborgene sang.

Aller süße namenlose Schmerz der innigsten Wehmut, alle Glut inbrünstiger Sehnsucht erfaßte den Jüngling, er geriet in eine Trunkenheit der Sinne, die ihm ein unbekanntes fernes Zauberland voll Traum und Ahnung erschloß. Er war auf die Kniee gesunken und hatte den Kopf fest angedrückt an die Stäbe des Gitters.

Tritte, die sich dem Gattertor nahten, scheuchten ihn auf, und er entfernte sich schnell, um in seinem aufgeregten Zustande nicht von Fremden überrascht zu werden(...)

Als er die Mahlzeit geendet, sprach die Professorin, indem sie sich von ihrem Sitze erhob, sehr ernst und gelassen: »Sie befinden sich in einem sehr aufgeregten bedrohlichen Zustande mein Sohn! Der Garten, den Sie mit so vielem Eifer beschreiben, und dessen Wunder Sie bösen Zauberkräften des unbekannten Grafen zuschreiben, hatte schon seit vielen, vielen Jahren dieselbe Gestalt, und diese seltsame, ja wie ich zugeben will, wunderbare Gestaltung, ist das Werk eines fremden kunstreichen Gärtners, der in Overdeens Diensten stand. Ich war mit meinem lieben Helms ein paarmal dort, der meinte aber, es wäre ihm alles zu künstlich, und der Zwang den man der Natur angetan, um das Fremde, einander Entgegengesetzte in abenteuerlicher Mischung zusammenzubringen, beklemme ihm das Herz.«

Aus dem Leben eines Taugenichts (1826)

Als ich vor das Schloß heraustrat, kam ich in einen großen Garten, der auf breiten Terrassen, wovon die eine immer tiefer war als die andere, bis auf den halben Berg herunterging. Aber das war eine liederliche Gärtnerei. Die Gänge waren alle mit hohem Grase bewachsen, die künstlichen Figuren von Buchs-

baum waren nicht beschnitten und streckten wie Gespenster lange Nasen oder ellenhohe spitzige Mützen in die Luft hinaus, daß man sich in der Dämmerung ordentlich davor hätte fürchten mögen. Auf einige zerbrochene Statuen über einer vertrockneten Wasserkunst war gar Wäsche aufgehängt, hin und wieder hatten sie mitten im Garten Kohl gebaut, dann kamen wieder ein paar ordinäre Blumen, alles unordentlich durcheinander und von hohem, wildem Unkraut überwachsen, zwischen dem sich bunte Eidechsen schlängelten. Zwischen die alten hohen Bäume hindurch aber war überall eine weite einsame Aussicht, eine Bergkoppe hinter der andern, so weit das Auge reichte.

Joseph von Eichendorff

Eine Meerfahrt (1837)

Da aber wurde er zu seinem Erstaunen erst gewahr, daß er eigentlich mitten in einem Garten stand. Gänge und Beete mit Buxbaum eingefaßt, lagen umher, eine Allee führte nach dem Meere hin, die Kirschbäume standen in voller Blüte. Aber die Beete waren verwildert, Rehe weideten auf den einsamen Gängen, an den Bäumen schlangen sich üppige Ranken wild bis über die Wipfel hinaus, von wunderbaren hohen Blumen durchglüht. Seitwärts standen die Ueberreste einer verfallenen Mauer, die Sterne schienen durch das leere Fenster, in dem Fensterbogen schlief ein Pfau, den Kopf unter die schimmernden Flügel versteckt.

Antonio wandelte wie im Traum durch die verwilderte Pracht, kein Laut rührte sich in der ganzen Gegend, da war es ihm plötzlich, als sähe er fern am andern Ende der Allee jemand zwischen den Bäumen gehen, er hielt den Athem an und blickte noch einmal lauschend hin, aber es war alles wieder still, es schien nur ein Spiel der wankenden Schatten.

Da kam er endlich in eine dunkle Laube, die der Wald sich selber lustig gewoben, das schien ihm so heimlich und sicher, er wollt' nur einen Augenblick rasten und streckte sich ins hohe Gras. Ein würziger Duft wehte nach dem Regen vom Walde herüber, die Blätter flüsterten so schläfrig in der leisen Luft, müde sanken ihm die Augen zu.

Joseph von Eichendorff

Das Schloß Dürande (1837)

Währenddeß schnurrten im Schloß Dürande die Gewichte der Thurmuhr ruhig fort, aber die Uhr schlug nicht und der verrostete Weiser rückte nicht mehr von der Stelle, als wäre die Zeit eingeschlafen auf dem alten Hofe beim einförmigen Rauschen der Brunnen. Draußen, nur manchmal vom fernen Wetterleuchten zweifelhaft erhellt, lag der Garten mit seinen wunderlichen Baumfiguren, Statuen und vertrockneten Bassins wie versteinert im jungen Grün, das in der warmen Nacht schon von allen Seiten lustig über die Gartenmauer kletterte und sich um die Säulen der halbverfallenen Lusthäuser schlang, als wollt' nun der Frühling alles erobern.

JOSEPH VON EICHENDORFF

Die Entführung (1839)

Darauf ging sie in den Garten hinab. Sie hätte ihn beinahe nicht wieder erkannt, so verwildert war alles, die Hecken unbeschnitten, die Gänge voll Gras, weiterhin nur glühten noch einige Päonien verloren im tiefen Schatten. Da fiel ihr ein Lied dabei ein:

Kaiserkron und und Päonien roth,
Die müssen verzaubert sein,
Denn Vater und Mutter sind lange todt,
Was blühn sie hier so allein?

Jetzt sah sie sich nach allen Seiten um, sie kam sich selbst wie verzaubert vor zwischen diesen stillen Zirkeln von Buxbaum und Spalieren. Die Luft war noch immer schwül, in der Ferne standen Gewitter, dazwischen stach die Sonne heiß, von Zeit zu Zeit glitzerte der Fluß, der unten am Garten vorüberging, heimlich durch die Gebüsche herauf. Es war ihr, als müßte ihr heut was Seltsames begegnen, und die stumme Gegend mit ihren fremden Blicken wollte sie warnen. Sie sang das Lied weiter:

Der Springbrunnen plaudert noch immerfort
Von der alten schönen Zeit,
Eine Frau sitzt eingeschlafen dort,
Ihre Locken bedecken ihr Kleid.

Sie hat eine Laute in der Hand,
Als ob sie im Schlafe spricht,

Mir ist, als hätt' ich sie sonst gekannt –
Still, geh' vorbei und weck sie nicht!

Und wenn es dunkelt das Thal entlang,
Streift sie die Saiten sacht,
Da gibt's einen wunderbaren Klang
Durch den Garten die ganze Nacht.

Ich weckte sie doch, sagte sie, wenn ich sie so im Garten fände, und spräch' mit ihr.

Joseph von Eichendorff

Die Glücksritter (1841)

Darüber waren sie an ein altes Gitterthor gekommen und blickten durch die ehemals vergoldeten Stäbe in den Schloßgarten hinein. Da lag alles einsam und schattigkühl, Regen, Wind und Sonnenschein waren, wie es schien, schon lange die Gärtner gewesen, die hatten einen steinernen Neptun aufs Trockne gesetzt und ihm eine hohe grüne Mütze von Ginster bis über die Augen gezogen; wilder Wein, Efeu und Brombeer kletterten von allen Seiten an ihn heran, eine Menge Sperlinge tummelte sich lärmend in seinem Bart, er konnt' sich mit seinem Dreizack vor dem Gesindel gar nicht mehr erwehren. Und wie er so sein Regiment verloren, reckten und dehnten sich auch die künstlich verschnittenen Laubwände und Baumfiguren aus ihrer langen Verzauberung phantastisch mit seltsamen Fühlhörnern, Kameelhälsen und Drachenflügeln in die neue Freiheit hinaus und mitten unter ihnen auf dem Dach eines halbverfallenen Lusthauses saß melancholisch ein Pfau noch aus der vorigen Pracht und rief der untergehenden Sonne nach, als hätte sie ihn hier in der Wildniß vergessen. Auf einmal aber that es einen leuchtenden Blitz durchs Grün, eine wunderschöne Dame erschien tiefer im Garten, durch die stillen Gänge nach dem Schlosse zu wandelnd, ganz allein in prächtigem Gewande, ihr langes Haar wallte ihr wie ein goldener Mantel über die Schultern, die Abendsonne blitzte noch einmal leuchtend über das kostbare Geschmeide auf Stirn und Gürtel.

VI.
»Die wahren Idyllen, die kleinen Naturgedichte«

Schilderungen von einfachen Blumen-, Nutz- und Bauerngärtlein

Johann Martin Miller

Siegwart, Eine Klostergeschichte (1776)

Die Gesellschaft gieng nun miteinander in den Garten, der sehr reizend angelegt war. Statt der vielen todten und einförmigen Heckengänge waren Alleen von Apfel – und – Kirsch – und Nußbäumen angelegt. Der Garten war in vier Haupttheile abgetheilt, die mit Küchengewächs bepflanzt, und mit schmalen Strichen, in denen Blumen aller Art stunden, je nachdems die Jahrszeit mit sich brachte, eingefaßt waren. Hinten stund ein schöner Gras- und Baumgarten, der sich in ein schönes, büschichtes Wäldchen endigte, wo Amseln, Drosseln, Nachtigallen und Zaunkönige durcheinander sangen. Ueber den steinernen und simplen Gartenhaus, das einen großen Saal hatte, wölbten sich ein paar wilde Kastanienbäume, die angenehme Kühlung und Dämmerung herabgossen.

Theodor Gottlieb von Hippel

Lebensläufe nach aufsteigender Linie (1778-1781)

Ist die Welt denn etwas Anderes, als ein Vogelbauer, wo man sich herumdreht, und, wenn es recht lustig hergeht, Spross' auf Spross' abspringet? Klage nicht über dein Gärtchen, das rings umher mit Häusern umgeben ist, so daß dir nur nach oben zu freie Aussicht übrig bleibt. Giebt's eine andere freie Aussicht, als die nach oben gen Himmel? O die schöne Gipsdecke Gottes, so schön kann kein Künstler sie nachmachen! Alles können Maler und Zeichner nachbilden, nur den Himmel nicht. Wie kann man die Welt in eine Kammer bringen? den großen Gott in ein Haus, wenn's auch einen Thurm hat? Sieh dich um in deinem Gärtchen, sind die nachbarlichen Mauern nicht grün behangen, und so schön von der Natur bewirkt, daß man die Festungsmauer ringsum nicht wahrnimmt? Willst du mehr, als diese augenstärkende, herzerfrischende grüne Tapete? Das Grasstück Wiese, und diese lebendige Wand Wald; was hat die Erde herrlicher? Was war im Paradiese mehr, als Bäume und Gras? Und sieh nur jenen großen Baum! Er stammt geradesweges vom Baum des Lebens im Paradiese. Wie herrlich er da steht, sich verbreitet und sich einbildet, deinen ganzen Garten befassen zu können! Laß ihn groß thun! Es kostet ihm am meisten. Das Gras braucht Schatten und die Hecke Aeste, die ihr zu Hülfe kommen. Sieh! wenn dieser Lebensbaum ihr nicht mehr unter die Arme griffe und aushülfe, sie würde nicht bis oben zu die

Mauer bedecken, die Allem, was grün ist, so spinnenfeind ist. Auch würde die Sonne sonst dieser nur frisch gepflanzten Hecke das Kleid beflecken und es verderben, ehe der Herbst kommt und es Zeit ist. Klein ist dein Garten; allein merkst du nicht, wie Alles sich bestrebt, sich darnach einzurichten? Die Biene sumset so laut nicht, um den Finken nicht zu stören, der deinen kleinen Garten sich zur Kapelle geheiligt hat, sein Morgenlied abzusingen – und wenn die der Welt abgestorbene Philomele deine kleine Einsiedelei entdeckt, was sollte sie abhalten, hier ihr Klagelied anzustimmen und diese Einsamkeit dem vögelreichen, lärmvollen Walde vorzuziehen, welcher ihrer nicht werth ist! – nicht werth!

Sieh, wie der Sperling sich in der Stille paart, um durch sein galantes Zwitschern keinem gesitteten Bürger deines Gartens durch Ueppigkeit ein böses Beispiel zu geben! G r o ß ist dein Garten dem Weisen, dem Guten, dem nichts zu klein ist, wie unserm Herr Gott! Einen so großen Erdschollen, als der Mensch zum Grabe braucht, hat er auch nur nöthig, froh zu seyn! – Wie weit mehr hast du! Du und dein Weib können in diesem Gärtchen begraben werden und selig ruhen, und doch bleibt noch Raum für einen Menschenfreund, dem Philomele beistimmt, wenn er unsern Tod beweint! –

*

Dieses Zimmer ging gerade auf eine Wildniß, einen Hauptttheil des – Gartens, wo sich ein Blumenbeet, welches wie ein verschönertes Wiesenstück aussahe, an einer alten Eiche zu halten schien, um die kleines Gesträuch rings herum stand, als wenn's in die Schule ginge, und lernen wollte auch so groß zu werden. Es war alles wie Wiese und Wald, was man sehen konnte, und doch war's nicht Wiese und Wald. Die Blumen anders, und wenn sie gleich nicht in Reih und Gliedern standen, waren sie doch in einer entzückenden unordentlichen Ordnung. Bäume hinderten das Auge nicht, den Wald zu sehen, und es fiel von oben ein reines Wasser, wie ein starker Regen, und schlenkerte durchs Blumenstück, und aus ihm heraus, wie ein Betrunkener. –

Ulrich Bräker

Lebensgeschichte und Natürliche Ebentheuer des Armen Mannes im Tockenburg (1789)

Mein hölzernes Häuschen liegt gerade da, wo das Gelände am allerlieblichsten ist; und besteht aus 1. Stube, 3. Kammern, Küche und Keller – Potz Tausend die Nebenstube hätt' ich bald vergessen! – einem Geißställchen, Holzschopf, und dann rings um's Häuschen ein Gärtchen, mit etlichen kleinen Bäumen besetzt, und mit einem Dornhag dapfer umzäunt.(...)
Im Frühlinge liegt mir der Schnee auch ein Bißchen zu lang in meinem Gärtchen. Aber ich fange einen Krieg mit ihm an, zerfetze ihn zu kleinen Stücken, und werfe ihm Asche und Koth auf die Nase; dann verkriecht er sich in die Erde, so daß ich noch mit den Frühesten gärtnern kann. Und überhaupt macht mir dieß kleine Grundstück viel Vergnügen. Zwar ist die Erde ziemlich grob und ungeschlacht, obgleich ich sie schon an die fünf und zwanzig Jahre bearbeitet habe: dem ungeachtet giebt das Ding Kraut, Kohl, Erbsen, und was ich immer auf meinen Tisch brauche, zur Genüge; mitunter auch Bluhmwerk, und Rosen die Fülle. Kurz, es freut mich so wohl als manchen Fürsten alle seine Babylonischen Gärten.

Johann Wolfgang von Goethe

Die Wahlverwandtschaften (1809)

Diese nahm öfters den Weg nach dem Garten und freute sich über das schöne Gedeihen. Die Beeren- und Kirschenzeit ging zu Ende, deren Spätlinge jedoch Nanny sich besonders schmecken ließ. Bei dem übrigen Obste, das für den Herbst eine so reichliche Ernte versprach, gedachte der Gärtner beständig des Herrn und niemals ohne ihn herbeizuwünschen. Ottilie hörte dem guten alten Manne so gern zu. Er verstand sein Handwerk vollkommen und hörte nicht auf, ihr von Eduard vorzusprechen.

Als Ottilie sich freute, daß die Pfropfreiser dieses Frühjahrs alle so gar schön gekommen, erwiderte der Gärtner bedenklich: Ich wünsche nur, daß der gute Herr viel Freude daran erleben möge. Wäre er diesen Herbst hier, so würde er sehen, was für köstliche Sorten noch von seinem Herrn Vater hier im alten Schloßgarten stehen. Die jetzigen Herren Obstgärtner sind nicht so zuverlässig als sonst die Carthäuser waren. In den Katalogen findet man wohl lauter honette Namen. Man pfropft und erzieht und endlich wenn sie Früchte tragen, so ist es nicht der Mühe werth, daß solche Bäume im Garten stehen.

Am wiederholtesten aber fragte der treue Diener, fast so oft er Ottilien sah, nach der Rückkunft des Herrn, und nach dem Termin derselben. Und wenn Ottilie ihn nicht angeben konnte, so ließ ihr der gute Mann nicht ohne stille Betrübniß merken, daß er glaube sie vertraue ihm nicht, und peinlich war ihr das Gefühl der Unwissenheit, das ihr auf diese Weise recht aufgedrungen ward. Doch konnte sie sich von diesen Rabatten und Beeten nicht trennen. Was sie zusammen zum Theil gesäet, alles gepflanzt hatten, stand nun im völligen Flor; kaum bedurfte es noch einer Pflege, außer daß Nanny immer zum Gießen bereit war. Mit welchen Empfindungen betrachtete Ottilie die späteren Blumen, die sich erst anzeigten, deren Glanz und Fülle dereinst an Eduards Geburtstag, dessen Feier sie sich manchmal versprach, prangen, ihre Neigung und Dankbarkeit ausdrücken sollten. Doch war die Hoffnung dieses Fest zu sehen nicht immer gleich lebendig. Zweifel und Sorgen umflüsterten stets die Seele des guten Mädchens.

JOHANN WOLFGANG VON GOETHE

Dichtung und Wahrheit (1811)

Gewöhnlich eilten wir sogleich in den Garten, der sich ansehnlich lang und breit hinter den Gebäuden hin erstreckte und sehr gut unterhalten war; die Gänge meistens mit Rebgeländer eingefaßt, ein Theil des Raums den Küchengewächsen, ein andrer den Blumen gewidmet, die vom Frühjahr bis in den Herbst, in reichlicher Abwechslung, die Rabatten so wie die Beete schmückten. Die lange gegen Mittag gerichtete Mauer war zu wohl gezogenen Spalier-Pfirsichbäumen genützt, von denen uns die verbotenen Früchte den Sommer über gar appetitlich entgegenreiften. Doch vermieden wir lieber diese Seite, weil wir unsere Genäschigkeit hier nicht befriedigen durften, und wandten uns zu der entgegengesetzten, wo eine unabsehbare Reihe Johannis- und Stachelbeer-Büsche unserer Gierigkeit eine Folge von Ernten bis in den Herbst eröffnete. Nicht weniger war uns ein alter, hoher, weitverbreiteter Maulbeerbaum bedeutend, sowohl wegen seiner Früchte als auch, weil man uns erzählte, daß von seinen Blättern die Seidenwürmer sich ernährten. In diesem friedlichen Revier fand man jeden Abend den Großvater mit behaglicher Geschäftigkeit eigenhändig die feinere Obst- und Blumenzucht besorgend, indeß ein Gärtner die gröbere Arbeit verrichtete.

Ludwig Achim von Arnim

Die Kronenwächter (1817)

... mit freudigem Erschrecken sahe ich mich von den mächtigen Überbleibseln eines wunderbaren Gebäudes umgeben, eine Reihe ritterlicher Steinbilder steht noch fest und würdig zwischen ausgebrannten Fenstern am Hauptgebäude, ich sahe auch das Seitengebäude, ich sahe im Hintergrunde einen seltsamen, dicht verwachsenen Garten und allerlei künstliche Malerei an der Mauer, die ihn umgibt, – das ist Barbarossas Palast! (...) – »So seltsam rufen sie die Ihren«, sagte Martin in sich, »so viel Tausende haben als Kinder unter diesen Mauern gespielt und keinem fiel dies Gebäude auf, keiner dachte des Barbarossa.«– »Es ist mein«, rief der Knabe, »ich will es ausbauen, und will den Garten reinigen, ich weiß schon, wo die Mutter wohnen soll. Komm mit, Vater, sieh es an!« (...)
Übrigens waren des jungen Bertholds Gartenanlagen verständig. Wie er gern auch das Halbverstandene sich lernend bewahrte, so verfuhr er mit dem verwilderten Gartenplane; ehe er gewaltsam Bäume umhieb, suchte er sich deutlich zu machen, was gepflanzt sei und was wild aus Samen und Wurzel aufgewachsen. Zwar schien manches von dem Gepflanzten untergegangen und abgestorben, aber auch mit diesen Stämmen bezeichnete sich die Anlage des Gartens.– Allmählich trat alles an seine rechte Stelle, indem das Überflüssige hinweg genommen war. Brunnen und Gänge waren gereinigt, die ausgeschnittenen, alten Obstbäume trugen

wieder und edler Wein bezog die sonnigen Mauern. Ein wohl erhaltenes gewölbtes Zimmer bewahrte während des Winters Blumenpflanzen und Sämereien, und so war dem jungen Berthold das erste Jahr mit sichtbaren Zeichen seines Daseins und Wirkens vergangen.

E. T. A. Hoffmann

Die Königsbraut (1820)

Mit einem lauten: »Ach!« blieb Fräulein Ännchen wie in den Boden gewurzelt stehen, als die Vorhänge des Eingangs aufrollten und sich ihr die Aussicht eines unabsehbaren Gemüsegartens erschloß von solcher Herrlichkeit, wie sie auch in den schönsten Träumen von blühendem Kohl und Kraut, keinen jemals erblickt. Da grünte und blühte alles, was nur Kraut und Kohl und Rübe und Salat und Erbse und Bohne heißen mag, in funkelndem Schimmer und solcher Pracht, daß es gar nicht zu sagen.– Die Musik von Pfeifen und Trommeln und Zimbeln ertönte stärker und die vier artigen Herrn, die Fräulein Ännchen schon kennengelernt, nämlich der Herr von Schwarzrettig, der Monsieur de Roccambolle, der Signor di Broccoli und der Pan Kapustowicz, nahten sich unter vielen zeremoniösen Bücklingen.

Johann Wolfgang von Goethe

Wilhelm Meisters Wanderjahre oder Die Entsagenden (1821)

Ein durch die Schuld der überthätigen Hausfrau sich verspätendes Mittagessen machte mich nicht ungeduldig, denn der Spaziergang in einem wohlgehaltenen Ziergarten, wohin die Tochter, etwas jünger als ich, mir den Weg begleitend anwies, war mir höchst unterhaltend. Frühlingsblumen aller Art standen in zierlich gezeichneten Feldern, sie ausfüllend oder ihre Ränder schmückend. Meine Begleiterin war schön, blond, sanftmüthig, wir gingen vertraulich zusammen, faßten uns bald bei der Hand und schienen nichts Besseres zu wünschen. So gingen wir an Tulpenbeeten vorüber, so an gereihten Narcissen und Jonquillen; sie zeigte mir verschiedene Stellen, wo eben die herrlichsten Hyacinthenglocken schon abgeblüht hatten. Dagegen war auch für die folgenden Jahrszeiten gesorgt; schon grünten die Büsche der künftigen Ranunkeln und Anemonen; die auf zahlreiche Nelkenstöcke verwendete Sorgfalt versprach den mannichfaltigsten Flor; näher aber knospete schon die Hoffnung vielblumiger Lilienstängel gar weislich zwischen Rosen vertheilt. Und wie manche Laube versprach nicht zunächst mit Geisblatt, Jasmin, reben- und rankenartigen Gewächsen zu prangen und zu schatten.

Bettina von Arnim

Die Günderode (1839)

Als Alles zum Tempel hinaus war, ging ich von der Emporkirche herab in die runde Kapelle, ein andrer Priester hatte eben die Messe gelesen, es kam ein alt Mütterchen, die löschte die Kerzen und räumte auf; ich frug ob sie Sacristan sei, sie sagte ihr Sohn sei Küster, aber der sei heut über Land, ich frug wo sie die vielen Blumen hernehme, da ich doch nirgend einen Blumengarten gesehen, sie sagte die Blumen sind aus unserem Garten, mein Sohn pflegt sie alle; ich hatte eine rechte Lust mit in den Garten zu gehen, das war sie zufrieden; das ist ein Garten, so groß wie der Hof von unserm Haus, an der weißen Wand des Hauses wachsen Trauben und ein paar hohe Rosenbüsche sind dazwischen verflochten, Rosen und Trauben, ich kann mir keine schönere Vermählung denken, Ariadne und Bacchus. Ein hölzern Bänkchen war da an der Mauer, ich setzte mich ganz ans End, und die Frau neben mich, es war kaum groß genug, daß wir Platz hatten, ich mußte recht dicht an die Frau heranrücken, ich legte meine Hand in ihre auf ihren Schooß, sie hatte eine so harte Hand, sie sagte das sind Schwülen vom Graben im Land, denn hier ist ein felsiger Boden. Du glaubst nicht wie schön der Garten in der Sonne lag, denn jetzt ist grade die reichste Blumenzeit, alles ist doch so schön; wenn die Natur mit Ordnung bedient wird, gleich ists ein Tempel, wo ihre Geschöpfe als Gebete aufsteigen, gleich ists ein Altar, der voll kindlicher

Opfergeschenke beladen ist.– So ist das Gärtchen mit seinen reinlichen Kieswegen und buchsbaumnen Feldertheilchen; der Buchsbaum ist so ein rechter Lebensfreund, von Jahr zu Jahr umfaßt und schützt er was der Frühling bringt, es keimt und welkt in seiner Umzäunung und er bleibt immer der grüne Treue, auch unterm Schnee, das sagt ich der alten Frau, die sagte, ja das ist wohl wahr, der Buchsbaum muß alles Schicksal mitmachen.– Aber stell Dir doch das hübsche Gärtchen vor, links vom traubenbewachsnen Haus die Mauer mit Jasmin, gegenüber im Schatten eine recht dichte Laube von Geisblatt, der Eingang zum Haus von beiden Seiten mit hohen Lilien besetzt. So viel Levkoyen, so viel Ranunkeln, so viel Ehrenpreiß und Rittersporn und Lavendel, ein Beet mit Nelken, ein Maulbeerbaum in der einen Ecke und in der andern geschützt gegen die kalten Winde, zwei Feigenbäume mit ihren lieben rein gefalteten Blättern; ich war ganz erfreut Kameraden von meinem Baum zu finden, unter denen springt ein Quellchen hervor in einen Steintrog, da kann die Frau gleich ihre Blumen begießen, und in den offnen Fenstern hing ein Käfig mit Kanarienvögeln, die schmetterten so laut. Ach es war recht Sonntagswetter, und Sonntagslaune in der Luft, und Sonntagsgefühl in meinem Herzen.

Quellenverzeichnis

ABEGG, JOHANN FRIEDRICH: *Reisetagebuch von 1798.* Erstausgabe. Herausgegeben von W. und J. Abegg in Zusammenarbeit mit Z. Batscha. Frankfurt am Main, Insel Verlag 1976.

ARNDT, ERNST MORITZ: *Bruchstücke aus einer Reise von Baireuth bis Wien im Sommer 1798.* Leipzig, bei Heinrich Gräff 1801 (Nachdruck: Bibliotheca Franconia, Bd. 11, Erlangen, Palm & Enke 1985).

v. ARNIM, LUDWIG ACHIM: *Sämtliche Romane und Erzählungen.* 1. Band. München, Carl Hanser Verlag 1962. *Armut, Reichtum, Schuld und Buße der Gräfin Dolores. Eine wahre Geschichte zur lehrreichen Unterhaltung armer Fräulein. Die Kronenwächter.–*
Achim von Arnim und die ihm nahestanden. Zweiter Band. *Achim von Arnim und Bettina Brentano.* Herausgegeben von R. Steig. Stuttgart und Berlin, Verlag der Cotta'schen Buchhandlung 1913.

v. ARNIM, BETTINA: *Goethes Briefwechsel mit einem Kinde. Seinem Denkmal.* Berlin, bei Ferdinand Dümmler 1835.
Die Günderode. Erster Theil. Briefe aus den Jahren 1804–1806. Grünberg und Leipzig, bey W. Levysohn 1840.

BÖTTIGER, CARL AUGUST: *Reise nach Wörlitz 1797.* Herausgegeben von E. Hirsch. Staatliche Schlösser und Gärten Wörlitz · Oranienbaum · Luisium 1982.

BRÄKER, ULRICH: *Sämtliche Schriften des Armen Mannes im Tockenburg.* Gesammelt und herausgegeben von H. H. Füßli. Zürich, bey Orell, Geßner, Füßli und Compagnie 1789.

Lebensgeschichte und Natürliche Ebentheuer des Armen Mannes im Tockenburg. 81. Glücksumstände und Wohnort.

Brentano, Clemens: *Sämtliche Werke und Briefe.* Hist.-krit. Ausgabe. Veranstaltet vom Freien deutschen Hochstift. Band 16. Prosa I. Herausgegeben von W. Bellmann. Stuttgart Berlin Köln Mainz, Verlag W. Kohlhammer 1978.
Godwi oder Das steinerne Bild der Mutter. Ein verwilderter Roman.

Claudius, Matthias: *Asmus omnia sua secum portans oder Sämmtliche Werke des Wandsbecker Bothen.* III. Theil. München, bey Johann Baptist Strobl o. J.

Eckermann, Johann Peter: *Gespräche mit Goethe in den letzten Jahren seines Lebens.* Erster Theil. Leipzig, F. A. Brockhaus 1837.

v. Eichendorff, J.: *Joseph Freiherrn von Eichendorff's sämmtliche Werke.* Leipzig, Voigt & Günther 1864[2]. 2. Band. Romane: *Ahnung und Gegenwart, Dichter und ihre Gesellen.* 3. Band. Novellen und erzählende Gedichte: *Das Marmorbild, Eine Meerfahrt, Das Schloß Dürande, Die Entführung, Die Glücksritter.*
Sämtliche Werke. Hist.-Krit. Ausgabe. Mit Vorwort und Anmerkungen von W. Kosch. 11. Band. Regensburg, Verlag von J. Habbel 1908. *Tagebücher (Pro memoria).*
Gesammelte Werke. Band III. *Novellen. Autobiographisches. Briefe. (Erlebtes. I. Der Adel und die Revolution).* Berlin, Aufbau-Verlag 1962.

Gessner, Salomon: *Sämtliche Schriften in drei Bänden.* Band II. Herausgegeben von M. Bircher. Zürich, Orell Füssli Verlag 1972 (Reprint des Dritten und Vierten Teils von »Salomon Geßners Schriften, Zürich bey Orell, Geßner, u. Comp. 1762«). *Der Wunsch, Menalkas und Æschines.*

Goethe, Johann Wolfgang: *Die Leiden des jungen Werthers.* Erster Theil. Leipzig, in der Weygandschen Buchhandlung 1774 (Faksimile Leipzig, Insel Verlag Anton Kippenberg o. J.).

Goethes Werke. Herausgegeben im Auftrag der Großherzogin Sophie von Sachsen. Weimar, Hermann Böhlaus Nachfolger 1887–1918.
3. Band: *Gedichte.* Dritter Theil (1890). 17. Band: *Triumph der Empfindsamkeit* (1894). 20. Band: *Die Wahlverwandtschaften. Ein Roman* (1892). 24. Band und 25. Band: *Wilhelm Meisters Wanderjahre oder Die Entsagenden* (1894). 26. Band: *Dichtung und Wahrheit. Aus meinem Leben* (1889). 50. Band: *Hermann und Dorothea* (1900).
Goethes Sämtliche Werke. Jubiläumsausgabe. MDCXL. Stuttgart und Berlin, J. G. Cotta'sche Buchhandlung Nachfolger.
25. Band: *Biographische Einzelschriften.* 38. Band: *Schriften zur Literatur.*
Goethes Briefe an Charlotte von Stein. Herausgegeben von J. Fränkel. Berlin, Akademie-Verlag 1960.
Goethes Gespräche. Herausgegeben von W. Freiherr von Biedermann. Leipzig, F. W. v. Biedermann 1890. 5. Band: 1824. 1826.
Goethes Gespräche. Eine Sammlung zeitgenössischer Berichte aus seinem Umgang auf Grund der Ausgabe und des Nachlasses von Flodoard Freiherrn von Biedermann ergänzt und herausgegeben von W. Herwig. Zürich, Artemis Verlag 1969/71. 2. Band: 1805–1817. 3. Band: 1817–1825.

Heine, Heinrich: *Hist.-krit. Gesamtausgabe der Werke.* Herausgegeben von M. Windfuhr im Auftrag der Landeshauptstadt Düsseldorf. Band 12/1. Hamburg, Hoffmann und Campe 1980. *Französische Maler, Französische Zustände, Über die französische Bühne.*

v. Hippel, Theodor Gottlieb: *Theodor Gottlieb von Hippel's sämmtliche Werke.* Erster und Vierter Band. Berlin, bei G. Reimer 1828 (Photomechanischer Nachdruck Walter de Gruyter, Berlin New York 1978). *Lebensläufe nach aufsteigender Linie.*

Hirschfeld, Christian Cajus Laurenz: *Theorie der Gartenkunst.*

Leipzig, bey M. G. Weidmanns Erben und Reich. I 1779, II 1780, III 1780, IV 1782, V (nebst Register) 1785.

HÖLDERLIN, FRIEDRICH: *Sämtliche Werke*. Herausgegeben von F. Beissner. 1. Band. Stuttgart, Cotta/Kohlhammer 1946. *Gedichte bis 1800*. 6. Band. Herausgegeben von A. Beck. Stuttgart 1954. *Briefe*.

HOFFMANN, ERNST THEODOR AMADEUS: *Werke*. Wissenschaftliche Buchgesellschaft Darmstadt 1966ff. Fantasie- und Nachtstücke: *Der goldene Topf, Das steinerne Herz*, Die Serapionsbrüder: *Die Königsbraut*. Späte Werke: *Datura Fastuosa*.

Die Elixiere des Teufels. Nachgelassene Papiere des Bruders Medardus eines Kapuziners.

Lebens-Ansichten des Katers Murr nebst fragmentarischer Biographie des Kapellmeisters Johannes Kreisler in zufälligen Makulaturblättern.

IMMERMANN, KARL: *Karl Immermann's Fränkische Reise. Herbst 1837. Memorabilien*. Dritter Theil. Hamburg, bei Hoffmann und Campe 1843 (Nachdruck: Bibliotheca Franconia, Bd. 5, Erlangen, Palm & Enke 1980).

JACOBI, FRIEDRICH HEINRICH: *Ein Stück Philosophie des Lebens und der Menschheit. Aus dem zweiten Bande von Woldemar*. In: Deutsches Museum. Erster Band. Jänner bis Junius 1779. Leipzig, in der Weygandschen Buchhandlung.

Woldemar. Eine Seltenheit aus der Literaturgeschichte. Flensburg und Leipzig, in der Kortenschen Buchhandlung 1779 (Deutsche Neudrucke. Reihe Texte des 18. Jahrhunderts. Stuttgart, Metzler 1969).

JEAN PAUL (Johann Paul Friedrich Richter): *Jean Pauls Sämtliche Werke*. Hist.-krit. Ausgabe. Herausgegeben von E. Berend. Weimar, Hermann Böhlaus Nachfolger 1927–1961.

Erste Abteilung. Zweiter Band: *Die unsichtbare Loge. Eine Lebensbeschreibung*. Fünfter Band: *Leben des Quintus Fixlein, aus funfzehn Zettelkästen gezogen*. Sechster Band: *Blumen- Frucht- und Dornenstücke oder Ehestand, Tod und Hochzeit des Armenadvocaten F. St. Siebenkäs im*

Reichsmarktflecken Kuhschnappel. Achter Band: *Titan.* 1. und 2. Band. *Komischer Anhang zum Titan. Des Luftschiffers Gianozzo Seebuch.* Zehnter Band: *Flegeljahre. Eine Biographie.* Dritte Abteilung. Dritter Band: *Briefe.* 1797–1800. Berlin, Akademie-Verlag 1959.

JUNG-STILLING, HENRICH: *Henrich Stillings häusliches Leben. Eine wahrhafte Geschichte.* 3. und 4. Theil. *Henrich Stillings Wanderschaft 1789.* Berlin und Leipzig, bey Heinrich August Rottmann 1789.

v. KLEIST, HEINRICH: *Brief an Wilhelmine von Zenge vom 5. September 1800.* In: Reisebriefe deutscher Romantiker. Herausgegeben von R. Walbiner. Berlin, Rütten & Lœning 1979.

v. LA ROCHE, SOPHIE: *Geschichte des Fräuleins von Sternheim. Von einer Freundin derselben aus Original-Papieren und andern zuverlässigen Quellen gezogen.* Herausgegeben von C. M. Wieland. Leipzig, bey Weidmanns Erben und Reich 1771. In: Bibliothek für den guten Geschmack. Erster Band. Bern, bey Beat Ludwig Walthard 1772.

Briefe über Mannheim. Zürich, Bey Orell, Geßner, Füßli und Compagnie 1791.

v. LOEN, MICHAEL: *Der redliche Mann am Hofe. Oder die Begebenheiten des Grafen von Rivera.* Frankfurt/Main, J. D. Jung 1740/42 (Deutsche Neudrucke. Reihe Texte des 18. Jahrhunderts. Stuttgart Metzler 1966).

MATTHISSON, FRIEDRICH: *Gedichte* 1. Band. Herausgegeben von G. Bölsing. Tübingen, Litterarischer Verein in Stuttgart 1912.

MEREAU, SOPHIE: *Kalathiskos.* Berlin, bei Heinrich Frölich 1801 (Faksimile Verlag Lambert Schneider, Heidelberg 1968).

Der Garten zu Wörlitz In: Musenalmanach für das Jahr 1798. Herausgegeben von F. Schiller. Tübingen, in der J. G. Cotta'schen Buchhandlung 1798.

MILLER, JOHANN MARTIN: *Siegwart, Eine Klostergeschichte.* Leipzig, in der Weygandschen Buchhandlung 1776 (Deutsche Neudrucke. Texte des 18. Jahrhunderts. Stuttgart Metzler 1971).

MÖRIKE, EDUARD: *Werke und Briefe.* Hist.-krit. Gesamtausgabe. Herausgegeben von Herbert Meyer. Stuttgart, Ernst Klett Verlag 1967. *Maler Nolten. Novelle.*

Briefe an seine Braut Luise Rau. Herausgegeben von F. Kemp. München, Kösel-Verlag 1965 (Lebensläufe. Band 5).

MÖSER, JUSTUS: *Sämtliche Werke.* Zweite Abteilung. Hist.-krit. Ausgabe, Band 5. Oldenburg-Berlin, G. Stalling Verlag 1945. *Partriotische Phantasien und Zugehöriges.*

MORITZ, KARL PHILIPP: *Werke.* 1. Band. Herausgegeben von H. Günther. Frankfurt am Main, Insel Verlag 1981. *Die neue Cäcilia. Letzte Blätter.*

MUNDT, THEODOR: *Madonna. Unterhaltungen mit einer Heiligen.* Leipzig, Gebrüder Reichenbach 1835.

NICOLAI, FRIEDRICH: *Beschreibung einer Reise durch Deutschland und die Schweiz, im Jahre 1781. Nebst Bemerkungen über Gelehrsamkeit, Industrie, Religion und Sitten.* Berlin und Stettin, bey Friedrich Nicolai 1783.

Das Leben und die Meinungen des Herrn Magister Sebaldus Nothanker. 1775.

NOVALIS (Friedrich von Hardenberg): *Novalis Schriften.* Herausgegeben von P. Kluckhohn und R. Samuel. Stuttgart, W. Kohlhammer Verlag 1960–75. Erster Band. Das dichterische Werk: *Heinrich von Ofterdingen. Ein Roman.* Vierter Band. Lebensdokumente: *Reisejournal, Tagebuch.*

v. PÜCKLER-MUSKAU, HERMANN: *Briefe eines Verstorbenen. Ein fragmentarisches Tagebuch aus England, Wales, Irland und Frankreich, geschrieben in den Jahren 1828 und 1829.* Erster Theil. Stuttgart, Hallberger'sche, vormals Franck'sche Verlagshandlung 1831.

Andeutungen über Landschaftsgärtnerei, verbunden mit der Beschreibung ihrer praktischen Anwendung in Muskau. Stuttgart, Hallberger'sche Verlagshandlung 1834 (Nach der Neuausgabe von 1933 neu aufgelegt Deutsche Verlags-Anstalt, Stuttgart 1977).

Vorletzter Weltgang von Semilasso. Traum und Wachen.

Aus den Papieren des Verstorbenen. Stuttgart, Hallberger'sche Verlagshandlung 1835 (Nachdruck: Bibliotheca Franconia, 8. Band, Erlangen, Palm & Enke 1982).

Briefwechsel und Tagebücher des Fürsten Hermann von Pückler-Muskau. Aus dem Nachlaß des Fürsten herausgegeben von L. Assing. Hamburg, Hoffmann & Campe 1873–76 (Nachdruck Bern 1971).

Runge, Philipp Otto: *Brief an seine Schwester Christine vom 7. Juni 1800.* In: Reisebriefe deutscher Romantiker. Herausgegeben von R. Walbiner. Berlin, Rütten & Loening 1979.

Schelling, Friedrich Wilhelm Joseph: *Aus Schellings Leben. In Briefen.* Erster Band. Herausgegeben von G. L. Plitt. Leipzig, Verlag von S. Hirzel 1869.

Schiller, Friedrich: *Taschenkalender auf das Jahr 1795 für Natur- und Gartenfreunde. Mit Abbildungen von Hohenheim und anderen Kupfern.* Tübingen, bei Cotta 1794. In: *Schillers Werke,* Nationalausgabe. 22. Band. *Vermischte Schriften.* Herausgegeben von Herbert Meyer. Weimar, Hermann Böhlaus Nachfolger 1958. 36. Band: *Briefwechsel. Briefe an Schiller.* 1972.

Schlegel-Veit, Dorothea: *Florentin.* Herausgegeben von Friedrich Schlegel. Lübeck & Leipzig, Bohn 1801.

Schopenhauer, Johanna: *Jugendleben und Wanderbilder.* Nachlaß, 2 Bände. Herausgegeben von ihrer Tochter. Braunschweig, Verlag Georg Westermann 1839. *Reise durch England und Schottland,* 2 Bände. Leipzig, F. A. Brockhaus 1826.

Tieck, Ludwig: *Ludwig Tieck's Schriften.* Berlin, bei G. Reimer 1828-54. 4. Band: *Phantasus. Erster Theil.* 6. Band: *Geschichte des Herrn William Lovell. Erster Theil.* 16. Band: *Franz Sternbald's Wanderungen.* 20. Band: Novellen: *Der Jahrmarkt.* 23. Band: Novellen: *Eine Sommerreise.*

Romane. Band IV. Herausgegeben von M. Thalmann. Darmstadt, Wissenschaftliche Buchgesellschaft 1972. *Vittoria Accorombona.*

Aus dem Nachlaß Varnhagen's von Ense. Briefe von Chamisso u. a. (Tieck). Erster Band. Leipzig: F. A. Brockhaus 1867.

Tieck Ludwig/Wackenroder Wilhelm Heinrich: *Phantasien über die Kunst, für Freunde der Kunst.* Herausgegeben von L. Tieck. Zweiter Abschnitt: *Anhang einiger musikalischen Aufsätze von Joseph Berglinger.* In: Deutsche National-Litteratur. Hist.-krit. Ausgabe. 145. Band. Herausgegeben von J. Minor. Berlin und Stuttgart, Verlag von W. Spemann 1886–90.

Tieck-Bernhardi-v. Knorring, Sophie: *Evremont.* Herausgegeben von L. Tieck. Breslau, im Verlage bei Josef Max und Komp. 1836.

Reliquien. Erzählungen und Dichtungen von A. F. Bernhardi und dessen Gattin S. Bernhardi, geb Tieck. Herausgegeben von deren Sohne Wilhelm Bernhardi. Altenburg, Verlag von H. A. Pierer 1847.

Weisse, Christian Felix: *Der Kinderfreund. Ein Wochenblatt.* Leipzig, bey Siegfried Lebrecht Crusius 1781.

Wezel, Johann Karl: *Herrmann und Ulrike. Ein komischer Roman.* Leipzig, in der Dykischen Buchhandlung 1780 (Deutsche Neudrucke. Texte des 18. Jahrhunderts. Stuttgart Metzler 1971).

Wieland, Christoph Martin: *Werke.* Erster Band. Herausgegeben von F. Martini und K. W. Siffert. München, Carl Hanser Verlag 1964. *Geschichte des Agathon. – quid Virtus, et quid Sapientia possit Utile proposuit nobis exemplar.*

Wielands Werke. 21. Band. Herausgegeben von W. Kurrelmeyer. Berlin, Weidmannsche Verlagsbuchhandlung 1939. *Kleine Schriften I, 1773-77.*

v. Wolzogen, Karoline: *Agnes von Lilien.* Kreuznach, Kehr 1800^2.

Zimmermann, Johann Georg: *Über die Einsamkeit. Vierter Theil.* Leipzig, bey Weidmanns Erben und Reich 1785.

Für die intensivere Beschäftigung mit der Frage der Gartenkunst seien außer der schon aufgeführten »Theorie der Gartenkunst« von Hirschfeld und den »Andeutungen über Landschaftsgärtnerei« von Pückler-Muskau noch folgende Werke empfohlen:

GOETHE, JOHANN WOLFGANG: *Goethes Sämtliche Werke.* Jubiläumsausgabe. MDCXL. Stuttgart und Berlin, J. G. Cotta'sche Buchhandlung Nachfolger. 39. Band: *Schriften zur Naturwissenschaft.* Erster Teil. *Schema zu einem Aufsatze, die Pflanzenkultur im Großherzogtum Weimar darzustellen.*

Goethes Werke. Herausgegeben im Auftrage der Großherzogin Sophie von Sachsen. Weimar, Hermann Böhlaus Nachfolger 1887–1918. 47. Band. *Über den Dilettantismus.*

HERDER, JOHANN GOTTFRIED: *Herders Sämmtliche Werke.* Herausgegeben von B. Suphan. 22. Band. Berlin, Weidmannsche Buchhandlung 1880. *Kalligone, von Kunst und Kunstrichterei.*

JACOBI, JOHANN GEORG: *J. G. Jacobi's sämmtliche Werke.* Zürich, bey Orell, Füßli und Compagnie 1918.

6. Band: *Der Poetensitz. An Pfeffel.* 7. Band. *Über die englichen Gärten.*

V. LOEN, MICHAEL: *Des Herrn von Loen gesammelte Kleine Schriften:* Besorgt und herausgegeben von J. B. Müllern, Vierter und letzter Theil. Franckfurt und Leipzig, bey Heinrich Ludwig Brönner 1752. *X. Von den Lust-Gärten.*

MÖSER, JUSTUS: *Über die deutsche Sprache und Litteratur! Schreiben an einen Freund.* Osnabrück 1781. In: Deutsche Literaturdenkmale des 18. und 19. Jahrhunderts. Berlin, Behr's Verlag 1902.

SCHLEGEL, AUGUST WILHELM: *August Wilhelm Schlegel's sämmtliche Werke.* 8. Band. *Vermischte und kritische Schriften.* Herausgegeben von E. Böcking. Leipzig, Weidmannsche Buchhandlung 1846. *Charakteristiken und Litteratur. Vorrede zu Walpoles Schriften.*

Vorlesungen über schöne Literatur und Kunst. Gehalten in Berlin in den Jahren 1801–1804. Erster Theil: *Die Kunstlehre.* Heilbronn, Verlag von Gebr. Henninger 1884.

SCHILLER, FRIEDRICH: *Über den Gartenkalender auf das Jahr 1795. s. o.*

SCKELL, FRIEDRICH LUDWIG: *Beiträge zur bildenden Gartenkunst für angehende Gartenkünstler und Gartenliebhaber.* München, bei Joseph Lindauer 1818.

SULZER, JOHANN GEORG: *Allgemeine Theorie der Schönen Künste in einzeln, nach alphabetischer Ordnung der Kunstwörter auf einander folgenden Artikeln. Zweyter Theil. »Gartenkunst«.* Leipzig, in der Weidmannschen Buchhandlung 1792[2].

Kurzbiographien

Arndt, Ernst Moritz, geb. 26. 2. 1769 in Schoritz auf Rügen, gest. 29. 1. 1869 in Bonn. Hauslehrer, Professor für Geschichte. Bekannt durch seine patriotischen Lieder und Schriften gegen die Napoleonische Fremdherrschaft. Trotzdem wurde er 1819 als Demagoge verhaftet, 1840 rehabilitiert. Mitglied der Frankfurter Nationalversammlung.

v. Arnim, Ludwig Achim, geb. 26. 1. 1781 in Berlin, gest. 21. 1. 1831 in Wiepersdorf bei Dahme. Romantischer Dichter, Dramatiker, Herausgeber und Bearbeiter alter Stoffe (»Des Knaben Wunderhorn«). Er heiratete 1811 die Schwester seines Freundes Clemens, Bettina Brentano. Mit vielen Romantikerfreunden traf er oft auf Giebichenstein im Hause des Komponisten Reichardt zusammen, dessen »abgöttisch geliebter Garten auch dieser ganzen gartenseligen Jugend eine Art Paradies geworden« ist (Marianne Thalmann). 1806 schrieb er an Bettina: »Da freue ich mich jetzt des Gartens, als wäre er mein. Ein paar Tage besorgte ich die Angelegenheiten meines Guts, schoß Enten, nachher im kürzesten Weg über Wörlitz hieher, wo sich ein schöner Morgen durch die Gänge schlängelte ... ich hab hier einen Sitz an dem spitzen Zwickel mitten am Abhang, unter mir Wipfel der Bäume, vor mir alle Welt ...«

v. Arnim, Bettina (Katharina Elisabeth), geb. Brentano, geb. 4. 4. 1785 in Frankfurt/M., gest. 20. 1. 1859 in Berlin, begr. in Wiepersdorf. Dichterin und Schriftstellerin. Ihre eigentliche schriftstellerische Tätigkeit begann sie nach dem Tod ihres Mannes, mit dem sie als Hausfrau und Mutter von 7 Kindern auf Gut Wiepersdorf gelebt hatte. Sie hat sich aber auch in der Zeit der Restauration bis hin zum drohenden Gefängnis für die sozial und politisch Unterdrückten eingesetzt. »Goethes Briefwechsel mit einem Kinde« hat sie »Dem Fürsten Pückler« gewidmet. Er schrieb ihr am 27. 3. 1834: »... Eine Zueignung Deines Werks an mich, den armen Tänzer im engen Kreise, wird die schmeichelhafteste Ehre sein, nur mach' es gnädig, und spiele mir nicht gar zu schlimm auf!« Zu diesem Roman gehören auch Tagebuchaufzeichnungen von 1818, in Goethes Gartenhaus geschrieben: »In Deinem Garten ist's so schön!...« Ein Aufsatz in Pücklers Gartenwerk »Andeutungen über Landschaftsgärtnerei« stammt von Bettina; sie ist der »geistreiche Verfasser und Freund«, der im Kapitel »I. Spazierfahrt« Schinkel charakterisiert. Schinkel schrieb dazu 1833: »Was den Aufsatz der Frau von Arnim betrifft, dem Eure Durchlaucht eine Stelle in Ihrem Gartenwerke gönnen wollen, so ist der Aufsatz so schön und interessant, daß ich mich nur dadurch geschmeichelt fühlen kann.«

BRÄKER, ULRICH, geb. 22. 12. 1735 in Näbis, gest. 11. 9. 1798 in Wattwil. Der Kleinbauernsohn und Geißhirt, der als Bedienter eines preußischen Werbeoffiziers gegen seinen Willen nach Berlin kommt und in der Schlacht bei Lobositz flieht, schildert lebendig und rührend sein Jugend- und Wanderleben.

BRENTANO, CLEMENS (PS. MARIA), geb. 8. 9. 1778 in Ehrenbreitstein, gest. 28. 7. 1842 in Aschaffenburg. Lyriker, Erzähler, Herausgeber (»Des Knaben Wunderhorn, Einsiedlerzeitung«). Er gehörte der Jenenser und Heidelberger Romantik an, neigte aber später zu mystisch-katholisierenden Anschauungen, die ihn vielen Romantikern und auch seiner Schwester Bettina entfremdeten. Bei dem Lustgarten, den Römer, der Briefpartner von Godwi, besucht und schildert, handelt es sich um die Parkanlagen von Wilhelmshöhe bei Kassel, die zwischen 1786 und 1799 von Wilhelm IX. im englischen Stil umgestaltet worden waren. Sie werden auch von Hirschfeld im V. Band (1785) beschrieben. Der »große Christoffel«, den der Landjunker Jost von Eichenwehen besucht hat, ist die barocke Kolossalstatue des Herkules in diesem Park. Die Stelle mit dem Halstuch bei der Schilderung des Venushains bezieht sich offenbar auf Schlegels »Lucinde« (1799), vgl. Bellmann.

Claudius, Matthias (ps. Asmus; Der Wandsbecker Bote), geb. 15. 8. 1740 in Reinfeld/Holstein, gest. 21. 1. 1815 in Hamburg. Dichter und Volksschriftsteller, der dem Göttinger Hain nahestand. Er wurde 1770 Redakteur des »Wandsbecker Boten«, mit dem er auf Wunsch des aufgeklärten Wandsbecker Gutsherrn, Freiherr von Schimmelmann, den »Guts- und Dorfleuten Gesittung und Bildung« (Peter Suhrkamp) bringen sollte. Dieser Gutsherr hatte sich einen großen englischen Park anlegen lassen, der auch von Hirschfeld ausführlich und lobend geschildert wird (Band IV). Er zitiert dabei ein Claudius-Gedicht:

Schön ist die Welt, schön unsre Flur,
Und unser Wald vor allen
Ist schön, ein Liebling der Natur
Voll Freud' und Nachtigallen

und fügt hinzu: Man glaubt, dieses Lob des Dichters durch alle Gebüsche ertönen zu hören. Auf die »Wald-Serenata« (1774) nimmt Goethe in seinem Gedicht »Hauspark« (1797) Bezug. Eichendorff hat »verschiedene liebgewordene Plätze im Garten (zu Lubowitz) zu Ehren des bewunderten Claudius mit den Namen Hamburg und Wandsbeck« bezeichnet (Vorwort zu Eichendorffs Werken, 2. Aufl.).

Eckermann, Johann Peter, geb. 21. 9. 1792 in Winsen an der Luhe, gest. 3. 12. 1854 in Weimar. Dichter und Schriftsteller. Goethe hatte ihn auf Grund seiner Schrift »Beiträge zur Poesie, mit besonderer Hinweisung auf Goethe« als Sekretär in sein Haus geholt. Er starb »viel kränkelnd und fortwährend mit der Not kämpfend« (Goedeke) in Weimar.

v. Eichendorff, Joseph Freiherr, geb. 10. 3. 1788 auf Schloß Lubowitz/Oberschlesien, gest. 26. 11. 1857 in Neiße. Romantischer Dichter (Lyrik, Erzählungen, Romane), Übersetzer aus dem Spanischen, Verwaltungsbeamter. Bei kaum einem anderen Dichter spielt die Schilderung von Gärten eine so wesentliche Rolle wie bei Eichendorff. Garten und umgebende weite

Natur bilden dabei eine Einheit. Sicherlich erinnern viele seiner Schloßgärten an Garten und Park von Schloß Lubowitz, das nach der Verarmung der Familie 1821 endgültig verkauft werden mußte. Hirschfeld hat Schwetzingen, das Eichendorff 1807 besucht hat, im V. Band (1785) beschrieben.

Gessner, Salomon, geb. 1. 4. 1730 in Zürich, gest. 2. 3. 1788 in Zürich. Dichter, Kupferstecher und Zeichner, Buchhändler. Er war einer der erfolgreichsten Schriftsteller im 18. Jahrhundert. Seine antikisierenden Idyllen wurden in viele europäische Sprachen übersetzt. Eine hübsche Schilderung von Geßners Gartenleben in seinem Sommerhaus im Sihlwalde gibt Gottfried Keller in der Zürcher Novelle »Der Landvogt vom Greifensee«.

Goethe, Johann Wolfgang (seit 1782 von), geb. 28. 8. 1749 in Frankfurt, gest. 22. 3. 1832 in Weimar. Er hat in den Jahren 1776 bis etwa 1782 einen »Parkgarten« im Ilmtal angelegt; außerdem wurde er auch bei den anderen Parkanlagen in der Nähe von Weimar (Belvedere, Ettersburg, Tiefurt) zu Rate gezogen. Zu Tiefurt äußerte sich Jean Paul: ... das »sanfte Tiefurt – ein Lautenzug unter den sonst schreienden englischen Anlagen.« Für Wieland waren die Parkanlagen an der Ilm Goethes »neue Poemata«. Seine eigenen Erfahrungen haben sicherlich eine Rolle gespielt bei den »Wahlverwandtschaften«, wenn er auch um diese Zeit (1809) das Interesse an der »Parkspielerei« verloren hatte. Bei den »englischen Parkbeschreibungen mit Kupfern« handelt es sich vielleicht um H. Reptons »Sketches and Hints on Landscape Gardening«, von dem 1796 im »Journal des Luxus und der Moden« eine ausführliche Besprechung erschienen war; ein Werk, das noch Fürst Pückler als die »wahre Bibel der Landschaftsgärtnerei« bezeichnet. Auch in anderen wirklichen Parks hat die Forschung Vorbilder für Charlottens Park gesehen: Schloß Wilhelmshöhe bei Eisenach; von Diede's Park Ziegenburg bei Nauheim; Gut Großkochberg von Frau von Stein. Einige Forscher haben sogar, wie z. B. S. Gerndt, nach den Angaben im Roman einen überzeugenden Parkplan gezeichnet.

Heine, Heinrich, geb. 13. 12. 1799 in Düsseldorf, gest. 17. 2. 1856 in Paris. Lyrischer und satirischer Dichter, Publizist. Er war befreundet mit Fürst Pückler-Muskau, der mit seinen jungdeutschen Ideen sympathisierte und ihn – auch finanziell – unterstützte. Heine hat ihm seine »Lutezia. Berichte über Politik, Kunst und Volksleben« (1854) gewidmet. Die »Französischen Zustände« sind 1832 als Buch erschienen, nachdem sie im Jahr davor als politische Berichte in der »Augsburger Allgemeinen Zeitung« gedruckt, dann aber von Metternich verboten worden waren. Zusammen mit Heinrich Laube kümmerte er sich um die französische Übersetzung von Fürst Pücklers »Andeutungen über Landschaftsgärtnerei«. Casimir Périer war nach der Julirevolution Mitglied des »Ministeriums ohne Portefeuille« und übernahm 1831 in einem neugegründeten Ministerium das »Portefeuille des Innern«.

v. Hippel, Theodor Gottlieb, geb. 31. 1. 1741 in Gerdauen/Ostpreußen, gest. 23. 4. 1796 in Königsberg. Jurist, Politiker. Seine Schriftstellerei hatte er geheim gehalten. Seine Schriften zeigen sowohl satirisch-humoristische als auch empfindsam-lyrische Seiten. Jean Paul war von ihm beeinflußt. Die eindrücklichen »Lebensläufe nach aufsteigender Linie« lesen sich auf weiten Strecken wie eine Anleitung zum »schönen Sterben«.

Hirschfeld, Christian Cajus Laurenz, geb. 16. 2. 1742 in Nüchel bei Eutin, gest. 20. 2. 1792 in Kiel. Prinzenerzieher (Holstein-Gottorp), seit 1769 Professor der Philosophie und der Schönen Wissenschaften (Kiel), ab 1782 Leiter einer Obstbaumschule. Bereits in den »Anmerkungen über Landhäuser und Gartenkunst« 1773 setzte er sich für die Popularisierung des »englischen«, natürlichen Gartenstils im Gegensatz zum steifen gekünstelten französischen ein. Als Ergänzung seiner

»Theorie« gab er 7 Jahre lang (seit 1782) den »Gartenkalender« heraus, der ebenfalls – neben Rezensionen, Aufsätzen zur Gartengestaltung usw. – Beschreibungen von Gärten brachte. Goethe hatte Hirschfeld 1769 auf Grund der etwas streng und systematisch geschilderten Freuden der Natur in »Das Landleben« einen »Anatomicker der Natur« genannt; 1831 hingegen bedauert er, angesichts der architektonischen Hefte von W. Menzel, daß jener »nicht in die friedlichen Zeiten von Hirschfeld und anderen Gartenfreunden gekommen sey, wo ein tiefer Frieden den Menschen Mittel und Muße gab, mit ihrer Umgebung zu spielen« (Tagebuch, 14. 1. 1831). Anderen Zeitgenossen galt er auf Grund seiner »Theorie der Gartenkunst« als »Schöpfer der wissenschaftlichen Gartenkunst«, »Apostel der Gartenkunst«, »Wohlthäter Deutschlands« usw. Man lobte aber auch die »gewandte, reine und lebhafte Darstellung«, die auch in seinem sonstigen schriftstellerischen Werk zum Ausdruck kommt, vor allem in der Reiseliteratur, z. B. »Briefe über die vornehmsten Merkwürdigkeiten der Schweitz, zum Nutzen junger Reisender«, 1769. Seine »Theorie« erschien gleichzeitig in einer franz. Fassung.

Hölderlin, Johann Christian Friedrich, geb. 20. 3. 1770 in Lauffen a. Neckar, gest. 7. 6. 1843 in Tübingen. Dichter (Lyrik, Drama) der klassischen Dichtungsperiode. Er hat im April 1795 Wörlitz besucht und schreibt in einem Brief an seine Schwester: »... die Gegend von Dessau ist sehr verschönert durch geschmakvolle Anlagen, die der Fürst überall machte... Die Gärten von Luisium u. Wörrliz, wo ich einen herrlichen Tag zubrachte, beschreib' ich Dir ein andersmal... «

Hoffmann, Ernst Theodor Amadeus (statt Wilhelm, Mozart zu Ehren), geb. 24. 1. 1776 in Königsberg, gest. 25. 6. 1822 in Berlin. Bedeutender romantischer Dichter (Novellen, Romane), Musiker und Zeichner, Jurist. Er wurde mit Pückler bekannt und überreicht ihm als Dank für eine Einladung nach Muskau 1819 den »kleinen Zinnober«.

Immermann, Karl Lebrecht, geb. 24. 4. 1796 in Magdeburg, gest. 25. 8. 1840 in Düsseldorf. Dichter der »Übergangsperiode 1815–40«, Dramatiker, Romancier. Seine »Fränkische Reise« erschien zur gleichen Zeit wie Fürst Pückler-Muskaus fränkisches Reisejournal »Vorletzter Weltgang von Semilasso«, ohne jedoch dessen Berühmtheit zu erlangen.

Jacobi, Ffriedrich Heinrich , geb. 25. 1. 1743 in Düsseldorf, gest. 10. 3. 1819 in München. Philosoph und Schriftsteller. Er war mit Wieland, Goethe und vielen anderen Schriftstellern befreundet. Auf seinem Gut Pempelfort mit seinen »wohlunterhaltenen Gärten« verlebte Goethe »den angenehmsten Aufenthalt« (Dichtung und Wahrheit). Ab 1805 war er Präsident der neu gegründeten Akademie der Wissenschaften in München. Den Roman »Woldemar« hat er vielfach umgearbeitet. Die Abhandlung über die Vorzüge des alten gegenüber dem neuen Garten stammt aus der Fassung: Ein Stück Philosophie des Lebens und der Menschheit. 1779.

Jean Paul, eigentlich Johann Paul Friedrich Richter (in dem Pseudonym »Jean« drückt sich seine Verehrung für Jean Jacques Rousseau aus), geb. 21. 3. 1763 in Wunsiedel, gest. 14. 11. 1825 in Bayreuth. Er war einer der gefeiertsten Dichter in Europa (Romane, Essays). In seinen empfindsam-humoristisch-romantischen Romanen finden sich unzählige Garten- und Parkschilderungen. Vor allem den »Titan« könnte man direkt als »Parkroman« bezeichnen: ein großer Teil des Lebens des Helden spielt in dem Park »Lilar«, in dem viele Elemente eines empfindsamen englischen Parks auftauchen (Flötental, Arkadien und Tartarus, Schneckenberg, Donnerhäuschen, Rosenlaube, Brücken, Altar usw.); daneben werden »Isola bella« und andere italienische Gärten in glühenden Farben geschildert. Im »Hesperus« gibt es das »Maiental« mit dem »Garten des Endes« und der »Blumenhöhle«, in der »Unsichtbaren Loge« das »Stille Land« und die künstlichen Seen von Scheerau. Die wirklich existierenden Parkanlagen um Bayreuth, Eremitage und Fantaisie, spielen vor allem im »Siebenkäs« eine Rolle. Darüberhinaus gibt es unendlich viele Metaphern, die dem Park- und Gartenbereich entnommen sind. Jean Paul war öfters in Wörlitz, u. a. auf seiner Hochzeitsreise im Mai 1801. Am 3. Juli 1800 hatte er an Christian Otto in Bayreuth geschrieben: »In Wörliz gieng eine lange Gesellschaft mit, einer hatte die gedrukte Beschreibung davon aufgeschlagen in der Hand und verglich beide – ein anderer hatte ein Sehrohr halb in der Tasche – ein dritter (das bin ich) hatte eine Burgunderbouteille in der Hand und die Spazier mein Glas im Beutel. Ach las mich nicht sagen, wie die in die weite Natur hineingehauenen Licht-Strassen (nicht die Vexier-Architektonik) an meinem Herzen sogen u. wie die grillenhaften elysischen Baum-Schatten mich in sich hineinspielten! O wie wenig fehlt mir zur höchsten Seeligkeit – und nur dieses Wenige erscheint mir nie. –«

JUNG-STILLING, JOHANN HEINRICH, geb. 12. 9. 1740 in Grund/Westfalen, gest. 2. 4. 1817 in Karlsruhe. Kohlenbrenner, Schneiderlehrling, Schullehrer, Arzt, Professor der Staatswissenschaft, Schriftsteller. Außer seiner Lebensgeschichte, die Goethe ohne sein Wissen herausgegeben hatte, verfaßte er zahlreiche pietistisch-mystische Schriften. Zu dem beschriebenen Schmerzschen Garten heißt es bei Hirschfeld im V. Band: »Bey der Stadt Creuznach hat der Kaufmann Herr Schmerz eine neue Anlage gemacht, wobey die natürliche Beschaffenheit der Gegend mit gutem Geschmack benutzet ist.« Die erwähnte Inschrift »Immer rinnet diese Quelle... « findet sich unter Hirschfelds Beispielen im III. Band. Jene »rührende Musik« entstammt sicherlich der damals bekannten Oper »Zamire und Azor« von André Erneste Modeste Grétry (1771) nach Marmontels »La Belle et la Bête«.

V. LA ROCHE, SOPHIE, GEB. GUTERMANN V. GUTERSHOFEN, geb. 6. 9. 1731 in Kaufbeuren, gest. 18. 2. 1807 in Offenbach/M. Berühmteste deutsche Schriftstellerin in der 2. Hälfte des 18.

Jhs. Sie war die Base und Jugendgeliebte Wielands. Ihre Tochter Maximiliane (Maxe) war mit Goethe befreundet und ist die Mutter von Clemens und Bettina Brentano. Ihr Roman »Geschichte des Fräuleins von Sternheim«, den Wieland herausgegeben hat, hat auch auf Goethe (»Werther«) gewirkt. In ihrer Monatsschrift »Pomona für Teutschlands Töchter« korrespondierte sie mit ihren Leserinnen über deren Probleme. Nach der Verarmung der Familie trug sie durch ihre Schriftstellerei zum Unterhalt bei und finanzierte u.a. selbst ihre Reisen.

LENNÉ, PETER JOSEPH, geb. 29. 9. 1789 in Bonn, gest. 23. 1. 1866 in Bornstedt (Potsdam). Er stammt aus einer alten Gärtnerfamilie, bildet sich aus in Botanik und Architektur, teilweise auf Reisen nach Frankreich, Österreich, Süddeutschland und der Schweiz. 1816 wird er als »Gartengeselle« unter Friedrich Wilhelm III. in Sanssouci bei Potsdam angestellt; wenige Jahre darauf nennt er sich »Garten-Ingenieur« (Pückler verwendet nach anfänglicher Bewunderung für Lenné diesen Ausdruck Jahre später in pejorativem Sinn – die Lennéschen Gartenanlagen sind ihm zu schematisch). Er gründet die preußische Gärtnerlehranstalt und eine königliche Landesbaumschule. 1822 unternimmt er, nachdem er von dem berühmten englischen Gartenkünstler Repton gelobt worden war, eine Englandreise. Beim Bau des Schlößchens Charlottenhof im Park von Sanssouci arbeiten Lenné, Schinkel und Kronprinz Friedrich Wilhelm zusammen. Auch mit Wilhelm, dem späteren Kaiser, hat er zusammengearbeitet, vor allem bei der Gestaltung von Park Babelsberg mit seiner romantischen Burganlage; hier wurde er jedoch ab 1843 vom Fürsten Pückler verdrängt. Wie fruchtbar, umfangreich und vielseitig das Schaffen Lennés war, zeigt auch der Lorbeerkranz, der bei seinem Begräbnis dem Sarg vorausgetragen wurde und der auf jedem seiner fünfzig goldenen Blätter je eine seiner Anlagen verzeichnete.

v. Loen, Michael, geb. 11. 12. 1694 in Frankfurt, gest. 24. 7. 1776 in Frankfurt. Schriftsteller und Jurist. Großonkel von Goethe (s. »Dichtung u. Wahrheit«). Er fand weg von den zu seiner Zeit noch üblichen Anklängen an den Barockroman und schrieb den ersten bürgerlich empfindsamen, didaktischen Aufklärungsroman. Bereits einige Jahrzehnte vor der Einführung der englischen Gärten beklagt er die mangelnde Natürlichkeit der Barockgärten.

v. Matthisson, Friedrich, geb. 23. 1. 1761 in Hohendodeleben b. Magdeburg, gest. 12. 3. 1831 in Wörlitz. Dichter und Schriftsteller. Er war Lehrer am Philanthropin (einer von Fürst Franz gegründeten fortschrittlichen Schule) in Dessau und ab 1794 Vorleser und Reisebegleiter der Fürstin Luise von Anhalt-Dessau. Seine Verse, von Schiller gelobt (»Wohllaut und sanfte Schwermut«), gerieten in Vergessenheit. »Adelaide« wurde 1795 von Beethoven vertont. Er heiratete 1810 eine Tochter des Gärtners Schoch in Wörlitz.

Mereau, Sophie, geb. Schubert, geb. 18. 3. 1770 in Altenburg, gest. 31. 10. 1806 in Heidelberg. Erzählerin und Lyrikerin, Mitarbeiterin an Schillers Musenalmanach. Nach ihrer Scheidung heiratete sie 1803 Clemens Brentano. Sie starb bei der Geburt ihres 5. Kindes. »Kalathiskos« (so hieß das Nähkörbchen der attischen Frauen) ist eine Art Almanach mit unterschiedlichen Beiträgen.

Miller, Johann Martin, geb. 3. 12. 1750 in Ulm, gest. 21. 6. 1814 in Ulm. Liederdichter und Romanschriftsteller. Er gehörte zu den Stiftern des Göttinger Hainbundes. Seine Romane, »die vielgelesenen, vielbeweinten, sind mit den übrigen der Zeit vergessen, behaupten aber geschichtlich ihren Platz, da sie der frommen redseligen Empfindsamkeit der Zeit faßlichen Ausdruck geben« (Goedeke). In vielen zeitgenössischen Werken wird vor allem auf den »Siegwart« Bezug genommen, meist negativ, z. B. in Karl Philipp Moritz' »Anton Reiser« und in »Dichtung und Wahrheit«. In Goethes »Triumph der Empfindsamkeit« gehört zur empfindsamen »Grundsuppe« außer der »Neuen Heloïse« und dem »Werther« auch ein Exemplar des »Siegwart«.

MÖRIKE, EDUARD, geb. 8. 9. 1804 in Ludwigsburg, gest. 4. 6. 1875 in Stuttgart. Dichter (Gedichte, Novellen, Romane, Märchen) zwischen Romantik und Realismus. Der Besuch des Gartens der Fürsten von Taxis in Obermarchtal, den er in seinem Brief vom 17. 7. 1831 seiner Braut Luise Rau schildert, hat wahrscheinlich die Labyrinthszene im »Maler Nolten« angeregt.

MÖSER, JUSTUS, geb. 14. 12. 1720 in Osnabrück, gest. 8. 1. 1794 in Osnabrück. Staatsmann, Historiker, populärer Publizist. Das Erscheinen seiner »Patriotischen Phantasien« konnte der junge Goethe »kaum erwarten« (Dichtung und Wahrheit).

MORITZ, KARL PHILIPP, geb. 15. 9. 1756 in Hameln, gest. 26. 6. 1793 in Berlin. Schriftsteller der Sturm- und Drangzeit, Prediger, Dichter. Auf seiner Reise nach Italien lernte er Goethe kennen, der ihn in Rom während einer längeren Krankheit freundschaftlich pflegte. Eine ausführliche Beschreibung der Villa Borghese findet sich in: Reisen eines Deutschen in Italien in den Jahren 1786 bis 1788.

MUNDT, THEODOR, geb. 19. 9. 1808 in Potsdam, gest. 20. 11. 1861 in Berlin. Schriftsteller des Jungen Deutschland. Später Geschichtsprofessor und Bibliothekar an der Universitätsbibliothek in Berlin. Er war mitbetroffen von den Repressalien gegen das Junge Deutschland und wurde wie Heine und Laube von Pückler-Muskau unterstützt.

NOVALIS (FRIEDRICH LEOPOLD FREIHERR VON HARDENBERG), geb. 2. 5. 1772 auf Gut Oberwiederstedt b. Mansfeld, gest. 25. 3. 1801 in Weißenfels. Romantischer Dichter, »Prophet der romantischen Schule«. Die Reise, die ihn im Frühling 1793 nach Wörlitz führte, hat er von Wittenberg aus unternommen, wohin er wegen seines Studiums Ostern 1793 gegangen war. Schon 1789 war er in Wörlitz. Er schreibt darüber in seinem Tagebuch (Vom 16ten bis zum 29sten Junius): Freytag früh kamen wir im Regenwetter nach Dessau. Nachmittags hellte sich aber der Himmel auf und wir fuhren am köstlichsten Abend in Wörlitz ein. Auch der Sonnabend war schön – Den Tag vollendeten wir die den ersten Abend gleich angefangene Ansicht des Gartens. Der Fürst fuhr mit Gesellschaft und Musik Nachmittags auf den Gondeln. Sonntags sahen wir das Schloß, das Gothische Haus und fuhren Abends im himmlischen Wetter mit dem Kriegsrat v. Viereck und seiner Frau auf der Gondel (...) Den Montag, wo wir nach Halle fuhren, und unterwegs in Dessau Georgium besahen, hatt ich zuweilen einen hellen Gedanken...

v. Pückler-Muskau, Hermann, 1822 Fürst, geb. 30. 10. 1785 in Muskau, gest. 4. 2. 1871 in Branitz. Nach unglücklicher Kindheit in pietistischen Internaten, u.a. in einer Schule in Dessau, die die Nachfolge des berühmten Philanthropins darstellte, nach abgebrochenem Rechtsstudium und nach seinem Abschied als Rittmeister unternahm er große Reisen durch Süddeutschland, Frankreich und Italien. 1811 erbte er die Standesherrschaft Muskau, wo er seine großartige Parkanlage begann. Als seine Mittel erschöpft waren, ließ er sich von seiner Frau Lucie von Pappenheim, geb. von Hardenberg scheiden, um in England eine reiche Erbin zu heiraten, die ihm seinen aufwendigen Lebensstil und seine Parkanlagen weiterhin ermöglichen sollte. Nach dem Scheitern dieses Plans lebte er weiterhin mit seiner Frau auf Muskau (»Er hat mit ihr trotz einiger Kämpfe sehr glücklich gelebt, ohne ihr je treu gewesen zu sein«, Goedeke). Als 1845 Muskau verkauft werden mußte, zog er auf sein Gut Branitz bei Cottbus und begann auch dort große Parkgestaltungen. Er wurde berühmt durch seine betont subjektiven, am Stil Heines geschulten Reisebriefe an seine Frau, die er als »Briefe eines Verstorbenen« erscheinen ließ. Sie wurden von Goethe sehr lobend rezensiert. Seine Briefe aus Algerien, Ägypten und Griechenland veröffentlichte er unter dem Pseudonym »Semilasso«. Vor seinen Reisen hatte er in russischen Diensten gegen Frankreich gekämpft. Noch 1870 meldete er sich als Freiwilliger. Für einen Fürsten liberal gesinnt, hatte er sich für die Dichter des Jungen Deutschland eingesetzt. Sein extravagantes paradiesvogelhaftes Auftreten und sein bunt schillernder Lebenslauf (von seiner Orientreise z. B. hatte er sich eine junge Sklavin, Machbuba, mitgebracht) hatten ihn – über den schriftstellerischen Ruhm hinaus – populär gemacht. Seine Gestalt wird in verschiedenen literarischen Werken, nicht immer ganz schmeichelhaft, porträtiert: In Charles Dickens Roman »Die Pickwickier« erscheint er als schlecht englisch sprechender »Lord Smorltork«; in E.T.A. Hoffmanns Novelle »Das öde Haus« als ironisch lächelnder und falsch informierter Graf P.; in Eichendorffs Novelle »Viel Lärmen um nichts« spielt er eine Hauptperson, den Grafen Romano; in Immermanns »Münchhausen« tritt er in mehreren Gestalten auf, ebenso in den »Epigonen«. Für Treitschke war er schlicht ein »Virtuos der eleganten Liderlichkeit«. 1810 und 1812 hat er Goethe besucht. »Dieser fühlte auch eine große Sympathie für Pückler, bestärkte ihn in seiner Liebe zur Natur, und regte ihn an zu seinen späteren Parkschöpfungen, von denen er einige kleine Proben mit Freude gesehen hatte. Verfolgen Sie diese Richtung«, sagte ihm Goethe beim Abschied, »Sie scheinen Talent dafür zu haben: die Natur ist das dankbarste, wenn auch unergründlichste Studium, denn sie macht den Menschen glücklich, der es sein will.«

Rousseau, Jean-Jacques, geb. 28. 6. 1712 in Genf, gest. 2. 7. 1778 in Ermenonville bei Paris. Schriftsteller, Philosoph und Komponist. Seine Lehre, daß der Mensch von Natur aus gut und nur durch die Gesellschaft verdorben sei, beeinflußte die Entwicklung des englischen Landschaftsgartens in Frankreich und Deutschland. Sein Gönner Marquis de Girardin hat in Ermenonville einen natürlichen Park nach der Beschreibung von Julies Garten in »Julie ou La nouvelle Heloïse« anlegen lassen, allerdings mit künstlichen Zutaten wie Statuen, Urnen usw. und mit dem Grabmal für Rousseau auf einer Pappelinsel, zu dem dann unzählige Anhänger von Rousseau gepilgert sind. 1794 wurden seine Gebeine im Panthéon in Paris beigesetzt.

v. Schelling, Friedrich Wilhelm Joseph, geb. 27. 1. 1775 in Leonberg, gest. 20. 8. 1854 in Bad Ragaz. Begründer der romantischen Naturphilosophie, Schriftsteller. Er war mit Caroline Michaelis-Böhmer-Schlegel verheiratet, die zahlreiche Romantiker um sich versammelt hat. 1807 wurde er Mitglied der neu gegründeten Akademie der Wissenschaften in München, verläßt sie aber zeitweise wegen einer literarischen Fehde mit dem Präsidenten F. H. Jacobi; 1827 wird er Vorstand. Den Reisebericht über Wörlitz schrieb er als 21jähriger an seine Eltern.

Schiller, Friedrich (ab 1802 von), geb. 10. 11. 1759 in Marbach, gest. 9. 5. 1805 in Weimar. Sein Vater war u. a. Verwalter der herzoglichen Hofgärten Solitude. Mit Unterstützung Goethes hatte auch er sich ein Gartenhaus (bei Jena) gekauft; eigentlich hätte er gerne Goethes Gartenhaus in Weimar bezogen, aber aus gesundheitlichen Gründen rät ihm Goethe davon ab (Briefwechsel im Januar 1797). Im Mai 1797 schreibt Schiller an Goethe: »Ich begrüße Sie aus meinem Garten, in den ich heute eingezogen bin. Eine schöne Landschaft umgibt mich, die Sonne geht freundlich unter, und die Nachtigallen schlagen. Alles um mich herum erheitert mich, und mein erster Abend auf dem eigenen Grund und Boden ist von der freundlichsten Vorbedeutung«. Die Rezension »Über den Gartenkalender auf das Jahr 1795« war 1794 in Nr. 332 der »Allgemeinen Literatur-Zeitung« erschienen.

Schlegel, Dorothea, geb. Mendelssohn, gesch. Veit, geb. 24. 10. 1763 in Berlin, gest. 3. 8. 1839 in Frankfurt/M. Romantische Dichterin und Übersetzerin (Mme. de Staël). Sie war mit Friedrich Schlegel verheiratet. Von ihrem Roman »Florentin« erschien nur der 1. Band; deutlich vom »Wilhelm Meister« beeinflußt, wirkte er seinerseits auf Eichendorffs Roman »Ahnung und Gegenwart«, den ihm Dorothea korrigiert und für den sie auch den Titel gefunden hat.

Schopenhauer, Johanna, geb. Trosiener, geb. 3. 7. 1766 in Danzig, gest. 16./17. 4. 1838 in Weimar. Dichterin und Schriftstellerin. Sie war zu ihrer Zeit eine Lieblingsschriftstellerin der höhern Gesellschaft. Zu dem Klostergarten Oliva, den sie in der Zeit der französischen Revolution besucht hat, äußert sich Pückler 1861: »Aus dem ehemaligen Klostergarten hat man einen sogenannten englischen gemacht, und zwar sehr ungeschickt. Doch sind noch schöne hohe Hecken vorhanden«.

v. Sckell, Friedrich Ludwig, geb. 13. 9. 1750 in Nassau-Weilheim an der Lahn, gest. 24. 2. 1823 in München. Er stammt aus einer alten Gärtnersfamilie, wahrscheinlich schwedischen Ursprungs. Zuerst lernte er in Schwetzingen und in Frankreich (Versailles) den französischen Gartenstil. Zur Weiterbildung wird er vom Kurfürsten Karl Theodor nach England geschickt, wo er zu den berühmten Gartenkünstlern Brown und Chambers in enge Beziehung tritt. Als Probe seines Könnens wird er 1776 beauftragt, die Randbezirke des Schwetzinger Barockgartens als Parklandschaft im englischen Geschmack zu gestalten (s. Eichendorff, 1807). 1799 wird Sckell von Kurfürst Maximilian Joseph zum Gartenbaudirektor für die Rheinpfalz und ganz Bayern gemacht. Ab 1802 widmet er sich nun der Gestaltung des Englischen Gartens. Zwischendurch erhält er den Auftrag, in Mannheim das Festungsgelände nach der Schleifung der Wälle und Bastionen in Promenaden umzuwandeln. Ab 1804 wird er endgültig in München als Leiter der Hofgärten-Intendanz angestellt. Seine zweite Hauptaufgabe wird die landschaftliche Umgestaltung des Nymphenburger Parks. »Der Englische Garten und Nymphenburg bezeichnen den Höhepunkt im künstlerischen Schaffen Sckells und innerhalb der deutschen Landschaftsgärtnerei überhaupt« (Hallbaum). 1817 faßt er den Entschluß, die Erfahrungen seiner vierzigjährigen Tätigkeit in einem Lehrbuch niederzulegen. Nach seinem Tod erhielt er vom König ein Denkmal im Englischen Garten (auf einer Landzunge im Kleinhesseloher See) mit den Inschriften:

Dem sinnigen Meister
Schoener Gartenkunst
Der sein volles Verdienst
Um der Erde reinsten Genuss
Durch diese Anlagen krönte,
Hiess diesen Denkstein sezzen
Sein Koenig Max Joseph.
MDCCCXXIV

und

Auch Du Lustwandler
Ehre das Andenken
Des Biedermannes.

Der Staub vergeht
Der Geist besteht.

TIECK, LUDWIG, geb. 31. 5. 1773 in Berlin, gest. 28. 4. 1853 in Berlin. Dichter der romantischen Schule (Romane, Novellen, Märchen, Bearbeiter von Sagen, Übersetzer, Kritiker, Herausgeber [Kleist, Novalis, »Insel Felsenburg«]). Jener in der Rahmenhandlung des »Phantasus« erwähnte vorbildliche Garten in einer der »traurigsten Gegenden Deutschlands« (es ist die Mark Brandenburg) gehörte zu dem Gut Ziebingen des Grafen Finck von Finckenstein, auf dem Tieck zeitweise gelebt hat. Manche Kritik, die er im »Phantasus« am englischen Park übt, bezieht sich wohl auf Wörlitz (der Schacht mit dem Bergmann, die Kettenbrücke usw.). Der ursprünglich geplante Titel des »Phantasus« lautete: Gartenwochen.

TIECK, SOPHIE, GESCH. BERNHARDI, VERH. V. KNORRING, geb. 28. 2. 1775 in Berlin, gest. 1. 10. 1833 in Reval. Dichterin , Schriftstellerin. Schwester von Ludwig, von dem sie sich aber nach Jahren enger Zusammenarbeit entfremdet. An den »Bambocciaden« ihres Mannes Bernhardi hat sie mitgearbeitet sowie an den »Straußfedern«, in denen »Ein Mährchen« zuerst erschienen ist. Nach ihrer Heirat mit Karl v. Knorring 1810 lebte sie isoliert von ihren Freunden auf Gut Arroküll in Estland. Die Schilderung des Parkbesuchs in »Evremont« parodiert die Forderung der Gartentheoretiker, einen Park »zu beleben«. In den Briefen, die Ludwig als Student in Halle an sie schreibt, will er unbedingt, daß sie zusammen mit ihm einen Ausflug nach Wörlitz unternimmt.

WACKENRODER, WILHELM HEINRICH, geb. 13. 7. 1773 in Berlin, gest. 13. 12. 1798 in Berlin. Dichter, Wegbereiter der romantischen Bewegung. Die Biographie des Tonkünstlers Joseph Berglinger, von Tieck herausgegeben und teilweise von ihm verfaßt, wurde vorbildlich für viele spätere romantische Künstlergestalten.

WEISSE, CHRISTIAN FELIX, geb. 28. 1. 1726 in Annaberg, gest. 16. 12. 1804 in Leipzig. Schriftsteller und Dichter der Aufklärung und Anakreontik. Das von Hirschfeld zitierte Gedicht findet sich unter dem Titel »Auf einen zu künstlichen Garten« im 3. Band seiner lyrischen Gedichte im letzten Teil: Kleinigkeiten. Auch in der von ihm herausgegebenen Wochenschrift »Der Kinderfreund« befaßt er sich wiederholt mit den verschiedenen Möglichkeiten der Gartenkunst.

WEZEL, JOHANN CARL (nicht Friedrich Gottlob Wetzel, dem man die Nachtwachen des Bonaventura zuschreibt), geb. 31. 10. 1747 in Sondershausen, gest. 28. 1. 1819 in Sondershausen. Schriftsteller des Sturm und Drang. Er war Hofmeister und Theaterdirektor in Wien; starb im Wahnsinn. In seinem Roman »Herrmann und Ulrike« werden alle denkbaren Gartenformen geschildert: vom repräsentativen Barock- und verspielten Rokokogarten über den sentimentalen Landschaftspark und die »ferme ornée« bis hin zum Volksgarten.

WIELAND, CHRISTOPH MARTIN, geb. 5. 9. 1733 in Oberholzheim bei Biberach, gest. 20. 1. 1830 in Weimar, begr. im Park Oßmannstädt. Dichter und Schriftsteller. Er war in Bern mit Julie Bondeli, der Freundin von Rousseau, bekannt und mit Sophie Gutermann (La Roche) verlobt. Die Herzogin-Witwe Anna Amalie holte ihn zur Erziehung ihres Sohns Karl August nach Weimar, wo er das älteste Mitglied des »Musenhofes« wurde. Im Mai 1776 schrieb er aus Weimar an F. H. Jacobi in Düsseldorf: »Lieber Bruder, habe ich Dir schon gesagt, daß Göthe und ich, zu gleicher Zeit, jeder einen Garten vor der Stadt gekauft haben, und in Kraft dessen förmlich und feierlich Bürger von Weimar geworden sind? Seitdem hat meine ganze Existenz eine andere Wendung bekommen. Diese sechs Wochen her habe ich eine Menge mit allen den Veränderungen zu thun gehabt, die ich in meiner neuen Domäne machen lassen mußte, um Freude daran haben zu können. Du mußt Dir nichts Vornehmes, noch Kostbares vorstellen; bilde Dir ein, daß es ungefähr so ein Garten ist, wie das kleine Gut, das Plinius dem Sueton kaufen will, ein Landgut war, d. i. gerade so, wie ihn ein Müßiggänger meiner Art vonnöthen hat; Bäume genug, um Schatten zu haben, und groß genug, daß meine Mädchen sich müde drin laufen können. Seitdem die Kirschbäume zu blühen angefangen haben, bin ich nun den ganzen lieben Tag draußen, und habe es schon so weit gebracht, daß mir in meinen vier Mauern in der Stadt nirgends wohl ist, bis ich meinen Stab in der Hand habe, um hinauszugehen, und im Freien, im Grünen, unter meinen Bäumen, im Angesicht meiner eigenen kleinen Pflanzungen, zu leben und zu wallen, und den unendlichen Erdgeist einzuziehen, mit dem ich je länger je mehr Sympathie und Verwandtschaft fühle«.

v. Wolzogen, Caroline, geb. v. Lengefeld, geb. 3. 2. 1763 in Rudolstadt, gest. 11. 1. 1847 in Weimar. Dichterin und Schriftstellerin. Schwester von Schillers Frau Lotte. Sie schrieb die Lebensbeschreibung Schillers, in der sie »mehr noch als in ihren Romanen ihren Idealismus einer inneren und äußeren Vornehmheit niederlegte« (Goedeke). Ihr Roman »Agnes von Lilien« wurde bei seinem fragmentarischen anonymen Erscheinen in Schillers »Horen« von Friedrich Schlegel für ein Werk Goethes gehalten (1796) und deswegen »hart« von ihm rezensiert. Den 2. Band (1798) lobt Goethe und glaubt an den Einfluß Schillers, was dieser zurückweist (»Wie also der 2te Theil geschrieben ist, so kann meine Schwägerin völlig ohne fremde Beihülfe schreiben...«) s. Briefwechsel Schiller-Goethe im Mai 1797 und Februar 1798.

Zimmermann, Johann Georg, geb. 8. 12. 1728 in Brugg/Aargau, gest. 7. 10. 1795 in Hannover. Philosophischer Schriftsteller, Arzt (auch Friedrichs d. Gr.). Seine Arbeit »Über die Einsamkeit«, Zürich 1755, hat er gänzlich umgearbeitet 1784/85 in Leipzig erscheinen lassen (s. auch »Dichtung u. Wahrheit«). Den Park Marienwerder bei Hannover, den er darin schildert, hat auch Hirschfeld begeistert beschrieben: »... unter allen neuen Anlagen in Deutschland behauptet er einen ansehnlichen Rang. Er ist ein Denkmal des gesunden, männlichen und edlen Geschmacks. Es giebt fast keine Empfindung, die er nicht erweckte...« (Band V).

Literatur

v. Alvensleben, Udo, Die Lütetsburger Chronik, MCMLV

Balzer, Georg, Goethe als Gartenfreund, München 1966

v. Buttlar, Adrian, Der Landschaftsgarten, München 1980. Heyne Stilkunde

Clifford, Derek, Geschichte der Gartenkunst, München 1966

Gerndt, Siegmar, Idealisierte Natur. Die literarische Kontroverse um den Landschaftsgarten des 18. und frühen 19. Jhs. in Deutschland, Stuttgart 1982

Goedeke, Karl, Grundriß zur Geschichte der deutschen Dichtung aus den Quellen, Dresden 1916

Gollwitzer, Gerda, Gartenlust, München 1956

Gothein, Marie Luise, Geschichte der Gartenkunst, Jena 1914.

v. Hake, Adolph, Über höhere Gartenkunst. Fragmente aus dem Tagebuch eines alten Gärtners, Stade 1842

Hallbaum, Franz, Der Landschaftsgarten. Sein Entstehen und seine Einführung in Deutschland durch F. L. v. Sckell 1750–1823, München 1927

Hinz, Gerhard, Peter Joseph Lenné, Landschaftsgestalter und Städteplaner, Göttingen 1977

Hirsch, Erhard, Hrsg: Carl August Böttiger, Reise nach Wörlitz 1797, Wörlitz 1982

Hirsch, Erhard, Dessau-Wörlitz, Leipzig, München 1985

Hoffmann, Alfred, Der Landschaftsgarten. Band 3 der »Geschichte der deutschen Gartenkunst« von D. Hennebo und A. Hoffmann, Hamburg 1963

Hosäus, Wilhelm, Wörlitz. Ein Handbuch für die Besucher des Wörlitzer Gartens und der Wörlitzer Kunstsammlungen, 2. Aufl. Dessau 1883

Keller, Herbert, Kleine Geschichte der Gartenkunst, Berlin Hamburg 1976

Krüger, Renate, Das Zeitalter der Empfindsamkeit, Leipzig 1972

Landau, Paul, Schneider, Camillo, Der deutsche Garten, Berlin 1928

Lein, Kurt, Führer durch den Landschaftspark Wörlitz, Staatliche Schlösser und Gärten Wörlitz, Oranienbaum, Luisium 1981

Lessing, Waldemar, Wilhelm von Kobell, München 1923 (1966)

Mez, Lydia, Der Garten in der Literatur, Basel 1979

Müller, Gabriele Ingeborg, Der Garten in der romantischen Dichtung, Phil. Diss. Wien 1942

Ohff, Heinz, Fürst Hermann Pückler, Berlin 1982

Park und Garten im 18. Jahrhundert, Colloquium der Arbeitsstelle 18. Jh., Gesamthochschule Wuppertal, Heidelberg 1978

Petzold, Eduard, Fürst Hermann von Pückler-Muskau in seinem Wirken in Muskau und Branitz sowie seine Bedeutung für die bildende Gartenkunst Deutschlands, Leipzig 1874

Pinder, Wilhelm, Der deutsche Park vornehmlich des 18. Jhs., Königstein i. T. 1926

Rave, Paul Ortwin, Gärten der Goethezeit, Leipzig 1941, Berlin 1968

Redslob, Edwin, Goethes Beziehung zur Gartenkunst, Berlin 1968

Ruppe, Hans, Park und Landschaft von der Anakreontik bis zur Frühromantik, Phil. Diss. Wien 1930

Sanssouci. Schlösser, Gärten, Kunstwerke. Hrsg. von der Generaldirektion der staatlichen Schlösser und Gärten Potsdam-Sanssouci, Potsdam-Sanssouci 1978[8]

Schepers, Wolfgang, Hirschfelds Theorie der Gartenkunst 1779–85, Worms 1980

Thalmann, Marianne, Ludwig Tieck, Bern 1955

Topfstedt, Thomas, Machern. Landschaftspark, Leipzig 1979

Völker, Klaus, »O Mensch, so sei mit Freuden auch ein Mensch« (Pückler), in: Tages-Anzeiger Magazin Nr. 15, 17. 4. 1982, Zürich

Bildnachweis

(kursive Ziffern geben die Seitenzahlen in diesem Buch an)

Staatliche Museen Preußischer Kulturbesitz, Kupferstichkabinett,
Berlin (West):

Daniel Chodowiecki, Modekupfer: La Conversation
S. 250, S. 252

Schweizerische Landesbibliothek Bern:
Salomon Geßner, Œuvre Complet
S. 302, S. 327, S. 335

Stadt- und Universitätsbibliothek Bern:

C. C. L. Hirschfeld, Theorie der Gartenkunst, Leipzig 1779-85
Bd. II, S. 59 Rousseaus Grab, *S. 119*
Bd. IV, S. 60 Ein bepflanzter Hügel, *S. 181*
S. 111 Brücke, *S. 136*

Staatsbibliothek München:

Hermann Fürst von Pückler-Muskau, Atlas von Landschaften und Plänen zu den Andeutungen über Landschaftsgärtnerei, Stuttgart 1834
IIIb, d Natürlich gepflanzte Baumgruppe, *S. 2*
XXXI Blauer Blumengarten in Muskau, *S. 223*
XLII Seltsam geformte Eiche von 85 Fuss Höhe und 24 Fuss Umfang im großen Thiergarten, *S. 84*

E. Petzold, Fürst Hermann von Pückler- Muskau ..., Leipzig 1874
nach S. 32 Tumulus in Branitz, *S. 69*

J. G. Grohmann, Ideenmagazin für Liebhaber von Gärten, Englischen Anlagen und für Besitzer von Landgütern, Leipzig 1797
Bd. 1, Cahier 2, N. V Ruhe-Sitz *S. 157*
Bd. 2, Cah. 15, N. II Heiliger Baum *S. 311*
Cah. 16, N. VIII Tor *S. 292*
Bd. 3, Cah. 31, N. II Schlangenstein *S. 114*

M. Diesel, Erlustierende Augenweide in Vorstellung Herrlicher Garten- und Lustgebäude ... Zweyte Fortsetzung Augsburg 1717
Tafel 43 Prospect eines herrlichen Canals ... *S. 176*

Bayer. Verwaltung der staatlichen Schlösser, Gärten und Seen:
Plan von Nymphenburg 1755, *S. 17,* 1808, *S. 55*

Germanisches Nationalmuseum Nürnberg:

Göthe's Gartenhaus in Weimar. Anonymer Stich *S. 209*
Dézallier d'Argenville, La Theorie et la Pratique du Jardinage, Paris 1747 nach S. 56 Parterre d'Orangerie, *S. 166*
J. D. Fülcken, Neue Garten-Lust, oder Völliges Ornament, Augsburg 1710 S. 40 Unterschiedene façon Hecken zu ziehen und zu schneiden, *S. 107*

aus: Reise nach Wörlitz 1797.
Hrsg. von E. Hirsch, Wörlitz 1982 Venustempel, *S. 237*

aus: Allerleirauh. Viele schöne Kinderreime versammelt von Hans Magnus Enzensberger, Frankfurt a. M. 1962, S. 242, *S. 183*

aus: Delille, Les Jardins. Poëme, Paris MDCCCXIII, S. 103
S. 131(zur Verfügung gestellt von Alfred Sproede)